カノッサへの道

歴史とロマン

井上雅夫
Inoue Masao

関西学院大学出版会

目次

第三章　カノッサ事件再考

第四章　カノッサ像転換の可能性

第五章　トスカナ辺境女伯マティルデ
――ドイツ王権（皇帝権）とローマ法王権の間――

はじめに

一〇七七年一月に起ったカノッサ事件といえば、北伊のカノッサ城の門の前で、法王グレゴリウス七世に破門の赦しを乞うドイツ王ハインリヒ四世の一見みじめな姿とともに、我国でも西洋中世史の中で最もよく知られた事件の一つであろう。「カノッサの屈辱」という表現だけでも耳目をひくものであるが、権力をもつ王たる者が無権力と思われる法王に屈服したというのであるから、余計に興味をそそられてきたものである。

一般にこの事件をきっかけに、十一世紀から十三世紀にかけて法王権が上昇し、西欧世界に君臨するかのように思われている。これにほぼ同時代に始まる十字軍の姿が重なり、一層その印象が強いのである。実際とりわけドイツでは、カノッサ事件は近世より、特に十九世紀以来、国民的国家的な屈辱とか、ドイツ史の汚点、敗北の象徴とされ、世界史的な転換期を表すものとされてきた(1)。

しかし当事者のハインリヒとグレゴリウスに限ってみても、王はカノッサ事件後、むしろ以前よりも権力、勢力を拡大し、彼の治世の頂点とも言われる時期さえ経験するのであり、逆に法王は、やがて王に追い詰められ、最後は南伊のサレルノで亡命の中で亡くなるのである。グレゴリウスの後の法王権の実情も、一般に思われているほど順風満帆ではなく、シスマ（教会分裂、二人の法王の対立）に何度も見舞われ、世俗政治の動きに左右され、時には翻弄されて、絶対的な権威をもつ存在という姿とは、ほど遠いものであった。

このように従来のカノッサ事件をめぐる理解には、その後の状況を考えれば、奇妙な矛盾した点が認められるのである。もし本当に王が屈辱を受け、その名誉、権威を失墜したというのなら、当時の反王派はこれを喜んだであろうし、その後の王の状況も悪くなったであろう。しかし事実は、そのどちらも正反対であって、反王派はカノッサでの王の赦免に怒り、失望し幻滅したのである。[2] 当の法王も反王派に対しカノッサの結果について、弁明、弁解するような調子の報告をして、どこにも勝ち誇ったような様子はなかったのである。このような状況を少し冷静に見るだけでも、従来のカノッサ像はもっと早くに修正されてもよかったのであるが、実際は「屈辱」のイメージが先行し、一般の人々ばかりか、学界においても強い影響を与えてきたのである。

しかし五年前に出されたJ・フリートの画期的な研究によって、漸くこの長年の牢固としたカノッサ像は、はじめて本格的に崩れようとしているのである。[3] このフリート論について、G・アルトホフは、「カノッサでの王権の屈辱はなかったという挑戦的な論を出した」と表現しているが、[4] フリートが現在のドイツにおける中世史学界での有力な担い手の一人であることもあってか、彼の論文は非常に注目され、かつてないほどの大きな衝撃、波紋を投げかけているのである。

しかもこの論文は、学界の狭い範囲を越えて、「メディア界においても強い反響」をもたらし、[5] ドイツの有力新聞数紙の文化欄でも、「センセーショナルな論文」として大きく取り上げられ、[6] 一般の人々の注目することになったことは、[7] 特筆すべきことであろう。一つの歴史論文が、一般新聞の話題になることは大変珍しいことであろう。この反響の大きさは、「南ドイツ新聞」が、「伝説的なカノッサ行は、我々の信じているものではなかった」という副題の下にフリート論を紹介しているように、[8]「屈辱」のカノッサ像が、如何に深くドイツ人の心に刻まれていたかを示している。

このフリート論への学界の反響については、本書の第四章の「付記」で取り上げたいが、フリートが論文発表後の翌年にアーヘンでの一般向けの講演を行った時に、同席したR・シーファーとS・ヴァインフルターというカノッサ研究でドイツを代表する研究者二人が、フリート論を「最大の讃辞をもって」認めたことは、やはり大変注目すべきことであろう[9]。

筆者は二十五年ほど前に、従来のカノッサ像の問題点を、フリート論とは違う視点、立場からであれ、不十分ながらも指摘したが[10]、今日のフリート論によって、漸く従来のカノッサ像が根本的本格的に問題にされるようになってきたことは、大変感慨深いものである。

歴史というものが、如何にいわゆる過去の事実ではなく、後世のイメージによっても作られることが、このカノッサ像の歴史がよく示している[11]。それに人はえてして歴史の中に劇的なものを如何に求めるか、いわば歴史、事実よりもロマンを、散文よりも詩を求めるかを、このカノッサ史の研究は示している。

本書では第一章と第二章で、カノッサ事件への発端ともいうべきヴォルムス会議から、トリブール会議前後の流れを叙述し、第三章と第四章で、カノッサ像について論じている。次の第五章では、カノッサ事件のもう一人の主役ともいうべきトスカナ辺境女伯マティルデについて扱っている。最後の第六章と第七章では、ハインリヒ四世の母であるアグネスについて論じている。これは少し分量的には多くなってしまったが、アグネスについて筆者の新旧の過去の小論をあえて四篇も掲載したのも、ドイツの学界での近年のアグネス像の著しい変化を紹介するためでもあり――第六章の旧の拙文が旧来のアグネス像を反映している――、さらにアグネスの生涯の叙述が、そのままほぼカノッサへの前史ともなり、いわゆる改革法王庁の成立期、発展期の歴史や、ドイツと法王権の関係史ともなっているからである。時代的な順序からすれば、このアグネス論を本書のはじめに置くべきものであるが、本書の主題であるカノッサ論からすれば、やはりこれは補足的、補完的なものとして見て頂ければよいと思う。

いずれにせよ、アグネスとマティルデという二人の女性に本書はかなりの紙数を割いているが、この二人の女性――

これにマティルデの母ベアトリックスも加えれば三人の女性――の存在は、カノッサ論には欠かせないものであり、カノッサ事件は、女性が深く係わった歴史としても、特異なものとして注目すべきものなのである。彼女らは、王と法王の対立の中で、中間的、仲介的な存在として重要な役割を果たしたばかりか、女性としても、ともすれば男性だけの激しい対決関係に見られがちな世界の中に、柔らかさや人間味、人間的な暖かさをもたらしたのである。それに王と法王の関係も、皇帝権（王権）と法王権という制度的、抽象的な関係だけには収まらない人間的な側面が、彼女らを通して一層強く見えてくるのである。彼女らの存在を見ることによって、フリート論も、よりはっきり見えてくるのであり、カノッサ事件への理解も、より一層深くなってくると言ってもいいのである。

注（以下の著者の論文は、第四章の「付記」の注に表示）

（1）J. Fried, S.11–13, 152.

（2）ibid, S.120, 154.

（3）本書、第四章。

（4）G. Althoff, S.59.

（5）S. Patzold, S.7.

（6）Frankfurter Allgemeine Zeitung.（20. 1. 2009）
この新聞は、さらに一月二十一日、二十九日にも、この論文の特集を出している。その他、Die Welt（18, 2, 2009）と後注の「南ドイツ新聞」が関連記事を出している。

（7）S. Patzold, S.5.

（8）Süddeutsche Zeitung.（21. 2. 2009）

（9）Frankfurter Allgemeine Zeitung.（20. 1. 2009）

（10）本書、第三章。

（11）J. Fried, S.12.

第一章　ハインリヒ四世

――ヴォルムス会議とその後――

はじめに

一〇七五年十二月に出された法王グレゴリウス七世のドイツ王ハインリヒ四世に対するきびしい警告書に始まり、ドイツ側による一月のヴォルムス会議、そして二月のローマ側の四旬節会議、さらにさまざまな事件を経て、やがてカノッサ事件に至る一連の動きは、いわゆる叙任権闘争史を飾る一齣として余りにも名高いものである。この場合、ハインリヒの立場に関して見れば、ヴォルムス会議後、特に四旬節会議の判決後、王の勢力、威信は急速に、広範囲に失われ、遂にカノッサでの大胆な手を打たねばならないほどに窮地に追い込まれたと見るのが一般的な見方であろう。[1]

この見方には、ヴォルムス会議ごろのハインリヒの隆盛、逆にトリブール会議、カノッサごろの権力失墜、さらにこの間の破門の効果などをことさら強調するような傾向が潜んでいるのである。[2] このためハインリヒの立場をなにかにつけ不利なように解釈しようとする一種の先入見のようなものがあるように思われるのである。[3]

我々はこのような先入見に囚われることなく、今一度、ヴォルムス会議、そしてその後のハインリヒの立場を見直す必要があるのである。[4]

注

（1） K. Jordan, Investiturstreit und frühe Stauferzeit.（Gebhardt, Handbuch der deutschen Geschichte, Bd. I. 1973）S.337–340.
E. Boshof, Heinrich IV.（1979）S.68.
H. Fuhrmann, Deutsche Geschichte im hohen Mittelalter.（1978）S.79.
U.-R. Blumenthal, Der Investiturstreit.（1982）S.134.
J. Fleckenstein, Heinrich IV. und der deutsche Episcopat in den Anfängen des Investiturstreites.（Adel und Kirche, 1968）S.222, 234–235.
W. Giese, Der Stamm der Sachsen und das Reich in ottonischer und salischer Zeit.（1979）S.34.
R. Morghen, Gregorio VII.（1974）p.122–136.
A. Fliche, La Réforme Grégorienne.（1924–37, 1978） t. II. p.276–300.
Z. N. Brooke, Germany under Henry IV and Henry V.（The Cambridge Medieval History. Vol. V. 1926, 1968）p.134–136.

（2） R. Morghen, p.122, 131, 136.
N. F. Cantor, Medieval History,（1963, 1969）p.294–296.
H. Zimmermann, Heinrich IV.（Kaisergestalten des Mittelalters, 1984）S.122.
H. Zimmermann, Das Mittelalter, I. Teil.（1975）S.212.
Z. N. Brooke, p.134–135.

（3） 例えば、フリシュなどは、ヴォルムス会議後のハインリヒの勢力確保の努力を、すべて失敗と簡単にきめつけている。また、ヴォルムス会議で司教たちには考える余裕も自由もなかったとして、王側を如何にも不利に描いているが、これも根拠がない。

A. Fliche, p.290, 292.

フレッケンシュタインの研究も、全体的にこの傾向があると見なければならないであろう。

J. Fleckenstein. 参照。

（4）もっともこういう見直しの方向を、ある程度までもっていると見られるものに、後に引用するJ・ハラーやF・ベートゲン、G・テレンバハやA・ブラックマンの論が挙げられよう。

一　ヴォルムス会議

ヴォルムス会議のころ、ハインリヒの立場は一〇七五年のザクセン反乱への勝利以来有利になり、最初の頂点に達したかのようであった。[1]だがこれはあくまで表面的なものであり、彼の状況はもはや敵がないくらい、確固たるものになっていたと評価しうるほどのものではなかった。[2]というのは、一〇七五年の末ごろ彼のゴスラルの宮廷には全ての諸侯が召集されていたのに、実際に出席したのはボヘミア大公以外わずかであった。[3]シュヴァーベン、バイエルン、ケルンテンの南独の三人の大公はもはや出席していなかったようである。この点、史料的な裏付けはないが、彼らは先のザクセン反乱に際し、六月の出征の時は王に協力したものの、十月の再出征には協力しなかったことから見て確実であろう。[4]

ハインリヒの立場を考える場合、重要な存在である彼ら三人については、王はいずれにしても信頼できる臣下として見なすことは出来なかったにちがいない。[5]彼らは一〇七三年夏にザクセンの反乱が起った時も、ハインリヒからの援助要請を無視し、さらにザクセン人と独自に交渉さえしていたのである。[6] それ以前においても王と彼らは険悪な関係になったことがあり、両者に協調、信頼関係が存在したのは、むしろ一時的な期間にすぎなかった。[7] 上述の一〇七五年秋の出征拒否が既に再び彼らの離反への前兆であったのであり、[8] 王自身もこのことに気付いていたであろう。彼らの協力なしにザクセンに対して勝利を収めたのも、ザクセン側の事情もあったのであり、[9] 王にとって事態は決して手放しで楽観できるものではなかったのである。

こうした中にあって、グレゴリウスからの警告書[10]が届けられたのであり、王はこれに対し直ちにヴォルムス会議を召集したのである。[11] この行動をもって、王は自らの立場を過大評価し、状況を判断せずに反発したもの[12]と否定的に評価すべきものではないであろう。南独の三大公やザクセン人のように信頼できない人々は存在したものの、それでも十分にやっていける予想をしての行動であったと見るべきであろう。実際、後述の経過から明らかなように、王には一群の確たる支持者が存在していたのであり、王の立場は完全に崩れることはなかったのである。この意味で王の状況判断は的確だったのであり、ヴォルムス会議は決して重大な失敗[13]ではなかったと言うべきであろう。

このヴォルムス会議の召集に応じたのは、主に司教や修道院長といった高位の教会人であり、世俗の諸侯については、下ロートリンゲン大公ゴットフリートの名前だけが参加者として知られている。[14] 南独の三大公はここでも欠席しているし、[15] その他の諸侯にしても、たとえ参加していても、この会議においては中心的な役割を果していなかったと見るべきであろう。従ってこの会議は、形式的に帝国(王国)会議ではあっても、事実上は教会会議というべきものであった。[16] 議長を務めたのも、王ではなく、マインツ大司教ジークフリートであり、[17] この会議の決議ともいうべき法王への承認取り消しや服従拒否の宣言をしたのも、司教たちであって、王は単にその執行者にすぎなかった観さえあるのである。[18] ヴォルムス会議を事実上指導したのは、高位の教会人、とりわけ司教であった。[19] 従ってハインリヒはこのような人々の中にこそ、有力な確たる支持者を期待しえたのであった。

それゆえ彼らの今後の動向こそ、ハインリヒの立場を考える場合、最も注目しなければならないものなのである。そこで本章では、特に彼らの動向を中心にして、ヴォルムス会議とその後の状勢を見ていくことになるが、その前にまず彼らのヴォルムス会議以前の状況、とりわけグレゴリウスとの関係を少し見ておかねばならないのである。

そもそもドイツ司教たちと法王庁との関係は、ニコラウス二世の晩年ごろから悪化しはじめるが[20]、特にグレゴリウスの登場とともに、この傾向は一段と顕著になった。例えば、グレゴリウスは、一〇七四年四月にケルン大司教がローマとの関係を持たないがゆえに非難したのをはじめ[21]、同年末にはブレーメン大司教を不服従のゆえに職務停止にした[22]。さらにマインツ大司教はじめ幾人かの司教を改革のために次の四旬節会議に召喚したが、これにはヴュルツブルクの司教以外は応じなかったため、彼らの一部に対しても職務停止の処分を行ったのである[23]。

このようにグレゴリウスは、不服従や改革問題のゆえに、司教らの高位の教会人とことごとく対立していったのみならず、一般の下級の教会人からも、激しい反対にあっていたのである。グレゴリウスの命令を実施しようとしたパサウ司教とマインツ大司教は、教区の教会人の猛烈な反対にあっているし[24]、コンスタンツ教区では三六〇〇名の教会人が、独身命令に反対し非難する会議を開いたのであった[25]。後にグレゴリウス派の中心人物と見られるザルツブルク大司教ゲープハルトでさえ、当時、独身命令実施への不熱心のゆえに、法王より非難されていたのである[26]。

こうしてグレゴリウスが法王になってから、法王中心の教会体制が本格的に進められるとともに、教会改革が精力的に実行されていくのである[27]。今や法王庁は「外国の」組織ではなく、ずっと強く普遍的な、そして至る所において「国内的な」力として現れてきたのである[28]。法王というものは、これまで観念的には教会の中心であったとしても、現実にはそのように考えられてはいなかった[29]。とりわけドイツでは、いわゆる「オットー・サリー朝の帝国教会体制」によって、国王を教会の現実の長とする体制に教会人たちは慣れていた。ドイツの司教たちは、まず第一に帝国(王国)諸侯であり、純粋に教会的な関心は二の次であった[30]。グレゴリウスが登場するとともに、彼らにはもう一人の主人が現れてきたようなものであった。[31] しかもこの新しい主人は、彼らにとっては大変横柄で、傲慢な男であり、[32] 不服従な教会人に対しては、一般の人々の反抗さえ煽動するほどの人物であった。[33]

こういう新しい事態にドイツの教会が戸惑い、反発するのは当然であった。[34] ヴォルムス会議において結局、ドイツの教会人、とりわけ司教が指導的な役割を果したことは、ある意味で自然なことであった。勿論これが、基本的、根本的な点から見れば、法王中心体制に対するドイツの帝国教会体制の対立である以上、[35] 王もこれに対し彼らと同様に、或いはそれ以上に関心をもっていたにちがいない。しかし実際には、いざ会議が始まってみると、グレゴリウス個人に反発する司教たちの立場が強く出されたのであった。[36]

彼らの立場に一段と確信を与えたものに、この会議に参加した枢機卿フーゴ・カンディドゥスのグレゴリウスへの非難演説もあったと思われる。[37] このフーゴも今後の動向を考える場合、重要な人物であった。というのは彼は、この会議にだけ一時的に登場した単なる煽動家ではなかったからである。彼は一〇八〇年のブリクセン会議においても、再び重要な役割を果していることから見て、ヴォルムス会議後におけるハインリヒ側の有力な指導者になっていったと見なければならない。[38] こういう人物のグレゴリウス個人への攻撃が、単なるデマとして受け取られていなかったことは当然であろう。反ハインリヒ的傾向の強いランペルトの年代記でさえ、フーゴのグレゴリウス非難を詳論していることは、相当の影響を相手側にも与えたことを意味していよう。[39]

このように、ヴォルムス会議後の司教たちの動向を考える場合、彼らがフーゴから受けた強い影響や、ヴォルムス会議以前にグレゴリウスから受けた上述のような苦い経験、そしてそこから出てくるグレゴリウス個人への敵意や不信感といった個人的な感情は根深いものであり、王への破門のような処置があったからといって、そんなに一朝一夕で消えるものではないことを十分に予想しておかなければならないのである。このような感情的要素は、彼らのその後の行動を考える場合、非常に重要なものにも拘らず、従来の研究ではほとんど考慮されなかったと言ってもいいのである。確かに、ヴォルムス会議以前に鬱積していた敵意が、ヴォルムス会議で爆発したことは一般に認められているにしても、この怒りがその後急速に消えるかのように叙述されているのが普通なのである。[40]

さて、このヴォルムス会議に参加した司教たちについて具体的に見てみると、この会議にはドイツ司教が二十四名、イタリア、ブルグントの司教が各一名、計二十六名が参加している。今、ドイツ司教だけを問題にすると、当時司教は全部で三十八名おり、このうちケルン大司教が空席であったので、結局十三名の欠席であった。[41] 従って全体のほぼ三分の二が出席したのであるが、この数字をもって直ちにドイツ教会や王の立場を判断することは出来ない。出席者の中身が問題であるし、欠席者にしても単純に親グレゴリウス派の人物ということは出来ないからである。

そこでまず欠席者を見ると、親王派のリーダー的存在ともいうべきブレーメン大司教リーマーが欠席しているのが注目される。さらにヴェルダン司教ディートリヒやブリクセン司教アルトヴィンも欠席しているが、明らかに彼らは親王派であった。[42] さらに党派は明確ではないが、おそらく王に近い人物として、プラハやアウクスブルクの司教が欠席している。[43]

他方、法王派に属する、ないしそれに近い人物としては、ザルツブルク大司教ゲープハルト、パサウ司教アルトマン、ヴォルムス司教アーダルベルト、その他クールやグルクの司教がいた。[44] 残る三人の欠席者は、当時ハインリヒ側に幽閉されていたザクセンの司教たちであり、明らかに反王派と見ていいであろう。[45] 従って欠席者のうち、親王派ないしこれに近い人物が五人、反王派ないし親法王派、もしくはこれらに近い人物が八人であった。

一方、出席者はすべて親王派ないし反法王派かというと必ずしもそうではない。例えば、ハルバーシュタット司教ブルヒャルトのように、バンベルク司教に捕えられたまま出席を強制された明らかに反王派の人物[46]や、同様に自発的な参加者とは思えないパーダーボルン司教、[47] さらに決議への署名を強制されたヒルデスハイム司教がいた。[48] この他、決議における手続き上の問題で異議を出したヴュルツブルク司教アーダルベロやメッツ司教ヘルマンがいた。[49] 彼らも結局は決議に署名させられた。このことからもヴォルムスの決議が、最初から完全に一致した団結の下に行われたものでないことがわかる。[50] この時点で既にハインリヒの背後に、司教の完全にまとまった戦線を考えることは出来ないのである。[51]

議長を務めたマインツ大司教ジークフリートも、決して王の信頼できる人物ではなかった。一〇六九年ごろから彼と王の密接な関係はなかったし、彼は後のトリブールの会議で見るように、非常に政治的な動機で動く人物であった。[52] その上、ザクセンのマクデブルク大司教から王への仲介依頼の手紙をもらっていることは、反王派とのつながりを示すものであろう。[53] ともかく彼は、志操堅固ではなく、変節しやすい人物であったと見なければならない。[54]

ヴュルツブルク司教アーダルベロも、このザクセンの有力者と同様に関係をもっているが、[55] 彼の場合以前から、後に親法王派の中心となるザルツブルク大司教ゲープハルトやパサウ司教アルトマンと親しく、[56] やがてグレゴリウス派に移ると、このアルトマンやヴォルムス司教アーダルベルトとともに、最後まで頑強に親法王派に留まった人物であった。[57] しかも、彼は既述のように一〇七五年に、グレゴリウスの召喚に応じた唯一人の人物でもあった。[58] このような人物がヴォルムス会議に出席したことが、むしろ不思議なくらいであろう。

彼ほど強固な親法王派ではなく、むしろ独立的な立場を維持して、穏和な改革方向をもったメッツ司教ヘルマンも、グレゴリウスとは親しい関係を維持していたのであり、[59] ヴォルムス会議に出席したことは、やはり不思議なことであった。

その他、グレゴリウスが一〇七六年四月に、トリーア大司教ウード、ヴェルダン司教ディートリヒ、それに右のヘルマンに、わざわざ悔悛を促す手紙を出すとともに、[60] この手紙の中でトゥール司教ピーボにも同様に呼びかけを行うよう求めていることは、これらの人々がドイツ司教の中でも親王派といっても、法王にとっては何らかの特別の関心なり関係のあったことを示しているといってもいいものであろう。

このように見てくると、ヴォルムスの決議からやがて離脱していく人々が幾人かいることは、むしろ自然なことであり、これをもってハインリヒの立場の崩壊を問題にすることは出来ないのである。彼らの離脱はすでにヴォルムスの時点で、十分に予想されていたことであった。さらに世俗諸侯にしても、南独の三大公は出席していないし、たとえ参加していたとしても、彼らも同様に離脱する傾向をはじめからもっていたであろう。

ヴォルムスの時点でハインリヒの立場は、既に決して完全なものではなかったのである。問題はこういう自然に離脱していく人々ではなく、真に王を支持する人々、特にグレゴリウスの処罰の対象となった人々が、果してヴォルムス後の動きの中で崩壊したのかという点である。この点の区別が、従来十分になされていないようである[61]。彼らが王を支持している限りは、王の立場は完璧とは言えないとしても、反対派に十分に対抗しうるくらいの勢力はあったのである。

なおこのヴォルムス会議につづいて、ロンバルディアの司教たちも、ピアチェンツァでさらに強い調子の決議を行っている[62]。彼らは後述のグレゴリウスの判決からも明らかなように、法王に対してはドイツの司教以上に敵意をもっていた。従って、彼らの存在はハインリヒにとって、自らの勢力を支える有力な部分として、常に計算されていたと見なければならないものである。

注

（1）　U.-R. Blumenthal, S.132.
T. Schieffer, Das Zeitalter der Salier.（Rassow, Deutsche Geschichte im Überblick, 1973）S.147.

（2）A. Brackmann, Heinrich IV. als Politiker beim Ausbruch des Investiturstreites.（Canossa als Wende, 1969）S.65.
（3）Lamperti monachi Hersfeldensis Annales,（Ausgewählte Quellen zur deutschen Geschichte des Mittelalters Bd. XIII. 1973）S.342.
（4）Z. N. Brooke, p.133–134.
（5）A. Brackmann, S.66. 参照。
（6）H. Fuhrmann, S.77.
E. Boshof, S.56.
U.-A. Blumenthal, S.124.
Brunonis Saxonicum Bellum,（Ausgewählte Quellen zur deutschen Geschichte des Mittelalters. Bd. XII. 1974）c.30. S.230–234.
（7）Lampert, S.204–206.
E. Boshof, S.56.
Lexikon des Mittelalters. Bd. I.（1980）Sp.2026.
（8）Z. N. Brooke, p.134.
（9）L. Fenske, Adelsopposition und kirchliche Reformbewegung im östlichen Sachsen.（1977）S.55–56.
（10）Das Register Gregors VII. hg. v. E. Caspar.（MGH, Epp. sel., 1920）（以下 Reg. と略す）III. 10.
（11）G. Meyer von Knonau, Jahrbücher des deutschen Reiches unter Heinrich IV. und Heinrich V.（1894, 1964）Bd. II. S.611–613.
（12）K. Jordan, S.338.
E. Boshof, S.64–65.
K. Hampe, Deutsche Kaisergeschichte in der Zeit der Salier und Staufer.（1908, 1968）S.56.
W. Ullmann, A Short History of the Papacy in the Middle Ages,（1972）p.156.
（13）K. Jordan, S.337.
（14）A. Hauck, Kirchengeschichte Deutschlands.（1954）Bd. III. S.791.
G. Meyer von Knonau, S.613–615.
Lampert, S.334.

（15）W. von den Steinen, Canossa.（1969）S.53.

（16）H. Fuhrmann, S.78.

（17）G. Meyer von Knonau, S.615.

（18）W. von den Steinen, Der Kosmos des Mittelalters.（1967）S.210.
もっともブルーノによると、王、特に「悪しき」助言者たちが司教たちに服従拒否をさせたとしている。Bruno, c.65. S.278.

（19）U.-R. Blumenthal, S.132.
J. Haller, Der Weg nach Canossa （Canossa als Wende. 1969）S.171.

（20）本書、第六章、二四〇頁。

（21）Reg. I.79.

（22）Reg. II. 28.

（23）Reg. II. 29. II. 30. II. 52. a.
A. Wendehorst, Bischof Adalbero von Würzburg （1045–1090） Zwischen Papst und Kaiser.（Studi Gregoriani, VI. 1959–61.）S.152–153.
もっともヴュルツブルク司教の場合は、召喚の理由は譴責のためというよりも、改革計画を説明するためであったようである。

（24）W. F. Zedinek, Altmanns Lebenslauf.（Der Heilige Altmann Bischof von Passau. 1965）S.122.
Lampert, S.302.

（25）H. Fuhrmann, S.85.

（26）Reg. I. 30.　これは一〇七三年十一月ごろのことである。ゲープハルトは、完全にグレゴリウスに付いていたのではないようである。
W. Steinböck, Erzbischof Gebhard von Salzburg.（1972）S.72, 82–83.

（27）グレゴリウスは、シモニアや教会人の独身についての手紙を何度もドイツ司教に向けて出している。
Reg. II. 66, 67, 68.

The Epistolae Vagantes of Pope Gregory VII. ed. &. tr. by H. E. J. Cowdrey.（1972）（以下 Ep と略す） No.6, 8, 9.

(28) O. Köhler, Die Ottonische Reichskirche.（Adel und Kirche. 1968）S.196.

(29) S. Salloch, Hermann von Metz.（1931）S.9–10. 参照。

(30) *ibid.,* S.91.

(31) O. Köhler, S.196.

(32) ヴォルムスでグレゴリウスにあてた決議文において、司教たちは彼について何度も傲慢や僭越という表現を使っている。
Die Briefe Heinrichs IV. hg. von C. Erdmann,（1937）S.65–68. 事実、グレゴリウスは、彼らに対しよく怒った。
Ep. No.10. 参照。

(33) Ep. No.6. 11. 時には彼は世俗諸侯にも、司教に対し圧力をかけるように呼びかけている。 Reg. II. 45.

(34) このことは、彼らのヴォルムスでの決議文によくあらわれている。
Die Briefe Heinrichs IV. S.65–68.
ibid., Nr. 11. 12. S.13–17. 参照。
T. Schieffer, S.147.

(35) E. Boshof, S.67.
T. Schieffer, S.148.
J. Haller, S.171.

(36) S. Salloch, S.68. 参照。
A. Fliche, t. II. p.279.

(37) F. Lerner, Kardinal Hugo Candidus.（1931）S.51.
G. Meyer von Knonau, S.618–619, 626.

(38) F. Lerner, S.53–54.

(39) Lampert, S.346, 400.

(40) A. Fliche, t. II. p.279, 290. 参照。

（41） G. Meyer von Knonau, S.614–615.
（42） A. Hauck, S.791.
（43） プラハ司教は、以前よりグレゴリウスと対立していることから見て、少なくとも反法王派であろう。
Reg. I. 17, 44. II. 6.8. 参照。アウクスブルク司教については、ハウクは党派は明確でないとしているが、この司教は、一〇七四年に他の親王派の司教とともにローマに召喚されたが、応じていないところから見て、王派に近い人物であろう。
A. Hauck, S.790. 前注、（42）、参照。
（44） W. Steinböck, S.97–98.
W. F. Zedinek, S.122.
A. Hauck, S.790–791.
とりわけ、ザルツブルク大司教については、当時完全に法王派というよりも、その方向へ向きつつあったと見るべきであろう。
（45） G. Meyer von Knonau, S.682.
（46） *ibid.*, S.641, 621, 680.
このヴォルムスの時、彼は一時王と和解したという説もあるが、一〇七三年のザクセン反乱以来、死ぬまで妥協なき王の敵であったのみならず、その指導者でもあったことを考えると、上述の説は説得力に乏しいであろう。
L. Fenske, S.105, 107–108, 117–118.
（47） *ibid.*, S.106.
（48） 彼は、両派の間をうまく動いた面もあるが、しかし厳格な反王派であったハルバーシュタット司教とも親しく、ザクセン側で活躍したのであり、決して親王的な人物ではない。　*ibid.*, S.105, 121.
G. Meyer von Knonau, S.649, 622.
（49） *ibid.*, S.621.
Lampert, S.346.
（50） Bruno, c.65. S.278. 参照。

(51) J. Fleckenstein, S.233.
(52) H. Thomas, Erzbischof Siegfried I. von Mainz und die Tradition seiner Kirche.（DA. 26. 1970）S.396–398.
(53) Bruno, c.42, 48, 49, S.246–250, 256–262.
(54) G. Meyer von Knonau, S.615. 参照。
(55) Bruno, c.48, 49, S.256–262.
A. Wendehorst, S.153.
(56) Lexikon des Mittelalters.（1977）Bd. I. Sp.94.
(57) A. Wendehorst, S.154, 160.
(58) *ibid.*, S.152.
(59) S. Salloch, S.33, 69, 92.
(60) Reg. III. 12.
(61) 野口洋二、『グレゴリウス改革の研究』、（昭和五十三年）、二六四頁、参照。
(62) G. Meyer von Knonau, S.629–630.

二　ヴォルムス会議後の経過

ヴォルムスの決議に対し、グレゴリウスはローマの四旬節会議において、ハインリヒの王権停止、臣下の忠誠解除、破門を宣言し、ヴォルムスでの中心人物と見なされたマインツ大司教の破門と職務停止がなされた。その他、自発的にヴォルムス決議に参加し、その「不正」に留まろうとする司教には職務停止がなされ、自発的に参加していない司教には八月一日までの悔悛の猶予期間が与えられた。また、ロンバルディアの司教たちに対しては例外なく破門がなされた。[1]

それではこのような判決は、その後どのような影響をもたらしていくのであろうか。特に王に対する判決は、中世史における最も恐ろしい瞬間の一つであり、その影響は非常に大きかったとされている。[2] しかし本当にそうであったのであろうか。確かに当時の年代記者ボニゾーは、「王への破門が人々の耳に達した時、我々のローマ世界は震動した」と述べている。[3] しばしば引用されるこの言葉は、親法王派としての彼の立場を考えれば、文字通り受け取り得ないものであるが、この彼も先の言葉につづいて、次のように述べている点に注意しなければならない。「イタリア人も山の向こうの人々も、このことについていろいろと議論（判断）した」。つまり、王への判決は決して一様な動揺をもたらしたのではなく、これに対しては多様な反応があったことを、彼さえも認めているのである。

法王による判決とりわけ破門というものが、そもそも一般的に見て、どれ程の効果があったものなのかは、当時のいくつかの例から見て、非常に疑わしいものであった。法王の権威がまだまだ十分に確立されていない当時にあって、[4] 破門だけが効果をもつとは到底考えられない。実際当時、ノルマン人への破門にしろ、ミラノ大司教への破門にしろ、或いはフランス王への破門の脅しにしろ、ほとんど大した効果をもっていなかったのである。[5] ましてドイツのように、グレゴリウス個人に対し深い敵意や不信のある中にあって、彼の判決にどれほど人々が信を置いたのか、むしろ疑問とする方が自然であろう。我々はこの点をまず念頭において、ヴォルムス後の動きを見ていかなければならないのである。

これまでの研究は、意識的にしろ、無意識的にしろ、破門なりその他の王への判決が、如何に大きな影響を及ぼしたかを見ようとする余り、その方向への事実の恣意的な解釈が、一般的であったように思われるのである。[6] そこには何かカトリック的というか、もっと広く言ってキリスト教的な一面的な歴史解釈があるようである。

さて、四旬節会議の判決がハインリヒに伝えられたのは、彼が三月末にユトレヒトに滞在中の時であった。このため王側では今度はグレゴリウスの破門を行うことになり、その破門宣言をトゥール司教ピーボが行うことになった。ところがこのピーボが、破門宣言の前夜に、ヴェルダン司教ディートリヒとともに密かに逃げてしまったのである。(7)このピーボは、先のヴォルムス会議に参加した人物であるが、ディートリヒは参加していなかった。彼らの突然の逃亡の動機については明らかではない。四旬節会議での王への判決、或いは彼ら自身への判決、それとも法王を破門することへの恐怖が原因であろうか。判決を受けていないディートリヒも逃げているので、この二番目の原因は除外されるかもしれない。法王への破門宣言もピーボが行うだけで、ディートリヒには直接関係はない。とすればやはり王への判決が原因なのかもしれない。これももう一つはっきりしないのであるが、ともかく一応これを原因と見ても、それでも彼らの逃亡は、ハインリヒに法王の決定の恐ろしい打撃を痛切に感ぜしめた、と評する(8)ほどのものではなかったであろう。

この時にヴォルムス会議の出席者の中で「動揺」したのは、このピーボただ一人なのである。それに彼らが密かに逃げたことから見て、王に公然と反抗する気はなかったと考えられる。(9)事実、ピーボはすぐにグレゴリウスに赦免を求めたのではなく、半年後のトリブールの会議の時にようやくこれを行ったのである。(10)このピーボについては、グレゴリウスはそれでも強い不信感をもっていたようであるが、他方既述のように、彼にはヴォルムス会議以前から何か特別な関心なり関係があったようである。(11)このことがあるいは彼の逃亡に大いに関係があったのかもしれない。

もう一人のディートリヒについては、逃亡はしたものの、はっきりグレゴリウス派に移ってしまったわけではなく、王にはずっと忠誠を保ち、カノッサ行の時も、王に従って行こうとしてカルヴ伯に捕えられたほどの人物であった。(12)このように見ると、彼らの逃亡はせいぜい一時的な動揺であり、王の陣営に決定的な打撃を与えるようなものではなかったのである。グレゴリウスへの予定の破門宣言は、ピーボに代わりユトレヒトの司教が、何らの抵抗も受けずに行ったのである。(13)これをハウクのように、役のみがこの宣言を行う勇気があったというように、フラヴィニーのフーゴの年代記の記述をそのまま無批判的に採用していいものかどうか問題であろう。[14] 後述のように、その後の経過を見ると、このようなグレゴリウスに好意的な年代記の記述が、[15] 非常に一面的なものであることは明らかであろう。このようなところにも、法王の判決の効果を出来るだけ大きく見ようとする先入見が、強く現れていると言わねばならないのである。

ところで、この法王への破門宣言が行われたユトレヒトの教会堂が、その日のうちに落雷のために焼け落ちるという事件がおこっている。これは当時の常識からすれば、単なる偶然ではなく、王側に対する神の罰を示すものと受けとられても、おかしくないものであった。事実そのように歴史家は解釈してきた。[16] しかし先入見に囚われずに冷静に見れば、この事件は王側の司教に、何ら離反への動きをおこすことはなかったのである。このことは十分注目してよいことである。当時の人々にとってグレゴリウスの立場の正当性を証明するかに思われた事件でさえ、何らの見るべき反応のなかったことは、如何に王側の司教たちの団結、決意が強固であったかを示すとともに、またグレゴリウスの判決が如何に軽く見られていたかの何よりの証拠であろう。

ユトレヒトでの法王への破門宣言のあと、ハインリヒは五月半ばにヴォルムスでもう一度会議を開くことになり、すべての諸侯に召集状が出された。この第二ヴォルムス会議では、ユトレヒト、ブリクセン、ナウムブルクの三人の司教が中心となって教会法に則り、あらためてグレゴリウスの正式裁判を行い、新しい法王を選ぶことになった。[17]

しかし中心となるべき三人の司教のうち、ユトレヒト司教ヴィルヘルムは、四月末に病気で亡くなってしまった。[18] 彼は先に法王への破門宣言を行った人物であり、このため彼の死もまた、神の罰として受けとられうるものであり、事実そのように解釈されてきた。[19] しかしこの点も確実にこれが影響したことを示すようなものはない。[20] むしろハインリヒがまもなく彼の後継司教として、コンラートという人物を叙任しえたことは、[21] ヴィルヘルムの死が大した影響をもっていなかったことを証明するものであろう。やはりここでも、ハインリヒ側の信念の強さが注目されるのである。このヴィルヘルムの死は、王にとって大きな損失とされているが、[22] これも彼がそれほど重要な人物であったのかどうか、一考すべきものであろう。この点でも従来の研究は、何かにつけハインリヒの立場が、悪化したことを見ようとする傾向が強いように思われる。

上述の三人の司教のうち、もう一人のブリクセン司教アルトヴィンも、この会議への出席途中に敵側に捕えられ、参加できなくなってしまった。[23] このため中心となるべき三人のうち、二人まで欠けてしまい、予定の教会法による正式裁判はむつかしくなった。[24] こうして第二ヴォルムス会議は、結局いわば自然流会のような形で終わってしまったのである。しかしこれでもって、この会議を単純に失敗と見たり、王の権力の失墜を示すものと見るべきではない。[25] 南独の三大公が来なかったことも、その証拠とされるが、[26] 彼らはすでに一月のヴォルムスの時にも来なかったのであり、何も新しい変化があったわけではない。これをことさら取りあげようとすること自体、ハインリヒの立場を実際以上に悪化したように見ようとする傾向をまさに露呈しているのである。王の立場は、悪化するどころか、むしろこの第二ヴォルムス会議には、反王的なランペルトさえ報告しているように、かなりの数の人々が集まったのであり、[27] この時点で王の力が、前に比べて衰えているとは決して言えないのである。しかもこれより少し前、ロンバルディアの司教たちはパヴィアに集まり、グレゴリウスの破門を宣言し、[28] 反法王派の結束を強固にしたのである。ここでも先の四旬節会議での彼らへの破門が、何の効果もなく、却って強い反発を受けていたことをよく示しているのである。

もっとも、時期は明確ではないが、おそらくこの第二ヴォルムス会議の前後にメッツ司教ヘルマンとヴュルツブルク司教アーダルベロがグレゴリウスの方へ移ったようである。[29] しかし彼らについては、既述のように一月のヴォルムス会議に出席したことがむしろ不思議なほどであり、この離脱もすでに一月の時点で予想されたものであり、この意味でハインリヒの立場に著しく害をもたらすものではなかったであろう。これに対し、一月の時点で空席であったケルン大司教が、この五月に来ていたし、[30] 前回欠席したブリクセン司教も来る予定であった。このケルン大司教の参加に見るように、王の立場が却って強化された面もあったのである。[31]

ともかく第二ヴォルムス会議は、中心となるべき二人の司教が、思わぬ事態で欠けたため流会になっただけであり、真の意味での失敗ではないし、まして王の勢力失墜を示すものではなかった。そこで王は六月二十九日に、今度はマインツで新たな会議を開くことになった。[32] ここでも南独の三大公が来なかったのは当然であるが、他方マインツ、ケルン、トリーアの各大司教をはじめとして、多数の人々が参加したのである。[33] ただトリーア大司教ウードに関しては、彼がグレゴリウスの悔悛の呼びかけに応じてローマに行き、赦免を受けて帰って来たばかりであった。[34] 彼の離脱は、確かに四旬節会議後の一つの変化ということはできようが、しかし彼も既述のように、グレゴリウスとは以前から何か特別の関係があったようであり、彼の離脱も、この意味である程度予想されえたものであった。しかも彼の場合、マインツ会議に出席したことからも分かるように、グレゴリウスから王と交渉する許可をもらっており、いわば仲介役として働くことになったのであり、決して反王派になったのではなかったのである。[35] 王は依然として彼をよく信頼していたし、彼も王に忠実な人物であった。[36] 彼が法王と和解したからといっても、それが直ちに王の勢力の減少につながるものではなかったのである。

ウードのように法王と和解した者が参加していた以上、マインツの会議において意見の対立があったことは当然であろう。こういう意見の対立は、一月のヴォルムス会議の時もあったのであり、従ってこれをもって王の権力の消長を云々することはやはり出来ないのである。[37] むしろウードのようにグレゴリウスと和解した者がいたにも拘らず、グレゴリウスの破門がなされ、先の四旬節会議の決定が無効とされたことに大いに注意を払う必要があろう。従来の研究はこの点を非常に軽く見ているが、[38] これも余りに先入見に囚われた一方的な解釈というべきであろう。

一月のヴォルムス会議の時も、王の立場は決して完璧なものではなく、すでにいろいろと問題のあったことを考えれば、このマインツ会議のころも、既述のようないわば自然に離脱していった少数の人々を除いて、王の立場は大して変わっていないのである。世俗諸侯については、一月のヴォルムス会議に出席した下ロートリンゲン大公ゴットフリートが、二月の末に殺されたり――このことはしかし、グレゴリウスの判決とは全く無関係と見なければならない[39]――南独の三大公の離反やザクセン人の反乱傾向が、なお一層顕著になっていったという点では、王にとって不利な材料があったであろう。しかしそれにも拘らず、マインツでは先の決議が出来たことは、如何に王側の、特に司教たちの結束なり決意が強かったかを示している。逆に法王側の判決が、如何に彼らに訴えていないかを示しているのである。

しかも、このマインツの決議は、効果がなかったのではない。この会議のあと彼らの離反がほとんどない以上、この決議は離反を抑えたという意味で十分に効果があったのである。他方、相手側に対してもこの決議が少なからぬ動揺を与えたらしいことは、反王派のベルトルトの年代記が、マインツ会議の決議を報告したあと、これへの反論を非常に詳しく述べていることから見ても、ある程度推測できるのである[40]。従ってマインツ会議の決議によって、王側は相手側にショックを与えるとともに、お互いの立場を再確認し、結束を強化したと言ってもいいものであろう。このような点についても、従来はほとんど評価されていないどころか、ハウクやモルゲンに見るように、マインツ会議の間も王側の離反は、日増しにふえていったというような一面的な解釈になっているのである[41]。少なくとも以前から真にハインリヒに付いていた司教たちを見れば、決してこのように言うことは出来ないのである。

四旬節会議の判決が、このように王側に大して効果がなかっただけではない。このような判決に対しては、当時王側の人々は勿論のこと、法王派の人々の中にも、疑問を感じる者が多かったのである。特に王への破門については、その正当性を疑う者が多く、一般に悪い印象をもって受け取られていたことは、メッツ司教へルマン宛てのグレゴリウスの手紙が如実に示している[42]。この手紙でグレゴリウスは、こうした疑問に答えているのであるが、この回答もヘルマンはじめグレゴリウス派の司教にさえ、納得のいくものではなかったようである[43]。というのは、この同じヘルマンが一〇八一年にもう一度、同じ質問をグレゴリウスにしているからである。(44) このようにドイツにおいては、法王によるる王の破門が効果があるどころか、むしろ疑問に思っている人々が、敵・味方を問わず一般的であったのである。

そして当のグレゴリウス自身も、王への破門に自信がなかったことは、彼がくり返しヘルマンはじめ味方の司教らに対し、王の破門を彼の許可なく勝手に解かないように要求していることからも推測できよう。(45) これは同時に、グレゴリウスが、味方のドイツ司教たちを如何に信頼していないかを示すものであった。(46) この両者の信頼関係といえば、既述のようにグレゴリウスは、改革問題については味方となるべき司教に対してさえ、きびしい態度を取ったことから見て、そもそも完全なものではなかったであろう。過去の苦い経験から見て、真にグレゴリウスを信頼している者は、法王派と見られる人々の中でも、ごくわずかであったと考えねばならないのである。

グレゴリウスがいろいろな点で理解されなかったことは、このころドイツに向けて何度も手紙を、しかも異常なほどの長文の手紙を出さねばならなかったことにもよく現れている。(47) これらの手紙は、いずれも彼に忠実な（と思われる）すべての人々に向けられたものであり、この中で彼はハインリヒを改心させるように促すとともに、自己の立場を長々と弁明しなければならなかったのである。(48) このことは如何にグレゴリウスの立場が弱いかを示すものであり、(49) 四旬節会議の決議が自然にその効果を発揮するどころか、(50) 破門への疑問のように、彼への不信感をますます強める傾向さえあったことを示しているのである。ドイツにおける状勢は、決してグレゴリウスにとって喜ばしいものではなく、むしろ怒りさえ覚えさせるものであった。(51) ずっとあとの十月末ごろの手紙にさえ、彼は教会が非常に混乱し、苦しんでいること、キリストのために生きる者は、迫害を受けねばならないことを訴えねばならなかったのである。(52) ハインリヒ側の攻撃あるいは守りは、崩れるどころか、むしろ強固なものであった。(53)

このように見てくると、六月末のマインツ会議の決議は、王側の空虚な、或いは必死の反撃といったものではなく、グレゴリウスへの一般的な不信のみなぎる中にあって、むしろ十分な確信をもってなされた反撃と見るべきものなのである。それは王側の結束をさらに強固にするものであった。反王派がやがてウルム、トリブールでの会議で結論を急ごうとしたのも、見方を変えれば、反王派の勢力の盛り上がりというよりも、王側の強固な結束に対するあせりとも見ることが出来るのである。

注

（1）Reg. III. 10 a.

（2）Z. N. Brooke, p.135.

T. Schieffer, S.148.

（3）Bonizo, Liber ad amicum,（Monumenta Gregoriana. 1865, 1964）S.670.

（4）グレゴリウスが法王になるつい三年前まで、ホノリウス二世という対立法王が、ロンバルディアにおいて存在しえたことを考えれば、この当時の法王の権威というものに余り過大な評価はできないのである。

F. Herberhold, Die Angriffe des Cadalus von Parma（Gegenpapst Honorius II.）anf Rom in den Jahren 1062 und 1063.（Studi Gregoriani. II. 1947）S.503.

（5）Reg. I. 85 a. II. 52 a.

F. Kempf, Die gregorianische Reform.（Handbuch der Kirchengeschichte. Bd. III/I, 1973）S.436.

拙稿、「パタリア」、㈡、（文化学年報、第三十輯、昭和五十六年）、六十四頁。

A. Brackmann, S.67–69.

（6）ブルックなどにもこの傾向が強く出ている。

Z. N. Brooke, p.134–135.

（7）G. Meyer von Knonau, S.659–660.

（8）R. Morghen, p.131.
（9）G. Meyer von Knonau, S.660.
（10）*ibid.*, S.736.
Reg. III. 12. 参照。
（11）一〇七四年十月のトリーア大司教ウードへの手紙でも、グレゴリウスは、ピーボが係わっている争いの審査をするように求めている。　Reg. II. 10.
（12）Lampert, S.400.
G. Meyer von Knonau, S.673.
（13）*ibid.*, S.661.
（14）Hugonis Flaviniacensis Chronicon（MG. SS. VIII. S.458.）　A. Hauck, S.797.
G. Meyer von Knonau, S.661. Ann. 69. 参照。
（15）Wattenbach・Holtzmann, Deutschlands Geschichtsquellen im Mittelalter, Bd. II.（1940. 1967）S.624.
（16）Bertholdi Annales. MG. SS. V. S.283.
G. Meyer von Knonau, S.662.
E. Boshof, S.70.
（17）Berthold, S.284.
G. Meyer von Knonau, S.664.
（18）*ibid.*, S.668–669.
（19）J. Fleckenstein, S.233.
E. Boshof, S.70.
H. Zimmermann, Heinrich IV. S.123.
このようなことが本当に影響があったとするなら、逆に反王派のパーダーボルンの司教が、すでに二月に亡くなったことも、問題にしなければならないであろう。　L. Fenske, S.106.

(20) フラヴィニーのフーゴの報告によると、ヴェルダン司教ディートリヒが彼の死にショックを受けて、ローマ側に移ったというが、ディートリヒは、すでにユトレヒトでピーボとともに逃亡しており、彼の死がローマ側へ行く原因になったのかどうかは疑わしい。それにグレゴリウスからの悔悛を促す手紙が出されており、これが効果があったことも考えられる。
G. Meyer von Knonau, S.672–673.
J. Haller, S.133.　Reg. III. 12.

(21) G. Meyer von Knonau, S.677–678.

(22) *ibid.*, S.668.

(23) *ibid.*, S.671.

(24) *ibid.*, S.676.　Berthold, S.284.

(25) R. Morghen, p.132.
G. Meyer von Knonau, S.677.

(26) *ibid.*, S.672, 677.
E. Boshof, S.71.
Lampert, S.360.

(27) *ibid.*, S.360.　G. Meyer von Knonau, S.677.　この点もしばしば無視されている。　A. Fliche, t. II. p.294.

(28) G. Meyer von Knonau, S.676.
A. Hauck, S.799.

(29) A. Wendehorst, S.155.
S. Salloch, S.25.

(30) G. Meyer von Knonau, S.677.

(31) 前ケルン大司教アンノが亡くなったのは、一〇七五年十二月である。このアンノは、しばしばハインリヒと衝突していた。このため王にとって、新しい大司教ヒルドルフの方が都合がよかったのである。　Lampert, S.236, 254, 334.
フレッケンシュタインは、王派の新しい司教は、彼らの教区でその地位を維持することが出来なかったと述べているが、しかしこの事情は、ヴォルムス司教はじめパサウ司教らの反王派の司教にも言えるのである。
J. Fleckenstein, S.233.
W. F. Zedinek, S.122.

(32) Lampert, S.360.　Berthold. S.284.
G. Meyer von Knonau, S.678–679.

(33) *ibid.*, S.681.　ヨルダンは、このころドイツ司教の大部分は、もはや王の側にいず、不決断な態度をとったと述べているが、これについて確実な根拠はない。　K. Jordan, S.338.

(34) G. Meyer von Knonau, S.672, 681.

(35) *ibid.*, S.672.
G. Tellenbach, Zwischen Worms und Canossa.（Canossa als Wende, 1969）S.232.

(36) J. Haller, S.130–131.

(37) R. Morghen, p.132.
J. Fleckenstein, S.233.
Lampert, S.360.

(38) Berthold, S.284.
G. Meyer von Knonau, S.682.
J. Flekenstein, S.233.
A. Fliche, p.295.
A. Hauck, S.799.

(39) Bruno, S.318.
G. Meyer von Knonau, S.650.

(40) Berthold, S.284–285.

(41) A. Hauck, S.799.

R. Morghen, p.132.
この場合、彼らが、ハインリヒの勢力失墜の証として挙げているのは、司教ではウードやヘルマン、アーダルベロのことであり、いずれも既述のように、その証として問題にならない。南独の三大公やザクセンに関しても同様である。

(42) Reg. IV. 2.
G. Tellenbach, S.230.
A. Brackmann, Tribur.（Canossa als Wende.）S.204.
S. Salloch, S.60.
Ep. No.13, 14.
同様な疑問のあったことをグレゴリウスの次の二通の手紙も示している。

(43) S. Salloch, S.33, 61.

(44) Reg. VIII. 21.

(45) Reg. IV. 2.　IV. 3.　Ep. No.15.

(46) S. Salloch, S.33.

(47) Reg. IV. 1.　Ep. No.14.　Reg. IV.3.

(48) F. Baethgen, Zur Tribur-Frage,（DA. 4, 1940–41）S.395.

(49) *ibid.*, S.397.

(50) ハウクは、グレゴリウスがドイツの司教たちの団結を乱すのに、何も必要としないことを知っていたと述べている。しかしこのハウクも他のところで、グレゴリウスが同情を求める努力をしていることを書いている。
A. Hauck, S.795, 804.

(51) F. Baethgen, S.396–397.

(52) Reg. IV. 6, 7.

(53) モルゲンが、既述の幾つかの手紙によって、グレゴリウスが王をますます孤立させるのに成功したかのように述べているのは、やはり一種の先入見にとらわれた見方というべきであろう。

R. Morghen, p.134.

おわりに

一月のヴォルムス会議の時に既に、ハインリヒからの離脱が予想された人物、いわば自然的離脱ともいうべき人々を除いて、六月のマインツ会議の時点で王から離れた司教は、ウードくらいのものであった。以前に逃げたピーボも、まだはっきりグレゴリウスに赦免を求めていない。ウードにしても、グレゴリウスとは他の者に比べ、何か特別の関係があったらしい人物であり、その意味でやはり離脱がある程度予想しえた人々の部類に入るであろう。しかも彼は法王との和解後も、王には忠誠を保っていたのである。従って彼の離脱も、王の勢力を格別減じるものではなかったと見なければならない。

世俗諸侯を見ても、ゴットフリートが亡くなったこと以外、取り立てて変化はないのである。南独の三大公の動きは、何もヴォルムス後に急に変化したものではなかった。ザクセン人の動きにしろ、それが活発化したからといっても、それはヴォルムスの時点でも予想しえたものであり、この意味で本質的に変化があるわけではない。

一般に、ヴォルムスの時点において、南独の三大公やザクセン人をも、王の味方として計算することによって、その後の経過を王の権力喪失の過程として見ようとする傾向があると言ってもいいであろう。ヴォルムスのころに王の権力に関して既に問題であった部分、つまり自然に離脱していく部分を考慮すれば、ヴォルムス後のマインツ会議ごろまでの経過には、本質的に大して変化はなかったのである。法王による王への破門処置は、効果がなかったどころか、むしろ逆に法王に対する不信感を広げていったのである。王の立場は、マインツ会議ごろにおいても、ヴォルムスの時点に比べ、決して遜色のあるものではなかったのである。

以上のように見てくると、概して従来の研究が、如何に偏見に囚われているかが分かるのである。当時の年代記だけが偏見に囚われていたのではない[1]。現代の歴史家でさえ、これらの年代記の、そしてまた彼ら独自の偏見に囚われているといっても過言ではないであろう。

注

（1）この時期の主な年代記であるランペルト、ベルトルト、ブルーノのものは、いずれも反王的、ないし親法王的立場で書かれている。Wattenbach・Holtzmann, S.459, 518, 593.

第二章　ハインリヒ四世とトリブール会議

はじめに

最近、筆者が読む機会のあったW・ゲーツの「中世盛期の人物像」は、本章にも関係のある北イタリアの司教について興味深い観察をしている。彼は、北伊の司教が改革法王庁に反抗したのも、従来の説のように、改革そのものに反対したからではなく、法王による極度の中央集権制に反対しただけであること、むしろ彼らの中には改革への熱情において、いわゆる改革派に劣らない人物のいたことを論証しているのである。[1] また、この北イタリアでは改革法王庁に対する反抗は、最も激しく且つ最も長く続き、ハインリヒ四世に対する破門は、ほとんど効果がなかったと述べている。[2] これは筆者が前章で示した観察を、少なくともこの地方については裏づけている。しかし彼は北伊のこの特殊性を強調するために、ドイツについては、その教会は叙任権闘争が始まると――つまりヴォルムス会議以後――、まもなくハインリヒを見捨てたと述べている。[3]

彼のように北伊については卓抜な視点を出している研究者が、ドイツについてはなおこのような、いわば通俗的な解釈[4]に甘んじていることは、如何にこういう見方が根強いかを示していよう。しかしこの見方は、すでに幾人かの人々によってはっきりと否定されている。少くとも六月末のマインツ会議とその後しばらくの間、ハインリヒとドイツ教会との関係をはじめ、ハインリヒの立場全体は、ほとんど崩れていなかったと見ていいものなのである[5]。ハインリヒへの破門は、北イタリアのみならず、ドイツにおいても、彼の陣営を崩す作用においては、何の効果もなかったと見なければならないのである。

もっとも、もともと破門とは無関係に反王的な人々が、この破門を奇貨として結集し、公然たる反乱へと動き出したという点では、破門の効果はあったのかもしれない。しかしこれも、王側の勢力が崩れ、相手側がそれだけ有利になったという意味での本来の破門の効果ではない。しかも王側においても、北伊の司教をはじめ、破門をきっかけにむしろ結束している面もあり、両者の勢力関係の消長をこれでもって判断することはむつかしいのである。

いずれにしても、反王派が結集しはじめ、その動きが本格化していくのは、マインツ会議後であったと考えられる。

注

（1）W. Goez, Gestalten des Hochmittelalters.（1983）S.138.　同様に、C・シユナイダーも、ドイツにおいても司教は改革そのものに反対したのではなく、グレゴリウス七世のやり方に反対したことを指摘している。C. Schneider, Prophetisches Sacerdotium und heilsgeschichtliches Regnum im Dialog 1073–1077.（1972）S.212.

（2）W. Goez, S.146.

（3）W. Goez, S.135.

（4）R. Wahl, Der Gang nach Canossa.（1979）S.212–215.

（5）C. Schneider, S.171, 188.
C. Erdmann, Tribur und Rom.（Canossa als Wende. hg. v. H. Kämpf. 1969）S.109.

一　マインツ会議後の動き

マインツ会議以後に出てくる新しい動きとして注目されるのは、ザクセン人が再び不穏化し、やがて夏ごろに本格的に反乱へと結束していったことである[1]。これは確かにハインリヒにとっては新たな不利な動きではあったが、しかしもともとザクセン人と王の関係は、緊張したものであった[2]。一〇七五年の反乱終結後も、両者の間に真の平和が確立されたわけではなかった。むしろ王は降伏したザクセン諸侯を拘禁したり、破壊された城を再建するなど、彼らの不満を既に煽っていたのである[3]。一月のヴォルムス会議のあと、王が真っ先に行ったのがザクセンであったことは、如何にこの地方が不安定であったかを示すものであろう[4]。

ザクセン人と王の対立は、もともと王と法王の対立とは全く無関係なものであり[5]、この意味でザクセン人の新たな動きは、王の破門とは本質的には無関係のものであったと言わねばならない。反乱への直接のきっかけとなったのは、王から離れたメッツ司教ヘルマンらによって、拘禁中のザクセン諸侯が釈放されたことにあったのであり、破門の影響は、せいぜい間接的なものであった[6]。

いずれにせよ、この反乱によって王にとって全く新しい敵が出てきたわけではなかったのである。いままで潜在していた対立が、顕在化したにすぎないものであった。この反乱に際しても、王はこれを鎮圧せんと、ボヘミアを通りザクセンに入ろうとしたのである。しかしたまたま大雨のためムルデ川を渡れず、結局戦うことなく終わってしまったのである。[7] この遠征は何の成果もないものであったが、この夏の時点においても、王が精力的に戦いうるだけの力と意欲をもっていたことを示すものであったと言えよう。[8]

このザクセン人たちはやがて九月ごろに、すでに反王的な動きを示していた南独の三大公とはじめてウルムで会合し、共同行動へと動き始めた。[9] ウルムの会合には、彼らの他に法王使節のパサウ司教アルトマンをはじめ、ヴォルムス、ヴュルツブルク、コンスタンツの司教が参加した。このうちコンスタンツ司教については、この時点ではじめて王から離れたことが明らかとなる。しかし彼の態度については、もう一つはっきりせず、[10] 一説にはトリーア大司教のように法王と和解しても、王に忠実なままであったと言われている。[11] 従って彼の場合、王からの離反という表現が正しいのかどうか問題があろう。むしろ仲介の役目を果そうとした可能性もあると見ていいであろう。

ランペルトによると、このウルムの会議において、長く教会の平和を乱したいろいろな災いを取り除くために、十月十六日にトリブールで会議を開くことが決められ、各地の諸侯にこれが通知されたという。[12] 一方、ベルトルトは、和解の条件を探るために王自身との会合も、トリブール会議の前に予定されていたと伝えている。[13] これは実際には行われなかったが、この伝えが正しいなら、すでに反王派の中に仲介的な人々がいたことを暗示していると言えよう。

こうして予定通りに十月にライン河畔のトリブールで反王派諸侯の会議が行われた。ここには南独の三大公をはじめ、主にザクセン人、シュヴァーベン人が参加し、さらに法王使節としてパサウ司教に加え、新たにアキレア総大司教ジゲハルトも出席した。[14] 一方、王もこの会議を座視することなく、トリブールの対岸オッペンハイムに陣を張り、会議の行方を見守った。やがて王もこの会議と交渉し、双方の十日間ほどの協議のあと十一月一日ごろに会議は終わった。[15] この結果、王はいくつかの譲歩をするとともに、「一般布告」と「約束」と呼ばれる二つの文書を出し、双方は一応ここで休戦することになったのである。[16]

今簡単に述べた会議の経過については、主な史料の記述が区々で、実際に何が起ったのか、確実なことは僅かしか分かっていない。その上、交渉結果のみを示す上述の二つの文書を除き、年代記を中心にした主な記述史料はいずれも、明らかに反王的傾向の下に書かれており、どこまで信用しうるものなのか問題が多いのである[17]。研究者の間ではヴォルムス会議やカノッサ事件については余り核心をついた意見の相違はないが、真に意見の分れるのは、この会議についてであるとさえ言われるほどなのである[18]。特に王の立場に関して、この交渉における敗北者と見るのか、それとも勝者とまではいかなくとも、少くとも王権を守る努力をした者と見るのかについて、J・ハラーとA・ブラックマンを中心に激しい論争が行われたことはよく知られている[19]。しかしこの論争も、当時の王の立場が極めて苦しいものであったという見方については、ほぼ一致していたように思われる。前者は勿論、後者の見方にしても、逆境の中での王権を救う努力を評価しているのである[20]。それではこの追い詰められた苦しい王の状況というものは、実際にはどのようなものであったのであろうか。とりわけトリブール会議以前においては、王の陣営がほとんど崩れていないと見られる時、この状況は、どのように考えるべきなのであろうか。もう一度、この点を考慮する必要があるように思われるのである。

注

（1） G. Meyer von Knonau, Jahrbücher des deutschen Reiches unter Heinrich IV. und Heinrich V.（1894, 1964）Bd. II. S.713–717. Lamperti monachi Hersfeldensis Annales.（Ausgewählte Quellen zur deutschen Geschichte des Mittelalters. Bd. XIII. 1973).（以下、Lampert と略す）S.354–356, 372–374.

（2） W. Giese, Der Stamm der Sachsen und das Reich in ottonischer und salischer Zeit.（1979）S.149–150.

（3）Lampert. S.322, 348–350.

（4）G. Meyer von Knonau, S.645.

（5）W. Giese, S.45, 177–178.

（6）Lampert S.352–356.
クノーナウは、本格的な反乱へのきっかけをオットー・フォン・ノルトハイムが王から離れ、ザクセン人のもとに再び帰ったことにあるとしている。 G. Meyer von Knonau, S.713–714.

（7）Lampert, S.376.
この戦いをあきらめた理由には、協力を期待していたオットー・フォン・ノルトハイムが、すでにザクセン側に帰っていたこともある。オットーの協力を期待して、王は余り多くの軍を率いていなかったのである。
G. Meyer von Knonau, S.715–717.

（8）G. Tellenbach, Zwischen Worms und Canossa.（1076/77）（Canossa als Wende.）S.231.
G. Meyer von Knonau, S.718. 参照。

（9）*ibid.*, S.725–727.
Lampert, S.376–378.

（10）C. Schneider, S.172.
C. Erdmann, S.114–115.
G. Meyer von Knonau, S.725–726.
Bertholdi Annales.（MG. SS. V.）S.286, 293.

（11）J. Haller, Der Weg nach Canossa.（Canossa als Wende.）S.133–134.

（12）Lampert, S.378.

（13）Berthold, S.286.
G. Meyer von Knonau, S.727. 参照。

（14）Lampert, S.382.

（15）Brunonis Saxonicum Bellum.（Ausgewählte Quellen zur deutschen Geschichte des Mittelalters. Bd. XII. 1974）c.88. S.326.
G. Meyer von Knonau, S.729.
なお、いずれの年代記も、南独の三大公はじめ反王派の人々の名を挙げていないが、当然参加していると見られる。一説にはザルツブルク大司教も参加していたという。
W. Steinböck, Erzbischof Gebhard von Salzburg.（1972）S.107.
Berthold, S.286–287.
Lampert, S.384, 392.
E. Hlawitschka, Zwischen Tribur und Canossa.（Historisches Jahrbuch. 94. 1974）S.33–34.

（16）「一般布告」（Edictum generale）は、王の手紙の第十四番として、「約束」（Promissio）は付録Bとして、王の書簡集の中に収録されている。　Die Briefe Heinrichs IV. hg. von C. Erdmann.（1937）S.20–21, 69.
G. Meyer von Knonau, S.732–733.

（17）A. Brackmann, Heinrich IV. und der Fürstentag zu Tribur.（Historische Vierteljahrschrift XV. 1912）S.155–156.
G. Meyer von Knonau, S.730.
C. Erdmann, S.89.
主な史料としては、既出のランペルト、ベルトルト、ブルーノ、それに後出のボニゾー、ベルノルトがある。さらに近年発見された、いわゆる「ケーニヒスベルクの断片」は、唯一の参加者の証言として貴重なものとされている。　*ibid.*, S.108.

（18）C. Erdmann, Zum Fürstentag von Tribur,（Canossa als Wende.）S.240–241.
H. Beumann, Tribur, Ron und Canossa.（Investiturstreit und Reichsverfassung.）S.34. 参照。
もっともヴォルムス会議、カノッサ事件についても問題は多い。　前章、参照。

（19）敗北説の中心は、ハラーである。ハウクも、この立場であろう。
J. Haller, S.158.
A. Hauck, Kirchengeschichte Deutschlands. Bd. III.（1954）S.800.
後者の説には、ブラックマンはじめエアトマン、テレンバッハが入る。

A. Brackmann, Tribur（Canossa als Wende.）S.182.
A. Brackmann, Heinrich IV.（1912）S.153–155.
C. Erdmann, Zum Fürstentag, S.242.
C. Tellenbach, S.236.
C. Schneider, S.172.
(20) C. Erdmann, Zum Fürstentag, S.244.
C. Erdmann, Tribur, S.109.
A. Brackmann, Heinrich IV. als Politiker beim Ausbruch des Investiturstreites.（Canossa als Wende.）S.86.

二　トリブール会議ごろの反王派の状況

ハインリヒがオッペンハイムにやってきた時、はじめから服従し降伏するつもりであったのか、それとも交渉するつもりであったのか、あるいは相手側に圧力をかけ、妨害するか、場合によっては本格的に戦うつもりであったのか、その動機については明らかではない。[1] 結果的には確かに妨害や戦いを行わなかったことは事実であるが、[2] しかし王が少なからぬ支持者、軍を伴ってここへ来たことは確実である。[3] ここから見て王は、最初から敗北、降伏を意味するような譲歩は考えず、交渉し譲歩するとしても、王権の立場を十分に顧慮し、行動の自由をかなり残した上での譲歩を考えていたと見るべきであろう。この限度を越える譲歩を余儀なくされる場合は、王は戦うつもりであったし、その力をもっていたと見るのが、当時の王の立場に最も合っているのである。[4] 王が最初からこの意味でのある程度の譲歩を考えていたとすれば、トリブール・オッペンハイム間の交渉中に王の陣営が動揺したために、はじめて彼は譲歩に踏み切った[5]という見方は、成り立たなくなるであろう。王は恐らく、はじめからある程度の譲歩を行うことが、次の諸点から見て賢明であると判断していたと思われる。

一つは、既述のように、相手側に和解を考えるグループが存在していたこと、二つめは、法王が王に対する和解的姿勢を明確化してきたこと、三つめは、この法王の使節が反乱側にいたこと、四つめは、王が本当に和解を求めていたのは、反乱諸侯に対してではなく、法王であったこと、これらが譲歩への理由として考えられる。これらについては後に論述するが、四つめの法王との和解、つまり破門よりの解除を求めたことは、破門が王の勢力を崩したからではなく、もっと別の目的があった。これは、王が皇帝戴冠を求めていたからであったと考えられる。[6]

それでは当時の王の立場は、どのような状況であったのか。既に何度も述べたように、司教に関してヴォルムス会議で王にはっきり忠実であった者で、その後トリブール会議ごろまでに法王と和解した者は僅かであった。[7]しかもそれは王に明確に敵対したとは言えないものであった。[8]その他の大部分の司教は、いわば不動の忠誠をもって王側に留まっていたのである。[9]世俗諸侯についても、ヴォルムス会議後に、はっきりと反王派に移った者は確認されない。[10]むしろボヘミア大公やオーストリア辺境伯をはじめ、少なからぬ諸侯が、王に一貫して忠実であった。[11]さらに後述するように、反王派の中心であった南独の三大公についても、彼らの領国内の諸侯はむしろ王に忠実であった。

こうした勢力の他に、いわゆるミニステリアレン層や都市民にも、王を支持する者が多かったのである。[12]ケルン、[13]マインツ、[14]ヴォルムス[15]等のライン諸都市においては、改革の影響よりも、より強く市民の王への忠誠が見られたのである。[16]一般に王への忠誠と教会改革への関心は、必ずしも対立するものではないが、[17]とりわけ北ライン地方は、叙任権闘争時代、精神上の対決において無風地帯であったと言われ、王への忠誠が揺がなかったところであった。[18]一般に都市領主たる司教と市民の関係も、ヴォルムスや一時期のケルンのように、必ずしも対立的なものではなく、むしろ密接な関係というか、司教の指導による都市の発展が図られる場合が多かったのである。[19]反王派の司教の場合、市民との対立が出てくることから見て、一般に王に忠実な司教の場合、彼と市民はともに王権を支えるものであった。当時の政治的状勢を考える場合、このような都市の状況も、十分に考慮しなければならないのである。[20]

以上のように見てくると、トリブール会議ごろまでの王の立場は、唯一人頼りえたロートリンゲン大公もすでに殺され、王の支持者はしっかりと結びついていなかったとハウクが評するほどのみじめな状態では決してなかったのである。[21] 王にはいろいろな層にわたって、十分に頼りうる有力な支持者が少なからずいたのである。既述の王のザクセンへの出征、反王派の中の和解的な意見の存在、さらに法王の和解的姿勢、いずれも王の立場がある程度、安定していたことを想定しないと考えられないものであろう。

それでは逆に、トリブールに集まったいわゆる反王派の人々の立場は、どのようなものであったのか。この場合、反王派といっても、単純に一つのまとまったものとして考えることは出来ないようである。既述の和解的姿勢に見られるように、反王派の中には異なった意見や態度をもつ、いくつかのグループが存在していたと見られる。[22] あくまでハインリヒを廃位し、新しい王を選ぼうとする急進派と、ハインリヒとの交渉を第一とし、たとえ彼を屈服させても、王として認めようとする穏健派が、存在していたようである。[23] これに、トリーア大司教のように反王派というよりも、明らかに王に好意的で仲介的な役目を果そうとする人々も、いたと考えられるのである。[24] こうしたいくつかのグループの他に、一般に反王派と法王派が、同一のものではなかったことにも、十分に注意する必要があろう。反王派の世俗諸侯は勿論のこと、反王派のザクセン司教らにしても、法王の立場に理解を示していないのであり、法王は彼らから信実の援助や支持を期待しえなかったのである。[25] この点からも法王使節の立場を反王派と言われる人々と単純に同列に扱うことは、出来ないことが理解されよう。[26]

もっともこの法王使節の立場については、問題が出されていないわけではない。例えばこの二人の使節は、一人が王に近く、もう一人が法王に近い人物で立場が異なっていたのではないかとか、[27] そもそも法王と彼らの立場が、一致していなかったのではないか[28]という疑問が出されている。しかし前者の疑問も、王と法王の和解を考えるなら、むしろこのような両者に通じる人物の方が、好都合であったと考えられる[29]。後者の疑問についても、カノッサ事件以後の法王と彼らの関係からの類推であり、この場合すでに状勢も異なっており、法王がもはや彼らに満足せず、新しい人物を使節として使ってもおかしくないのである[30]。これをもってトリブールの時点における両者の立場の違いを考えることは、当を得ていないであろう。またハラーのように、この使節はローマから派遣された者でなく、法王の協働者のグループに属さないため、反王派の意向とは異なった法王独自の政策遂行を任しうる存在ではなかったし、そのようなことを法王も行わなかったと見るのも、史料的裏付けもなく、説得力のある主張とは言えない[31]。以上のような疑問が、いずれも決定的なものでないことから見て、法王使節の立場は、法王の立場を代表していたと見るのが妥当であろう。やはり法王にとって、こんなに重要な問題に関し、信用の置けない使節を任命したと考えること自体、むしろ疑問としなければならないであろう。

それではこの使節によって代表された法王グレゴリウスの立場とは、如何なるものであったのか、当時グレゴリウスはドイツに向けて何度か重要な書簡を出しているが[32]、特にここで問題になるのは九月三日付のドイツの世俗と教会の諸侯およびキリスト教信仰を守るすべての人々に宛てられた手紙である[33]。これは法王から使節に、彼のトリブール会議に臨む方針として出されたものと考えられている[34]。ここで彼がはじめてハインリヒが廃位されて、新しい王が選ばれることを認める発言をしていることは、確かに注目すべきことである。しかしこれは、ハインリヒが悔悛せずに反抗を続ける場合にやむを得ず認めるもので、決して彼の望むものでないことを言明している[35]。むしろこの手紙で注目すべきことは、ハインリヒが悔悛する場合、「彼を暖かく迎え入れる」ように命じたことである。一般にこの手紙は、このようにハインリヒを再び王として承認することを明確に打ち出したものと見られている[36]。グレゴリウスが、ここではじめて和解的態度を明確に示したという面から見れば、四旬節会議以来の政策の転換と見られないこともない。[37] しかしこうした和解的な方向は、早くから示唆されており、[38] この意味ではその方向を一層明確にしたものと見るべきものであろう。この和解的方針にハインリヒの方が、いつまでも頑固に抵抗せずに、むしろ応じた方が得策と考えるようになったとしても、何ら不思議なことではないであろう。従って王は、トリブール会議以前に、少なくとも法王に譲歩の考えをもつようになったと見ていいものであろう。ともかく法王使節は、トリブール会議に集まった反王派、とりわけ急進派とは明確に違う立場に立って、会議に臨んだと見なければならない。[39]

トリブール会議の参加者が一体でなかったことは、ザクセン人とシュヴァーベン人の関係にも現れている。というのは後者は、前年のザクセン人の反乱に際し、王側に立ってその鎮圧に協力したのである。[40] この両者の敵意が、一年後に簡単に解消されたとは思えない。ブルーノは、両者がそのきびしい敵対関係を大きな愛で克服し、お互いに許し合おうとしたと述べているが、実際には軍兵の間で、前年の戦いのことで、いざこざのあったことを伝えているのである。[41]

また、ザクセン側の指導者の一人オットー・フォン・ノルトハイムとバイエルン大公ヴェルフの関係も、決していいものではなかったはずである。というのも一〇七〇年にオットーが、ハインリヒによってバイエルン大公を罷免されたあと、後釜に据えられたのが、このヴェルフであった。しかもヴェルフは、この地位を手に入れるために、当時彼の妻であったオットーの娘エテリンデを離縁したのであった。[42] さらにシュヴァーベン大公ルードルフも、このオットーの罷免に際し王に協力していたのである。[43] このような連中が、王への反対から心から兄弟のように和解したと考えるのは、ブルーノの記述に惑わされた余りにも皮相な見方というべきであろう。[44] むしろ一見、共同戦線のように見える中にあって、こういう容易に解消しがたい強い不信感なり恨みがあったことを予想することは、人間の自然の感情を考えれば当然のことであろう。[45]

このような不信感は、ザクセン人とその指導者である右のオットーとの間にもあったと見なければならない。このオットーは、前年のザクセン反乱に際し中心的人物であったが、彼のみ許され、今度はザクセン人に対し、王の立場を代表する者となり、彼らからは裏切り者と見られていたのである。この彼が再び王から離れ、ザクセン人のもとに帰ってきたのであるから、両者の間の信頼関係が存在していたのかどうかは疑わしいであろう。(46) このように見れば、反王派の戦線も決して一致団結した強固なものではなかったというべきであろう。

さらに彼らの弱点は、次の点からも窺うことが出来る。即ち、南独の三大公自身、各々の領国を完全に掌握していなかったことである。バイエルン大公のヴェルフは、上述のように一〇七〇年にオットーと交代したばかりであり、領内で頼りうる者といえば、少数の法王派の司教だけであった。(47) シュヴァーベン大公、ケルンテン大公にしても、彼らの大公位は、不安定なものであった。彼らの領内の圧倒的多数の貴族は彼らに敵対的であった。(48) 従ってこれら三大公の反王的行動は、ただちに南独全体の反王的立場を、意味するものではなかったのである。(49) この三大公のみならず、反王派の司教であったヴュルツブルクやザルツブルクの司教にしても、その市民は基本的には王に味方し、やがて彼らもその町から追放されていくことから見て、(50) 彼らの立場も決して安定したものではなかったことが推測されよう。

三大公や一部の司教が反王派の行動をとったからといって、彼ら自身の立場が、このように不安定なものであったのである。その上、シュヴァーベン人とザクセン人の間をはじめ、反王派を構成する人々の信頼関係が強固でない中にあって、トリブール会議におけるハインリヒの状況は、そんなに不利なものでなかったと言わねばならない。少なくともいずれかの立場が、決定的に有利であったということは言えないであろう。こうした状況の中で、王ははじめからある程度の譲歩の用意をもって、オッペンハイムにやって来たのである。しかも場合によっては、戦う用意をしていたと見ても、当時の両者の力関係からして、何ら不思議なことではないと言えよう。

注

（1）G. Tellenbach, S.232.
C. Erdmann, Tribur, S.109.
例えばハラーは戦うつもりとし、エアトマンは、交渉し譲歩するつもりであったとする。年代記では、ベルトルトが、「脅し」の態度であったことを示し、ランペルトやブルーノは、最初から譲歩のつもりであったことを示している。
J. Haller, S.134–136.
C. Erdmann, Zum Fürstentag, S.241.
Berthold, S.286.
Lampert, S.384–388.
Bruno, c.88. S.328.

（2）C. Erdmann, Tribur, S.109.

（3）この点は、ベルトルトもランペルトも認めている。
Berthold, S.286.
Lampert, S.392.
A. Brackmann, Tribur, S.205.

（4）モルゲンのように、王は僅かな軍をもって諸侯の決定を心配して待っていたという見方は、全く一面的なものと言わねばならない。
R. Morghen, Gregorio VII.（1974）p.135.

（5）A. Brackmann, Tribur, S.205–206.

（6）本書、第三章、第三節。

（7）C. Schneider, S.171, 188.
C. Erdmann, Tribur, S.109.
ランペルトは、トリブール会議以前に、幾人かの司教が王から離反したことを伝えているが、これは、「ケーニヒスベルクの断片」からも、トリブール会議の時のことと考えられる。
O. Holder-Egger. Fragment eines Manifestes aus der Zeit Heinrichs IV.（NA 31. 1906）S.188.

（8）前章、二十五頁。
コンスタンツ司教については、既述のようにその立場ははっきりしない。

（9）F. Baethgen, Zur Tribur-Frage （DA. 4. 1940–41）S.397.
J. Haller, S.134.
G. Tellenbach, S.232.

（10）前章、三十三頁。

（11）G. Meyer von Knonau, S.715–716.
A. Brackmann, Tribur, S.205.

（12）G. Tellenbach, S.237.
H. Zimmermann, Heinrich IV.（Kaisergestalten des Mittelalters. hg. v. H. Beumann, 1984）S.133.
W. Goez, S.171.
なお、ミニステリアレン層が、都市民の有力な構成要素になっていることも多い。
H. Büttner, Die Bischofsstädte von Basel bis Mainz in der Zeit des Investiturstreites.（Investiturstreit und Reichsverfassung. 1973）S.360.

（13）U. Lewald, Köln im Investiturstreit （Investiturstreit und Reichsverfassung. 1973）S.386.
大司教と市民の対立は、王と対立的な大司教アンノのあとには見られない。

（14）H. Büttner, S.357.
市民は特に一〇七七年から、大司教（反王派に変わった）に対し独立的態度を示す。

（15）*ibid.*, S.355.

（16）*ibid.*, S.361.
U. Lewald, S.392.

A. Brackmann, Heinrich IV.（1912）S.187.

Z. N. Brooke, Germany under Henry IV and Henry V.（The Cambridge Medieval History. Vol. V. 1926. 1968）p.132.

（17） H. Büttner, S.361.

（18） U. Lewald, S.391.

（19） H. Büttner, S.360.

（20） A. Brackmann, Heinrich IV.（1912）S.186.

（21） A. Hauck, S.794, 798.

（22） C. Erdmann, Tribur, S.92, 103–108.

G. Tellenbach, S.233–234.

H. Beumann, S.42.

（23） C. Erdmann, Tribur, S.104.

具体的に誰を急進派とし、誰を穏健派とするかは、史料からは推量以外にないが、エアトマンは、主な年代記はいろいろなグループの立場を反映しているものと見ている。例えば、ランペルトや特にブルーノは急進派であり、「ケーニヒスベルクの断片」の著者は穏健派と見られる。ベルトルトは、中間的な立場と見られている。

ibid., S.104–106.

このベルトルトについては、シュナイダーはむしろ急進派と見ている。 C. schneider, S.177.

シュナイダーは、急進派として南独の三大公やヴォルムス、ヴュルツブルク、パサウの司教を挙げているが、急進派として最もはっきりしているのは、ザクセン人であろう。ブルーノによると、彼らははっきり新しい王を選ぶことを決めていた。

C. Schneider, S.172.

Bruno, c.87. S.326.

Lampert, S.382.

G. Meyer von Knonau, S.731.

（24） G. Tellenbach, S.233–234.

J. Haller, S.132.
H. Beumann S.45.
既述のように、コンスタンツ司教もこの部類に入る可能性があろう。

（25）A. Brackmann, Heinrich IV.（1912）S.175.

（26）A. Brackmann, Tribur, S.193.
G. Tellenbach, S.231.

（27）C. Erdmann, Tribur, S.107–108.
アルトマンが法王派、ジゲハルトが王派と見られる。

（28）*ibid.*, S.107.

（29）また、アルトマンについても、王の母アグネスへの近い関係から、彼を王との和解に好都合な人物として、法王が選んだ可能性もある。
A. Brackmann, Tribur, S.208–209.

（30）ハラーはこの後者の疑問について、法王が急いで使節を選ばねばならなかったことを理由に挙げているが、これは必ずしも説得力があるとは言えない。　J. Haller, S.151.

（31）*ibid.*, S.150–151.
むしろブルーノは、法王使節が反王派と立場が異なっていたことを示唆している。ブルーノが、ジゲハルトが諸侯の決定——即ち、ハインリヒを破門の一年後、王として認めない——に同意したものの、実際には守らなかったので、彼の最後は悪い結果になったと述べているところにそれが現れている。
Bruno, c.88. S.328–330.　c.75. S.318. 参照。

（32）Das Register Gregors VII. hg. v. E. Caspar.（MGH, Epp. sel. 1920）（以下 Reg. と略す）IV. 1, 2.
The Epistolae Vagantes of Pope Gregory VII. ed. &. tr. by H. E. J. Cowdrey.（1972）No.14.

（33）Reg. IV. 3.

（34）H. Beumann, S.54.

A. Brackmann, Heinrich IV.（1912）S.158.
G. Meyer von Knonau, S.730–731.
もっともこの手紙が、トリブールの会議を予想して出された、と考えるには時間的に問題があろう。むしろ当時のハインリヒに対するグレゴリウスの立場を、表明したものと見るべきかもしれない。

ただ、ベルトルトは、法王使節がトリブールにここでの問題にふさわしい手紙をもって来たことを伝えている。

Berthold, S.286.

(35) 従ってこれをもって、この手紙はむしろ急進派の願いに接近したもの、とするフラヴィチュカの主張はあたらない。
E. Hlawitschka, S.32.

(36) H. Beumann, S.53–54.
A. Brackmann, Heinrich IV.（1912）S.159.
G. Tellenbach, S.230–231.

(37) C. Schneider, S.185.
H. Beumann, S.52.
この転換という見方が正しいなら、グレゴリウスは、王の破門についての正当化の努力がうまくいっていないこと、逆に言えば、ドイツ司教が頑固に王を支持していることへの失望から、方向転換をしたという説明も可能であろう。このことは、破門の処置が失敗したこと、王の陣営が如何に強固であったかを示すものであろう。
A. Brackmann, Heinrich IV.（1912）S.166–168.
G. Tellenbach, S.230.
C. Schneider, S.195.

(38) 例えば、四月のミラノの騎士宛ての手紙参照。
Reg. III. 15.
G. Tellenbach, S.231.

(39) ランペルトが、この使節の目的を新しい王の選挙に、同意と承認を与えるためであったとしているのは、急進派の意向を反映したものであると見なければならない。
（40）Lampert, S.382, 383.
（41）Bruno, c.31. S.234, c.35. S.240.
（42）ibid., c.87. S.326, c.88. S.326.
（43）G. Meyer von Knonau, S.24–27.
ブルーノは、両者の和解が一応なされたとしているが、彼が、オットーはその職を暴力的に奪われ、ヴェルフはその職を不法にもっていると述べているところにも、オットー側の不満が伝えられている。また、ブルーノは、オットーが一〇七七年三月のフォルヒハイムの会議で、この職を要求したことも伝えている。
Bruno, c.88. S.328, c.91. S.332–334.
（43）G. Meyer von Knonau, S.27–28.
（44）例えばモルゲンはこの例である。
R. Morghen, p.135.
Bruno, c.87. c.88. S.326–328.
（45）G. Meyer von Knonau, S.731–732.
Z. N. Brooke, p.136.
（46）G. Meyer von Knonau, S.585, 645, 714–715.
（47）A. Brackmann, Heinrich IV.（1912）S.183–184.
（48）*ibid.*, S.182–183, 185.
G. Tellenbach, S.237.
J. Vogel, Gregor VII. und Heinrich IV. nach Canossa.（1983）S.35.
（49）A. Brackmann, Heinrich IV.（1912）S.185.
このことは、カノッサ事件のあとに、ますますはっきり現れてくる。対立王に選ばれたルードルフは、自らの領国シュヴァーベンにさえ滞在できなかったのである。　J. Vogel, S.55–56, 59.

（50） W. Goez, S.171–172.
W. Steinböck, S.117–119.
A. Wendehorst, Bischof Adalbero von Würzburg（1045–1090）Zwischen Papst und Kaiser.（Studi Gregoriani, VI. 1959–61）S.156.
J. Vogel, S.55.

三　トリブール会議ごろの王の状況

王と反王側がライン川をはさんで対峙する中、しかもどちらかが決定的に有利とも言えない中にあって、まず反王側のトリブールの会議が始まり、やがてこれと王側は交渉しはじめるが、この間に最も問題となるのが、王側の九人の司教がトリブールの方へ渡り、法王使節からローマ教会に受け入れられた、とベルトルトが伝える事件であろう。[1]ベルトルトによると、マインツとトリーアの大司教はじめ、シュトラスブルク、ヴェルダン、リエージュ、ミュンスター、ユトレヒト、シュパイアー、バーゼルの各司教と多くの修道院長、そしていろいろな身分の人々から成る少なからぬ集団が、ローマ教会に受け入れられたのである。ランペルトも、マインツ大司教をはじめ、多くの人々がトリブール会議以前に王から離れ、反王派の諸侯たちに加わったことを伝えている。[2]従ってこのころこの種の事件が起ったことは、ほぼ確実なことであろう。この事件の解釈の仕方によっては、これが王に重大な損失をもたらし、彼の降伏を余儀なくして、カノッサ行へと通じていくという見方も可能になってくる。[3]しかしこの事件を王からの離反と見るべきかどうか、またベルトルトの挙げる具体的な人物リストが正しいのかどうかの問題がある。

例えば、人物リストについて見れば、右の両方の年代記が共通して挙げているマインツ大司教については確実ではあるが、トリーア大司教は、この時に王から離れた人物ではない。[4] それにこの事件を王からの離反とすれば、バーゼル、シュトラスブルクの司教は、一貫して王の支持者であったし、[5] シュパイアー、ヴェルダン、リエージュ、ミュンスター、ユトレヒトの司教についてもよく似た問題がある。[6] 従ってこのように見るとベルトルトの挙げる人物リストは疑わしいものになってくる。[7] そこでこの事件を王からの離反ではなく、単に法王使節から赦免を受けただけで、王に対しては依然として忠実なままであったと見るなら、[8] このリストはマインツ大司教を除いて——トリーア大司教についても時期的にのみ問題がある——正しいことになろう。

マインツ大司教については、ベルトルトも、彼がその軍を率いて相手側に移ったことを特別に伝えているし、ランペルトも、彼の名のみ挙げていることから見て、彼の行動は、他の司教たちとはかなり異なったものであったに違いない。事実、彼はこのころよりはっきりと王から離反し、逆に反王派のリーダー的な存在になっていくのである。[9] ランペルトの記事から感じられるこの事件の離反的性格は、おそらくこのマインツ大司教の行動にのみ注目した記述であったからと見るべきであろう。それにベルトルトが伝えるいろいろな身分の少なからぬ集団というのは、おそらくこのマインツ大司教の軍とともに、彼の臣下の連中を多く指していると考えられる。

また、彼の離反の動機を王の破門の影響と考えるには、余りにも時間が経ちすぎている。むしろそれは、マインツ大司教座のドイツ教会内での首座としての地位の確立とか、[10] この機会に敵側に移って、新しい王の選挙において第一発言権を確保し、新王の戴冠式を行って、マインツ大司教座の政治的地位を高めるため、[11] といった現実的な野心から出てきたとも考えられよう。これは王の立場が弱く、危険であるために王を見捨てた行動というよりも、王との意見の対立、ないしマインツ大司教座にふさわしい地位が与えられていないことへの不満から出た行動と見るべきであろう。[12] 実際その後、反王派の立場が明らかに不利になっても、頑強に彼が反王派に留ったことは、[13] このことを物語っていると考えていいであろう。従って彼の行動をもって、当時の王の立場が追い詰められていたと結論することは出来ないのである。

このマインツ大司教を除いて、他の司教については、ベルトルトが伝えるように、法王使節のパサウ司教が、悔悛する者を受け入れるようにと法王より命ぜられていたことに応じて、[14] 教会上での和解を行っただけであったと考えねばならない。そうではなくて王からの離反と見れば、既述のように人物リストそのものが、怪しいものになってくるのである。従って彼らの行動は、王との和解を求める法王の立場に協力するための環境作りが目的であったと見るべきものであろう。[15] 彼らは反王派に移ったのではなく、むしろ王のために行動し、とりわけ王と法王の間の仲介者としての役目を果すために、赦免を得たのであった。こう考えれば、彼らがその後も依然として、王に忠実であったこととは矛盾するどころか、むしろ当然であった。[16] 彼らの行動にはおそらく王の意向があったか、少なくともその了解があったと見ていいものであろう。[17] トリブールでの交渉が、これによって進展したと見るなら、それは彼らの離反によって陣営が崩れたために王が譲歩する気になったのではなく、はじめからある程度の譲歩への意志をもっていた王の立場を、彼らの行動が容易にしたからであると見るべきものであろう。

このように見ると、彼らが赦免を求めた理由も、王への破門の効果というような、いわば宗教的良心から党派を変えたと評するほどのものではない。[18] ましてハラーの主張のように、このころ流布したという偽イシドル集による法王権威の昂揚がその原因であったとするのは、問題にならないであろう。[19] 彼らは、王と法王の和解のための環境作りというような、この意味ではむしろ政治的な動機から、赦免を求めたと考えられるのである。[20] さらにここには、これによって反王派の中の穏健派により近づき、急進派を孤立させて反王派を分断していこうとする王の深謀遠慮があったのかもしれない。従って彼らの行動は、王の立場にとって害になるどころか、むしろ王の目標達成に貢献するものであったと言わねばならないであろう。彼らの行動は、王の動揺の原因でもなかったし、まして王の動揺の結果でも、なかったのである。[21]

ところでもし彼らのうちの幾人かが、実際マインツ大司教のように、はっきり王から離反したと仮定しても、その数は王の立場を全く崩してしまうというほどのものではなかったはずである。[22]王の側には最後までケルン大司教はじめバンベルク、アイヒシュテット、ローザンヌ、ツァイツ、ナウムブルク、オスナブリュク、アウクスブルク、フライジング、ブリクセンの司教等が留まっていたのである。[23]ドイツ司教のかなりの部分は、依然として王の側にいたのである。[24]その他、北イタリアの司教も考慮に入れるなら、彼らはほとんどすべて王の有力な支持者であった。[25]

従って王側には、たとえ幾人かの司教の離反が起ったとしても、依然としてある程度の余力なり余裕があったと見なければならないのである。司教らが王を見捨てたので、王に全く武器がなくなったというハウクの主張[26]や、トリブールで一時オットー体制――いわゆる帝国教会体制――が突然停止したというフレッケンシュタインの見解[27]は、王の立場を余りにも過小評価していると言わねばならない。確かにマインツ大司教が、その軍とともに相手側に移ったとしても、なお王側には強力な軍が、残っていたことは次のことからも推測されるのである。

即ち、ランペルトは、交渉がうまくいかず、いよいよ戦いになりそうになったこと、その時にシュヴァーベン人、ザクセン人側が譲歩したことを伝えているのである。[28]さらに彼は、諸侯側の王への協定の提案の中に、「軍を解散させるように」という条件が入っていたことを伝えているのである。[29]これらの記述の真偽はともかくとして、少なくとも反王側が、王にまだまだ余力のあることを、認めていたことをこれらの報告から読みとりうるであろう。さらに既述の公式の文書である「一般布告」において、王が彼の臣下、支持者にわざわざ法王に従うように求めていることも、王側において、反王側にあくまで対抗しようとする強力なグループが、存在していたことを予想させる。[30]ベルトルトが、反王派の諸侯たちが会議のあと別れる際に、ハインリヒによる将来の復讐や不法への怖れから、お互いの援助を誓い合ったと伝えているのも、王側において反王側に対し、なお警戒させるだけの余力のあったことを示すものであろう。[31]

注

（1）Berthold, S.286.
G. Meyer von Knonau, S.731.

（2）Lampert, S.378.
この事件をランペルトが、トリブール以前とするのは、既述のようにおそらく誤りであろう。本章、第二節、注、（7）、参照。

（3）J. Haller, S.135–136, 151.
A. Brackmann, Heinrich IV.（1912）S.153–154.

（4）前章、二十五頁。

（5）H. Büttner, S.351–352.
A. Brackmann, Heinrich IV.（1912）S.171–172.

（6）*ibid.*, S.171–172, 157.
H. Büttner, S.354.

（7）エアトマンは、このためこのリストについての判断を控えるべきであるとさえ述べている。
C. Erdmann, Tribur. S.109–110.

（8）A. Brackmann, Heinrich IV.（1912）S.157, 172.

（9）J. Vogel, S.54.
W. Schlesinger, Die Wahl Rudolfs von Schwaben zum Gegenkönig 1077 in Forchheim.（Investiturstreit und Reichsverfassung.）S.64–65.
A. Brackmann, Heinrich IV.（1912）S.176.

（10）*ibid.*, S.176–177.

（11）*ibid.*, S.177.
H. Thomas, Erzbischof Siegfried I. von Mainz und die Tradition seiner Kirche.（DA. 26, 1970）S.395, 397–398.

(12) *ibid.*, S.396. 参照。
(13) A. Brackmann, Heinrich IV.（1912）S.179.
(14) Berthold, S.286.
この場合、悔悛を受け入れる対象として、王が除かれていたことは、王との和解を考えていなかったためではなく、王についての最終的な判断を、法王自身に留保するためであったと思われる。
(15) A. Brackmann, Heinrich IV.（1912）S.172.
C. Erdmann, Tribur, S.109.
C. Schneider, S.197. 参照。
(16) ハラーのように、大部分の司教が王に忠誠を誓っていることを認めながら、なおかつ彼らは破門されたままの王のためには戦わないことを明らかにしたと考えるのはむしろおかしいであろう。これなら忠誠の意味がないのである。　J. Haller, S.153.
(17) C. Erdmann, Tribur, S.109.
G. Tellenbach, S.233. 参照。
(18) H. Beumann, S.52.
C. Erdmann, Zum Fürstentag, S.249.
C. Schneider, S.197. 参照。
(19) J. Haller, S.172.
ハラーの見解はすでにいろいろと批判されている。
C. Erdmann, Tribur, S.106.
G. Tellenbach, S.234.
A. Brackmann, Tribur, S.207.
C. Erdmann, Zum Fürstentag, S.244–248.
(20) A. Brackmann, Heinrich IV.（1912）S.170.
G. Tellenbach, S.234.

(21) エアトマンは、どちらかが問題としているが、これは正しくないであろう。
C. Erdmann, Tribur, S.109.

(22) 既述のリストのうち、バーゼル、シュトラスブルク、シュパイアーの司教は、確実に王側に留っていたことが知られている。
A. Brackmann, Heinrich IV.（1912）S.172.

(23) G. Meyer von Knonau, S.730.
A. Brackmann, Heinrich IV.（1912）S.173.
Lampert, S.418. 参照。

(24) A. Brackmann, Heinrich IV.（1912）S.180.

(25) Lampert, S.412.

(26) A. Hauck, S.801.

(27) J. Fleckenstein, Heinrich IV. und der deutsche Episcopat in den Anfängen des Investiturstreites.（Adel und Kirche, 1968）S.235.

(28) Lampert, S.388.

(29) *ibid.*, S.390.

(30) C. Schneider, S.188.
A. Brackmann, Heinrich IV.（1912）S.172.
C. Erdmann, Tribur, S.109.

(31) Berthold, S.287.

四　トリブールでの交渉

ハインリヒがトリブール会議に対し、終始ある程度の対抗力をもって交渉に臨んでいたことは、これまでの考察からしてほぼ確実であろう。彼は絶望的な状態に陥ったことはなかっただろうし、[1] 交渉が決裂した場合には、戦いをするつもりであったし、なおその力をもっていたのである。後述のように、結果的に相手側の急進派の主な主張が通らなかったことは、王の立場が決して絶望的ではなかったことを物語っているといえよう。[2]

従ってハインリヒは、彼の戦列における損失を認め、敵が彼の罷免さらに新しい王の選挙について協議しはじめたという非常に困難な状況の中で譲歩を余儀なくされ、法王への服従の道を歩み出したという見解[3]は、成立しないのである。むしろ王は、既に幾通かの手紙によって、法王の和解の意志を知っており、彼の軍事的に不利でない立場にも拘らず、はじめから法王との和解を優先させていたと考えるべきであろう。[4] このことが、王側の司教の一部を法王使節の方に接近させたのである。ハインリヒは、こうして相手側の急進派をむしろ孤立させ、法王使節を中心にした穏健派と協定していくことになったのである。[5]

ハインリヒの本来の交渉相手は、あくまで法王使節であったし、[6] 交渉結果から見てもトリブールにおいてこの法王使節こそ、中心的な役割を果たしたと見なければならないであろう。[7] このことは、反乱諸侯に対し劣勢ではなかったハインリヒにとって彼らに本格的に譲歩する必要はなかったのに対し、彼の本来の目標である皇帝戴冠の問題については、法王と協議する必要のあったことからも推論しうることである。従って王が法王使節と交渉したのも、彼のドイツでの立場を危険にした最大の敵が、グレゴリウスであったから[8]というのではない。皇帝戴冠というもっと積極的な将来の目標のゆえに法王と交渉したのである。

もっとも王と法王使節が中心になって交渉が行われたと言っても、急進派が全く孤立し完全に無視されたと見ることは出来ないであろう。一面では法王使節が中心になって、王と急進派の間が調停されたと見られるところもある。[9] というのは急進派は、ハインリヒの罷免と即時の新王選挙の目標を達成できなかったものの、交渉結果を示す公式文書の「約束」において、王権についての裁定会議の可能性が残されたこと、その他、右の「約束」外にヴォルムス市から王の守備隊を撤退し、追放されている司教アーダルベルトを復帰させることや、王の破門されている顧問の罷免、さらにザクセン人へのいくつかの譲歩を行う約束がなされたことなどには、多少は彼らの意向が反映されていると見られるからである。[10] ただし、ハインリヒの罷免のみが、急進派の目標であったと見るならば、右に挙げた諸譲歩は、むしろ穏健派に向けられたものと考えた方がより適切であろう。[11]

いずれにしろ、このことをもってハインリヒが、広範囲な譲歩を強いられた[12]と評するほどのものではない。第一にランペルトの伝える既述の交渉決裂真際の反王派の態度からして、譲歩させられたのはハインリヒというよりも、相手側であった印象を与えている。[13] ハインリヒの認めた譲歩も、その後の事態の展開に何の重要性ももたないものであった。[14]「ケーニヒスベルクの断片」の著者も、交渉の結果として和解と法王のドイツへの招待のみを挙げており、右に挙げたような譲歩は、重要ではなかったことを暗示している。[15] 実際、王側の最大の譲歩と見られているヴォルムス市の引き渡しにしても、[16] 当時の、そしてその後のヴォルムス市民の独立的な動きを考えれば、どれほどこれが相手側に利益になったかは怪しいものである。[17] むしろそれは、ハインリヒの巧妙な作戦であったとも見うるものである。

王側が多少とも譲歩をしたのは、法王から赦免を得るのに、より都合のよい環境条件を作るためであったと見るべきであろう。そしてハインリヒは、形式上法王に服従することを、中心的な譲歩と考えていたのである。こうした交渉の結果、既述の諸譲歩とともに、「一般布告」と「約束」の二つの文書を出して、王は自らの立場を表明したのである。[18]

「一般布告」は、諸侯や司教らに向けられたものであり、[19]「約束」は、法王に向けられたものである。この二つの文書はいずれも、法王にのみ服従することを表明したもので、反王側の諸侯への服従は何一つ示していない。[20] ハインリヒは法王にのみ彼の誤ちを償い、法王とのみ和解することを欲していたのである。[21] これは、交渉が本質的に王と法王使節の間でなされたことを如実に示している。もっとも既述のように、王はこれらの文書で、王権についての裁定会議の開催を可能にする条件を曖昧な表現ではあるが認めている点は、(22) 反王派諸侯の意向が多少とも反映されていると見ることも出来よう。しかしこれらの文書には、反王側、とりわけ急進派の願いに明確に応じたところは、どこにもないのである。(23) 反王側に対しては、王は自らに行動の自由を十分に残して、将来の自らの立場を表明したのである。これが反王側に承認されている以上、やはり彼らにおいて、より大きな譲歩があったと見るべきであろう。

これらの文書は、反王派諸侯との連絡のある中で、基本的には法王使節との交渉の下に、王によって作成されたと見られる。(24) しかも、「私の臣下の意見に従って」と述べているように、王の臣下、支持者たちの協力の下に作成されたようである。(25)

これらの文書によって王は、とりあえず法王への服従を表明した。しかしそれは法王への全面的、無条件的降伏というべきものではない。確かにハインリヒは、赦免を得るために無条件降伏に近い形式を選んだことは事実であり、一見すると無条件降伏をしたかのような印象を与えている。しかし実際には微妙な表現の中に、法王に対してすら自由な行動の余地を残しているのであり、しかも一部においては、法王に対する王側からの主張なり要求も出しているのである。

この二つの文書から当時のハインリヒの意図を知るためには、ボイマンも言うように、両書を関連させて考察していく必要があろう。(26) そこでまず注目されることは、「約束」において、王は法王に対し、「あらゆる点においてなすべき服従を守ること」を約束していることである。これだけ読むと、確かに王が法王に全面服従したかのような印象を受けるが、しかし同趣旨のことを「一般布告」においては、「私の前任者たちや先祖たちのやり方で」、服従を守ることを言明しているのである。(27) この条件は、王が法王に対して、前代未聞のような無条件的な服従を約束したのではなく、ドイツ王権がハインリヒ四世の父ハインリヒ三世時代まで持っていたような法王権への関係においてのみ可能な服従を考えていたことを示している。この点から見て、「なすべき服従」（debitam obedientiam）という時の「debitam」（なすべき）とは、そのような限定の中での「なすべき」服従を指していると考えられる。とすると、この「debitam」という形容詞は、先の重要な条件とともに、「服従」の内容を明らかに限定しているのであり、しかもその限定内容の解釈にも、自由が残されているのである。

こうした曖昧さは、王が自らの罪に対し悔悛を行う場合にも、「適当な悔悛」（competentem penitentiam）と述べているところにも現れている。この「適当な」という言葉も、解釈の自由を残している。しかもこの自らの罪を認める場合も、決して断定的に肯定していない。例えば「約束」の中で王は、法王の名誉毀損に関して、「私によって起ったと思われること」について償いをするとか、法王に対して「企てたという、より由々しきことが私について語られているので…」と述べているのである。彼は、「思われる」（videtur）とか「語られる、流布されている」（jactantur）という表現を使って、自らの罪を彼自身は、断定的には認めていないのである。さらに彼は、この犯したと言われる「より重い罪」に対し、無実の証明なり悔悛を、「適当な時に」（congruo tempore）、行うことを約束しただけであった。つまり彼はいつ悔悛を行うとも、ましてどこで悔悛を行うとも、一切明確に約束しなかったのである。[28]

このように考えると、この二つの文書は、表面的には法王に償罪し、服従することを約束しているが、実質的にはこれによって、殆ど行動の自由が束縛されていないことが理解されよう。[29]赦免を得るために最低限の形式を整えたことは間違いないが、しかしこれらの文書には、追い詰められた中で巧みに出されたものという印象は、認められないのである。

この点で注目されるのは、「約束」の中の末文においてグレゴリウスに対し、法王について広まっている悪い噂に関し、その疑いを晴らし、もって教会と国全体の平安がもたらされるように求めていることである。この要求なり主張は、ハインリヒの王としての自尊心を示すとともに、苦境の中ではなく余裕をもって交渉していたことを示している。[30]この末文は、ある意味ではヴォルムス会議の時のグレゴリウス個人に対する非難を、再び取り上げたものと見ていいものである。[31] このことは、「一般布告」において、「私の以前の判決を改める」と述べていることが、ヴォルムス会議の決定の撤回を意味するなら、[32] 矛盾しているように思われるかもしれない。しかしこれはそのように解釈すべきではない。かの末文が出されたのも、王の支持者の中でグレゴリウスの悪い噂をあくまで信じ、彼に従うことを頑固に拒否する人々を説得するためには、法王自身の弁明が必要であったことを示しているのである。そうしてはじめて平和が可能であると王は考えたのである。この末文は従って、法王自身に対する非難のために書かれたと見るべきものではないのである。

これと関連して解釈しなければならないのは、「一般布告」の中で、ハインリヒはわざわざ彼の臣下、支持者に対し、彼の例にならって、法王に罪の償いをするように求めているところである。これは王の支持者の中に、如何に反グレゴリウス的心情が強く、あくまで王とともに戦おうとする人々が、多かったかを示すものであった。このような人々がグレゴリウスに和解することを容易にするためには、ヴォルムス会議での決議を撤廃し、彼らがその際行った誓いを無効にする必要があったのである。[33] これが一見矛盾したように見えた「以前の判決を改める」宣言であった。これは従ってグレゴリウス自身を意識して発言されたと言うよりも、王をなお支持しようとするヴォルムス会議の出席者たちに向けられたものであったと考えるべきであろう。[34]

以上のように見ると、この二つの文書は、単なる王の法王への服従宣言ではなく、平和の回復のために、王の臣下、支持者に協力を求めたことは勿論のこと、法王に対しても応分の協力を求めた文書であったことが明らかとなろう。[35] ここにも王が、相手側とほぼ対等に交渉していたことが窺われるのである。

ところで、先の王側の主張なり要求を示している「約束」の中の末文については、これを王側によって偽造されたもので、実際に協定されたものではなかったと疑問を出す見方もある。[36] というのは一つの理由は、ベルトルトがこの文書（彼は手紙という表現を使っている）が諸侯の前で封印されたが、あとで王は密かにこれを改変し、この改変された偽物をトリーア大司教を通して法王に提出したと伝えているからである。[37] もう一つの理由は、当時のハインリヒの状況を考えれば、到底この末文のような法王への「攻撃的な」きびしい調子の文書は、作りえないと考えられたからである。[38]

一般にハインリヒについて意識的に不利な書き方をしているベルトルト[39]のこの記述自体が、正しいのかどうか問題であるが、仮に正しいとするなら、我々の現在見ている「攻撃的な」末文が、実際に法王に提出されたことになろう。ところが同じベルトルトが、王はこの使節を通してローマで赦免を受けることを求めたが、偽造のような背信行為のゆえに、これが拒否されたと述べているのである。[40] 彼によれば明らかに赦免を求めているのに、わざわざそれを困難にするような「攻撃的」な末文を偽造する必要が、どこにあったのであろうか。[41] 逆に「攻撃的」ではなく、より低姿勢に和解を求めたものを偽造したのだと考えるなら、現在の末文を「攻撃的」なものとする以上、別のものが提出されたことになろう。それなら現在ある末文は本物となり、偽物は今日伝えられていないことになる。[42] この仮説に対しても法王使節とトリブールで合意に達したものを、あえて改変する危険を冒す必要があったのかどうか疑問が残ろう。それにいずれにしろ何らかの形で偽造がなされ、しかもそれが反王側諸侯の使節や法王に発見されたというのならば、当時ハインリヒについて不利なことをすべて書こうとしたランペルトやブルーノが、このことについて特筆大書してもおかしくないのに、彼らは沈黙しているのである。[43] その上、グレゴリウス自身も、これについて何も触れていないことは不思議なことである。[44]

このように見れば、偽造説にはむしろ問題が多いと言わねばならない。問題の末文は、本論で述べたような見方からすれば、決して「攻撃的」なものではなく、[45] 本来の意味での法王への非難を含んだものでないことは理解されよう。いやたとえ「攻撃的」であったとしても、当時の王の立場からすれば、場合によっては、そのようにすることは不可能なことではなかったのである。王の立場は、それが不可能なほどに追い詰められていたのではない。そもそも上述の疑問の一つが、王の当時の状況を相手側に比べ著しく不利なものと見る前提のもとに出されている点にも、問題があるのである。たとえかの末文を「攻撃的」なものと見ても、ボイマンも指摘するように、粘り強い交渉の結果として、急進派の穏健派への譲歩と見るなら、これを真正なものとして見なさない証拠はないのである。[46]

しかもランペルトは、グレゴリウスが、この問題の末文に明らかに応えているような行動をしていたことを伝えているのである。即ち、法王はカノッサでハインリヒを赦免したあと、王や多くの人々を祭壇の前に呼んで、王とその支持者から告訴されていたことに関し、一種の神明裁判をして自らの無実を証明しようとしたのである。[47]

このようにいろいろな点から見て、問題の末文は、やはり真正なものとして見るべきであろう。[48] ベルトルトの記事が、他の史料によって確認されないことも問題があるし、たとえこの記事が正しくとも、偽造された「手紙」というのが、そもそも問題の文書であると明示されているわけではない。[49] むしろ別の文書を指している可能性もあるのである。それにこの「約束」の文書は、「手紙」としての様式を余りもっていないのである。[50] また、この文書が文体上もまた考え方も統一的でないと観察されるのなら、[51] それはまさに一人の人物によって作成された手紙というよりも、交渉の過程を反映するものとして、むしろこの文書の真正性を裏付けるものであろう。

注

（1） G. Tellenbach, S.237.

（2） C. Schneider, S.185.

（3） J. Haller, S.136, 151.

H. Zimmermann, Der Canossagang von 1077. Wirkungen und Wirklichkeit.（1975）S.28.

（4）A. Brackmann, Heinrich IV.（1912）S.186.
（5）*ibid.*, S.188.
（6）*ibid.*, S.188.
A. Brackmann, Tribur. S.210.
（7）F. Baethgen, S.404.
（8）A. Brackmann, Tribur, S.211.
（9）G. Meyer von Knonau, S.731–732.
（10）*ibid.*, S.732.
G. Tellenbach, S.235.
Berthold, S.286.
Bruno, c.88. S.328.
（11）例えばブラックマンは、王はザクセン人、南独の三大公、マインツ大司教に対し、僅かな譲歩さえ示していないと見ている。
A. Brackmann, Heinrich IV.（1912）S.188.
C. Schneider, S.185. 参照。
（12）E. Hlawitschka, S.27.
（13）本章、第三節、注、（28）、参照。
（14）A. Brackmann, Tribur, S.220.
（15）O. Holder-Egger, S.189.
A. Brackmann, Tribur, S.220.
（16）C. Erdmann, Tribur, S.105–106.
G. Meyer von Knonau, S.732.
このヴォルムス市の引き渡しについて、ランペルト、ベルトルト、ブルーノのいずれの年代記も、取り上げていることは、反王派にとっては、これが余程大きな成果と感じられていたからにちがいない。しかし逆に反王派の年代記が、共通して特記するものがこれしかなかったことは、彼らの立場の弱さを物語ってもいよう。
Lampert, S.390.
Berthold, S.286.
Bruno, c.88. S.328.

(17) H. Büttner, S.355–356. 参照。
A. Brackmann, Heinrich IV.（1912）S.188.

(18) 本章、第一節、注（16）、参照。

(19) 内容からみて、相手側の諸侯や司教も含めてというよりも、王の支持者に宛てたものと見られる。
E. Hlawitschka, S.34.

(20) A. Brackmann, Tribur, S.215.

(21) G. Meyer von Knonau, S.732.
A. Brackmann, Tribur, S.215.

(22) C. Erdmann, Tribur, S.91–93. 参照。

(23) H. Beumann, S.41, 45.

(24) G. Meyer von Knonau, S.733.
A. Brackmann, Tribur, S.216.

(25) G. Tellenbach, S.237.

(26) H. Beumann, S.41.

(27) *ibid.*, S.41. 参照。
C. Schneider, S.174.

(28) H. Beumann, S.40–41, 45.
C. Erdmann, Tribur, S.101.
王はこのより重い罪に関してのみ、悔悛（penitentia）を行うことを述べている。しかもこの悔悛という言葉を「一般布告」

では使っていないことも注目される。
A. Brackmann, Heinrich IV.（1927）S.84.
H. Beumann, S.40.
なおエアトマンは、「より重い罪」というのを、ユトレヒト司教ヴィルヘルムによる破門宣言とか、ケンキウスによる襲撃のことを指していると推測している。しかしこの点はなお検討の余地はあろう。
C. Erdmann, Tribur, S.95.

(29) この点で注目されるのは、「ケーニヒスベルクの断片」が、王が反王派諸侯が思い込んでいたのとは別の行動をしたことを、伝えていることである。しかもそれに対し、約束違反とは言っていないのである。
O. Holder-Egger, S.189.
C. Erdmann, Tribur, S.100–101.

(30) C. Erdmann, Tribur, S.97.
A. Brackmann, Heinrich IV.（1927）S.84.

(31) F. Baethgen, S.409.
A. Brackmann, Heinrich IV.（1927）S.84.

(32) H. Beumann, S.41.

(33) *ibid.*, S.41.

(34) *ibid.*, S.41.

(35) A. Brackmann, Heinrich IV.（1927）S.84–85.

(36) J. Haller, S.162–163.
F. Baethgen, S.407–408.
C. Schneider, S.174–175.
E. Hlawitschka, S.28.

(37) Berthold, S.286.

この手紙が諸侯の前で封印されたことについては、ブルーノも伝えている。
Bruno, c.88. S.328.

(38) F. Baethgen, S.409.
D. Schäfer, Hat Heinrich IV. seine Gregor gegebene Promissio vom Oktober 1076 gefälscht?（HZ. 96. 1906）S.447–448.

(39) A. Brackmann, Heinrich IV.（1927）S.81.
A. Brackmann, Tribur, S.212.

(40) Berthold, S.287.

(41) C. Erdmann, Tribur, S.95–96.

(42) *ibid.*, S.98.

(43) *ibid.*, S.98.

(44) A. Brackmann, Heinrich IV.（1927）S.85.
ローマでの使節との協議を伝えるドイツの反王派の諸侯や司教にあてた手紙において、グレゴリウスは、ベルトルトが伝えているような偽造について何も語っていない。
The Epistolae Vagantes, No.17. p.46–48.

(45) 純粋に文体上から見ても、これは控え目な表現であり、特にヴォルムス会議の時のものに比べれば、ずっと謙虚であるという見方もある。
C. Erdmann, Tribur, S.96–97.
H. Beumann, S.43.

(46) *ibid.*, S.43.

(47) Lampert, S.410.
H. Beumann, S.37.

(48) A. Brackmann, Tribur, S.212–213.
C. Erdmann, Tribur, S.98–99.

G. Tellenbach, S.237.
H. Beumann, S.39–40.
(49) C. Schneider, S.176.
(50) H. Beumann, S.43.
C. Erdmann, Tribur, S.92.
(51) C. Schneider, S.183.

五　トリブールの交渉結果

トリブールでの交渉結果を示す二つの公式文書が、はじめから王の立場が悪いものとの先入見に囚われない限り、当時の王の立場が、苦境に追い詰められたものであることを示していないことは、これまでの観察から見て、明らかであろう。

この点は、とりわけ「約束」の文書を、相手側がハインリヒに法王のドイツへの旅の保証として求めたものと見るなら[1]、彼らが如何にハインリヒの立場を侮り難いものと見ていたかを、示すことからも推測できるのである。ベルトルトが、王は上辺だけ諸侯や法王に従うことにしたと伝えているのも[2]、既述の巧みな言葉遣いの問題とともに、王側にそれだけの余裕があって、交渉がなされていたことを物語るものであろう。同じベルトルトが、これらの交渉結果のすべてを王が、「完全に誠実な気持からではないが」、実行していたことや、諸侯らがハインリヒの偽瞞を怖れていたことを伝えているのも[3]、王側に余力があったことを物語っている。つまり、場合によっては力で解決することも考え、またそれが可能であったからこそ、相手側に形式的で、表面的に感じられる行為が、王に可能であったのである。当時のハインリヒは、形式的な和解なり服従でもって、可能なところはわざわざ力の解決を求めずに行う方が、賢明と見ていたのである。それゆえエアトマンのように、王は完全な服従を受け入れるかに見せかけて、実際には反対のことを準備していたとも見うるのである。[4]ともかく右に挙げたベルトルトのハインリヒに対する一連の言葉は、トリブール会議からその後の王の動きについて、反王派の陣営が如何に信用していなかったかを示すものであろう。

トリブールの交渉の結果は、ハインリヒの屈服、降伏、敗北とか、あるいは権威の甚だしい失墜[5]と見るべきものでは勿論ない。他方ではこの時点での王について、苦境の中で外交的手腕の高さを示し、この時ほど彼が偉大であったことはなかった[6]と見る必要もないのである。彼はそんな才能を示さねばならないほど、追い詰められてはいなかったのである。彼には当時きびしい条件に服する以外に可能性がなかった[7]と評するようなものではない。ハインリヒには終始、相手側に対抗しうるだけの有力な支持者が存在していたし、逆に相手側はいろいろな弱点をもっており、決して強固な一枚岩的な団結は、示しえなかったのである。この相手側の弱みを王は十分に見抜いていたがゆえに[8]、余裕のある対応をなしえたのであった。他方、相手側が譲歩的な王をなお怖れていたのも、ゆえなしではなかったのである。[9]

トリブールの交渉の結果は、ハインリヒの方がまだまだ対抗力をもち、いろいろな選択の可能性をもつ中にあって、法王との和解という一つの方向が、選ばれたにすぎなかったと見るべきであろう。[10]それは譲歩を余儀なくされた[11]というようなものではない。王は本来の目的をより容易に達成するために、譲歩しうるところは譲歩しただけであった。[12]つまり皇帝戴冠を達成するために、ある程度国内状勢を整えておいた方が、好都合であったからである。ここに王がトリブールで、一応妥協した真意があった。この意味ではトリブールの交渉結果は、一種の休戦条約と見られないこともないであろう。[13]

ハインリヒはこの結果、彼を廃位し新しい王を選ぶという急進派の意図を一時頓挫させることになった。しかしこれをもって、ハインリヒの政治的成功と呼ぶほどのことはない。[14] そもそも相手方にいろいろな立場があったことを考えると、ハインリヒの即時廃位と新王選挙の目標は、始めから実現のむつかしいものであった。クノーナウが推論しているように、ザクセン人とシュヴァーベン人の間に、新王選挙についての対立があり、とりわけオットー・フォン・ノルトハイムとシュヴァーベン大公ルードルフの間に対立がある中では、それは不可能なことであった。[15] それに王側との勢力関係から見ても、たとえそのような目標が達せられたとしても、国内全体の同意を得ることは、到底ありえないことを、急進派も察していたにちがいない。こう考えれば、急進派の真の目標が達せられなかったことは、とりたててハインリヒの成功というほどのこともなく、当然のことであった。カノッサ事件の後に、やがて彼らは現実にルードルフを対立王に選んだが、この対立王の辿る運命を、彼らは既にトリブールにおいて予感していたにちがいない。

ハインリヒにとって成功というべきものは、皇帝戴冠に必要な赦免への道が開かれたことであろう。しかもドイツの反王派の動きも、一応平和裡に収拾され、イタリアへ行く道が開かれたのである。他方、反王派の方は、王から譲歩は獲得したものの、実質的にはほとんど得るところのないものであった。王に対し決定打を打ち得なかった彼らにとっては、今後の王の動きは、大きな不安を残すことになった。そこにベルトルトが、会議の終了後に、彼らが王の復讐を怖れ、お互いに助け合うことを誓ったと伝えている所以があるのである。[16] 彼らはトリブールの結果を、本質的によくないものと見ていたのである。ランペルトが、交渉が決裂しかけた時、シュヴァーベン人とザクセン人が、王に使節を送った日を、国に最大の災いをもたらすことになる日と呼んでいることに、彼らの気持がよく現れていると言えよう。[17]

注

（1）A. Brackmann, Tribur, S.217–218.
C. Erdmann, Tribur, S.93–94.

（2）Berthold, S.286.
H. Beumann, S.35.

（3）Berthold, S.286.

（4）C. Erdmann, Tribur, S.113–114.

（5）F. Baethgen, S.409, 411.
E. Hlawitschka, S.29.
A. Hauck, S.800.
J. Haller, S.158.
C. Erdmann, Tribur, S.110.
H. Beumann, S.40.
T. Schieffer, Das Zeitalter der Salier.（Rassow, Deutsche Geschichte im Überblick, 1973）S.148.

（6）G. Tellenbach, S.238–239.
A. Brackmann, Tribur, S.203, 221.

（7）R. Morghen, p.135.

（8）G. Tellenbach, S.238. 参照。

（9）*ibid.*, S.238.

（10）*ibid.*, S.237. 参照。
C. Erdmann, Zum Fürstentag, S.242–243. 参照。

（11）H. Zimmermann, Der Canossagang, S.28.

（12）A. Brackmann, Tribur, S.216.

(13) *ibid.*, S.220.
C. Erdmann, Tribur, S.106.
(14) G. Tellenbach, S.238.
(15) G. Meyer von Knonau, S.731–732.
(16) Berthold, S.287.
本章、第三節、注、(31)、参照。
(17) Lampert, S.388.

おわりに

これまでヴォルムス会議からトリブール会議に至るハインリヒ四世を中心とした一連の動きを、見てきたのであるが、この間に筆者が注目してきたことの一つに、グレゴリウスによるハインリヒ王の破門の効果、影響といわれるものが、実際にはどのようなものであったかという点であった。

これに関して全体的に得られた結論は、少なくとも破門の直接的効果という点では、無に近いと考えられることであった。つまり本当に法王の宗教的な力に畏怖して、直ちに王から離れたという意味での直接的効果は、殆どなかったのである。これに対し、間接的効果、例えば破門をいい口実にして王から離反するとか、あるいは、もともといずれにしても反王的であった人々が、さらにその立場を強め、お互いに協力し始めたという意味での効果なら認められる。この間接的効果については、殆どの例が後者の場合であり、もともと反王派の人々が、本格的に動き出したにすぎなかった。破門を口実にして離反する場合も、この反王派の動きに多少影響された若干の人々が、王から離れたにすぎなかった。しかもこの離反が起るのは、破門が出されてからかなり後のことであった。この時間が経っているという点だけ見ても、破門の影響が、間接的なものにすぎなかったことが分かろう。反王派の人々によって影響された彼らが、宗教的というよりも、もっと別の理由で動いたと考える方がずっと自然であろう。もともと反王派であった人々も、既に王への破門の前から、反乱的な傾向を示し始めていたのであり、破門でなくとも何らかの口実さえあれば、いずれ動くべきものであった。

このような破門の影響や効果について、しばしば一〇七六年の破門は、一〇八〇年の二度目の破門と比較され、後者の破門の場合のみ、前者とちがい二度目であったこともあり、効果がなかったとされている。[1] こういう見方が、そもそも破門の効果というものが、本来なら必ずあるものだという先入見に囚われたものなのである。同様に、カノッサにおいてハインリヒが赦免を受けたあと、彼の力が急に強くなったと見るのも、破門の効果を前提とした見方であることには変わりはない。[2] ともかく一〇八〇年の第二回目の破門が、明らかに効果がなかったように、第一回目の破門も、真の意味での効果はなかったのである。

ハインリヒは、破門の効果が本質的にないことを見抜いていた。それでも彼が、やがて破門の解除、即ち赦免を求めたのは、従って決して破門の効果があったためではなかったのである。彼には赦免を受けたところで、もともとの反王派は、やはり依然としてそのままであろうことは、十分に分かっていたであろう。彼らに影響されて離反した連中にしても、彼が赦免を受けたからといって、帰ってくると予想するほど、彼は甘くはなかったであろう。彼が赦免を受けようと思ったのも、反王派や離反者のことを考えていたからではないし、彼らには本当の意味で譲歩する気はなかったのである。それに、譲歩をしなければはならないほど、王の立場は崩れてはいなかったのである。

王が譲歩しようとしたのは、グレゴリウスが、王に譲歩し和解する意図を示したからであった。グレゴリウスが、譲歩の考えを強めて来たのは、まさに王側の立場が、堅固で崩れそうもなかったからである。この意味でむしろ先ず折れたのは、法王の方であったと見なければならないのである。法王にとって大きな目標の一つであったドイツ教会の改革のためには、何と言っても王とドイツ司教の協力がなければ、不可能なことであった[3]。王への破門――この破門も本来は、王を改革協力者としての正しい姿に戻すための処置であった[4]――によっても、ドイツ司教が一向に王から離れない以上、法王にとってドイツの教会改革は、不可能なことであった。そこでグレゴリウスは、王と和解して、あらためてドイツ司教の協力を求めて改革を実現することを考えざるを得なかったのである。このように考えると、グレゴリウスが王との和解の方向を強めたことは、彼がなした王への破門が、如何に効果がなかったかを、自ら認めるものであったとも考えられるのであり、それは四旬節会議でとろうとした方針の変更に他ならなかったのである。

この和解的な姿勢を明確にし始めた法王に、ハインリヒの方もむしろ応じる方が、得策と考えるようになったのである。これは、これによって反乱を鎮めるためではなかった。それはいずれにしても鎮まるものではなかった。そうではなく、皇帝戴冠というより大きな目的のために、法王の和解方針に応じる方が、よいと判断したからである。

この皇帝戴冠については次章で少し詳しくふれるが、当時は法王の権威の有無に拘らず、法王に皇帝戴冠への権利があるものと認められていた。このためハインリヒにとっては、皇帝位を手に入れるためには、グレゴリウスと和解するか、それとも別の人物を新たに法王に立てるかしか、方法はなかったのである。ハインリヒは、はじめ後者の可能性も考えていたが、グレゴリウスが、和解的姿勢を示してきた以上、あえて教会の分裂をもたらしてまで、皇帝戴冠をする必要はないと判断したのである。ここにグレゴリウスとの和解を選んだ理由がある。

従ってグレゴリウスが、和解的姿勢を先ず示したからこそ、ハインリヒはそれに応じたのであった。もし逆にグレゴリウスが、そのような姿勢を示さなかったなら、王は譲歩しなかったであろう。その時には後に見るように、クレメンス三世のような対立法王を立てる事態が、早く出てきたであろうし、ハインリヒは、決してカノッサへは行かなかったであろうと考えられる。法王からの和解的姿勢の明確化がなければ、そもそもトリブール会議も、行われなかった可能性もあるのである。

トリブール会議は一見、急進派の主導によって行われたかのような印象を与えている。しかし実際は、法王使節そして穏健派の、王との和解路線があってはじめて、この会議は意味をもったのである。急進派は会議するまでもなく、ハインリヒを廃位することを決めていたのである。会議は最初から廃位を決めていたのではなく、むしろはじめはハインリヒを廃位するかどうかで、協議がなされたのである。それにトリブールの前のウルムの会議では、ハインリヒとの会談も、予定されていた可能性もある。これは実現しなかったが、ここから推測して、王がオッペンハイムに来たのは、トリブールの会議参加者にとって、予期しなかった出来事ではなく、むしろ予想ないし計算されていたものであったと考えられるのである。つまりはじめから王との交渉が予想されていたし、王もそのつもりであったのである。この意味でトリブール会議は、急進派を平和裡に抑えるために、王と法王使節そして穏健派によって期待されたものであったという見方も可能であろう。

ハインリヒにとってトリブールでの交渉は、いずれ何らかの形で期待される赦免への前提であった。この赦免が、カノッサのような形になることが、予想されていたのかどうかは怪しいとしても、ともかく赦免を受けることが、はじめから予定されていた。しかもそれは敗北への道でもなかったし、苦境から脱出するための巧みな外交術でもなかったのである。むしろグレゴリウスが、譲歩を余儀なくされた中で選んだ和解への道に、ハインリヒが応じたものであった。こうしてハインリヒは、戦いの代わりに和平への道を選んだのであった。

ヴォルムスからトリブールそしてカノッサへの道を、このように見ることによって、はじめてカノッサ以後のハインリヒとグレゴリウスの動きが、理解できるのである。カノッサ以後におけるハインリヒの強い立場、グレゴリウスのハインリヒへの意外に強い期待(5)も、カノッサ以前の両者の立場を考えれば、自ずと理解されるものであろう。これまでの研究は、トリブールにおけるハインリヒの中に、敗北者を見るにせよ、王権を救うために努力する者を見るにせよ、余りに王の立場を不利に見ていたのである。それは全体的に見て、やはり当時の反王的な年代記の記述に影響を受けているといっても過言ではないであろう。それに破門の影響や効果をある程度前提とするような、いわばキリスト教的な先入見が、常にどこかで現れているのである。我々はこのようないろいろな先入見を捨てて、もう一度当時のハインリヒの立場を、見直す必要があるのである。

注

（1）W. Goez, S.160.
T. Schieffer, S.151.
W. von den Steinen, Canossa. Heinrich IV. und die Kirche,（1969）S.81.
（2）*ibid.*, S.80.
Dictionary of the Middle Ages. Vol. I（1983）p.69.
（3）拙著、『西洋中世盛期の皇帝権と法王権』（平成二十四年）一四一頁。
（4）R. Morghen, p.127.
Reg. III. 6 a.
（5）拙稿、「晩年のグレゴリウス七世」、㈠、（文化史学、第三十八号、昭和五十七年）、一〇一～一〇二頁。

第三章　カノッサ事件再考

はじめに

「我々はカノッサへ行かない、身も心も」というのは、一八七二年のドイツ帝国議会でのビスマルクの言葉として、今日よく知られている。[1] 彼がこのような発言をなしえたのも、当時カノッサ事件についての関心なり研究が、広まっていたためであろうと予想したくなるのであるが、実際は逆であったようである。むしろ彼の発言によって、カノッサ事件への関心が呼び起こされ、その研究が盛んになったようである。[2] しかも、その後のカノッサ研究には、彼の言葉が引用されないことは殆どなかったと言われるほどに、その影響は甚大なものであった。[3] 彼の発言の裏には、当時の文化闘争の中にあって、カノッサ事件について、国家の教会への屈服を象徴するものとして、ドイツの国家や王権にとっての否定的、屈辱的なイメージが強く作用していた。[4] そしてこのイメージが、その後のカノッサ研究に大きな影響を与えてきたと考えても、誤りではないのである。[5] 実際今日においてさえ、一般の歴史記述が、こういうイメージから完全に自由になっているとは言い難いのである。[6]

前章で見てきたように、トリブール会議におけるハインリヒの立場は、従来一般に言われているほどの苦境ではなかった。少なくとも彼には最後まで、相手方に対抗しうる程度の力はあったと見られるのである。こうした中で交渉が行われたのである。それは苦しみからの已むを得ぬ譲歩ではなく、他のより大きな目標のための譲歩であった。トリブール会議についての、このような評価の変化が可能なら、これは直ちにカノッサ事件の評価にも関係してくるのである。

注

（1）H. Fuhrmann, Gregor VII., »Gregorianische Reform« und Investiturstreit（Das Papsttum I. 1985）S.170.

（2）H. Zimmermann, Der Canossagang von 1077. Wirkungen und Wirklichkeit（1975）S.83.

（3）*ibid.*, S.111.
C. Schneider, Prophetisches Sacerdotium und heilsgeschichtliches Regnum im Dialog 1073–1077.（1972）S.202.

（4）H. Fuhrmann, S.170.
ドイツ王権にとってのカノッサの屈辱的なイメージは、基本的には年代記者ランペルトによって与えられた。
C. Schneider, S.202.　本章、第二節、注、(25)、参照。

（5）H. Keller, Geschichte Deutschlands（Propyläen, 1986）Bd. II. S.17. 参照。

（6）例えば、最近出た中世史辞典も、カノッサ城が八百年前に、ドイツの屈辱のシンボルとなったと述べている。
Dictionary of Middle Ages, Vol. III.（1983）p.69.

一　カノッサへの道

トリブール会議の結果については、諸侯（特に急進派）側はなお不安をもっていたため、彼らは独自にハインリヒについて、翌年の一月六日ないし二月二日にアウクスブルクの会議で論議することを決め、ここにグレゴリウスを招いた。[1]この動きについてベルノルトとボニゾーは、ハインリヒと協定した上での行動であることを伝えているが、[2]トリブールでの公式文書である「約束」が、明確な日付や場所を提示するのを避けていることや、後述の王と法王、諸侯と法王との、それぞれ別個の交渉からみて、やはり諸侯側の独自な決定と見る方がいいであろう。[3]

実際ブルーノも、ハインリヒがグレゴリウスから破門の解除を得るために、急いで準備したのに対し、諸侯側は、王が二月はじめに破門から解かれない場合、王として認めないことをお互いに誓ったことを伝えている。[4]これは諸侯側の別個の行動を示しているし、トリブールの協定が、諸侯とくに急進派にとって、如何に不利益ないし不安なものであったかを示している。[5]彼らが一年以内の破門解除のない場合、王として認めないことを決めたことは、[6]教会法による破門期限の問題を王の罷免への最大根拠にしたことになる。これは王の罷免を彼ら自身で実行できないことを認めたことにもなるし、後にカノッサで起ったように、赦免が与えられて彼らの意図が崩される可能性をも残したのである。[7]それに破門期限の迫っていることから見ても、早く事態を解決しようとする諸侯側の焦りを、ここに見ることも可能であろう。[8]

いずれにしても、アウクスブルクの会議や、グレゴリウスの招待、それに破門の期限のことは、諸侯の意向を示すものであり、これを「一般布告」や「約束」の中に反映できなかったことは、やはり彼らの弱さを物語るものであろう。[9]しかしそれでも彼らは、この独自な協定が達成できたことを一応の成果と見ていたようである。ここに主な年代記が一致して伝えているように、彼らが、「喜んで」それぞれの国へ帰って行った理由があるのであろう。[10] しかもこの独自な協定は、既述のようにベルノルトやボニゾーが、ハインリヒの同意の下になされたと伝えるほどに、「一般布告」や「約束」を前提として、はじめて真の意味で実行しうるものであったと考えられる。[11] この意味では彼らの独自な協定は、トリブールでのハインリヒとの公的な協定と、決して矛盾するものではなかったのである。[12] ともかく、公的な協定では何も具体的なことは、決められていなかったのであり、具体的な詰めは、その後の交渉に掛かっていたのである。

このため諸侯側は、トリブール会議での公的使節ともいうべきトリーア大司教ウードとは別に、独自に使節をローマに送ったのである。[13] ローマであらためて諸侯の使節とグレゴリウスとの交渉が行われ、法王は結局この要請を受け入れたのである。諸侯の使節は、この決定を喜んで持って帰り、諸侯たちはこの法王の決定を歓迎し、実行のために全力を尽し準備することになったという。[14] ここにもこの諸侯の協定が、トリブールでの王を交えての交渉の結果ではなかったことが明らかになる。というのは、もし王を交えた交渉があったのなら、彼らはわざわざ別の使節を派遣して、法王との交渉をする必要はなかったであろう。それに彼ら独自の協定であったからこそ、法王がこれを受け入れた時に、彼らは喜んだのであった。

他方、王もトリブール会議のあと、上述のウードを通して独自に交渉していた。[15] ウードは仲介者的な立場であったが、とりわけ王のために行動していたようである。[16] この交渉において、王はローマで赦免を受けることを求めたのである。[17] この王の願いも、諸侯とりわけ急進派の考えに結局は、対立するものではあっても、トリブールでのかの公的な協定に矛盾するものではなく、やはりその具体的な詰めであったと見るべきであろう。[18]

この王側のローマでの交渉は難航し、結局法王の拒否にあって失敗した。[19] ベルトルトは、この原因を手紙の偽造としているが、この記述に問題が多いことは既に前章でふれた。[20] むしろ法王は、王及び諸侯との交渉の中で、諸侯の申し出を受諾したため、王の申し出を拒否したにすぎないというのが事の真相であろう。これも法王が、諸侯とより密接に結びついていたからではない[21]。彼が単に諸侯の提案に、より大きな期待をもっていただけである[22]。ランペルトによると、法王が後にカノッサにおいて、原告(諸侯)のいない所で被告(王)のことを裁判することは、教会法に反するとしてアウクスブルク会議を主張したことからも[23]、彼の立場が諸侯の提案に近かったことが分かる。法王が考える王との和解とは、結局このような形で行われることを期待していたのであろう。王にとって彼の申し出が拒否されたことは、確かに躓きではあったが[24]、彼はいずれにしろ、どこかで赦免を受けるつもりであり、ともかくイタリアへ行くことを考えていたと見られる[25]。

王はローマでの交渉の結果をシュパイアーで待っていた。ベルトルトによると、王はここで悔悛者として一時的に政治から退いた謹慎生活を送り、しかも諸侯の監視下にあったという[26]。しかしこの監視が、王の行動を縛るほどのきびしいものなら、王がローマと独自に交渉したり——しかもその交渉内容は諸侯のものと対立している——、やがてカノッサへ行くことは、不可能であったであろう。もっともカノッサ行は、諸侯を欺いてのみ可能であったのであり、誰も王の計画を知らなかったため、王のカノッサ行は、突然の出来事であったとも言われる[27]。だが本当に諸侯が、これを予想していなかったのなら、彼らはアルプスの峠を事前に塞ぐことはなかったであろう[28]。従って王が、このようにイタリア行を予想していた諸侯の真にきびしい監視下に実際あったのなら、王の旅は不可能であったはずである。

確かに王は赦免を求めるために、悔悛の態度を示したとしても、なお諸侯に対し対抗力をもっており、彼は多少監視されていても、より自由な状況の中で、旅の準備をしていたと見るべきであろう。そもそも王にとって、ドイツの国内状勢が危険なら、ドイツをあとにしてイタリアへ行くことは、考えられなかったであろう[29]。それに多少であれ監視されていたとしても、そのこと自体は、王の立場が侮り難いと見られていたことを示していよう。王がドイツを離れる時、諸侯に戦争に行くかのように思わせたというベルトルトの記述は[30]、王にそれだけ行動の自由があったことを示すし、諸侯もそのように見ていたのである[31]。

諸侯は王がイタリアへ出発した時、このように悔悛ではなく、戦うために行ったと思ったため、彼らは法王に約束していたドイツへの旅の護衛を出さなかったと見られている[32]。ベルトルトやパウル・フォン・ベルンリートも護衛派遣取り消しの理由として、王がイタリアへ行って出てきた危険を挙げている[33]。だが実際は、王は僅かな供のみで、まさに「密かに」と表現されるような姿で、イタリアへ出発したのであった[34]。もし王が諸侯の真にきびしい監視下に実際あったのなら、彼らはこんな誤解をしなかったであろう。その上、彼らの申し出に応じてドイツへ向かった法王も、北イタリアで王がやって来るのを「思いがけず」聞き、身の危険を感じて、慌ててカノッサ城へ避難したのであった[35]。このことも、諸侯と連絡していたであろう法王に正確な情報が入っていなかったことを示している。

これらのことは、当時王がある程度、行動の自由をもっていたことを示すとともに、王の状態が、その行動を縛るほどの監視を許すような惨めなものとは見られていなかったがゆえに、王のイタリア行が、相手側に脅威を感ぜしめたことを示しているのである。事実、王のイタリア行は、法王に対して十分脅威を与えるものであった。というのは王がイタリアに入るや否や、たちまちロンバルディアの司教や諸侯が多数集まり、強力な軍が生まれたことを当時の年代記が一致して伝えているからである[36]。王のところに集まった人々は、王が法王と戦うつもりでやって来たと判断していたのであった[37]。トリブール会議のあと、その間に王についての情報も当然ロンバルディアに伝わっていたと考えていいであろう。そこの人々も、王の状況についてこのように判断していたのであり、また法王自身も、よく似た判断をしていたのである[38]。もし当時ハインリヒの状況が、イタリアへの決死行をしなければならないほど悪いと一般に考えられていたのなら、こんな予想を誰もすることはなかったであろう。

いずれにしろ、イタリアにおいて多数の支持者を集めた王の立場からすれば、法王を力づくで屈服させ、場合によっては赦免を強要することも、可能であったとも考えうるのである。[39] 当時マントヴァまで来ていた法王が、カノッサ城に避難したのも、一つには彼が捕えられる虞のあることを知らされたからであった。[40] 当時の状況からすれば、法王はまさにカノッサ城によって守られていたのであった。[41] 当時の法王は、トリノとトスカナの二人の女伯の軍事的援助に決定的に依拠している存在であった。[42] 王にとってカノッサ城を包囲することは、十分に可能であった。このように軍事的に優位な立場にあった王は、しかしあえて武力に訴えず、所期の目的通り赦免を求める方針をとったのである。この面から見ると、王はカノッサでもトリブールの時と同じく、ある程度の余裕をもって事に臨んだと見ていいであろう。

もっとも王に余裕があったといっても、王にとってすべてが計算通りにここまで運んできたと見ることは出来ないのである。王は確かに二月二日の会議を予想して、イタリアのどこかで法王と会う計画を立てていたであろう。しかしすでに一月八日にマントヴァまで来ていた法王に、諸侯側からの護衛がもし来ていたのなら、王は法王に会うことが出来ず、この計画は空しいものになっていたはずである。この意味で王の計画にもある種の賭があったと見なければならないであろう。

右のことに関連して、諸侯側はアウクスブルクの会議をはじめ一月六日に予定して法王を招いたが、交渉の結果二月二日になったという説もある。[43] この説をもし正しいものとするなら、[44] これは諸侯側が、如何に事態の結着を急いでいたかを益々はっきりさせるとともに、他方グレゴリウスは、期日を延ばすことによって、その意図はともかく事実上、王に彼との会見の可能性をより多く残したことになろう。ボイマンは、この期日の延期の結果は、諸侯にとって不吉なものであり、法王は王の「約束」の中の「適当な時に」という言葉に、今や好意的な反応をしたと述べている。[45]

注

（1） G. Meyer von Knonau, Jahrbücher des deutschen Reiches unter Heinrich IV. und Heinrich V.（1894, 1964）Bd. II. S.734.
H. Beumann, Tribur, Rom und Canossa.（Investiturstreit und Reichsverfassung, 1973）S.42.
後注、（43）、（44）、参照。

（2） Bernoldi Chronicon. MG. SS. V. S.433.
「ハインリヒが約束し、諸侯とともに招く」
Bonizo, Liber ad amicum.（Monumenta Gregoriana. 1865, 1964）S.671.
「王がグレゴリウスを招くことに同意するなら……」

（3） ブラックマンは、ハインリヒの「約束」と、グレゴリウスの招待は、ハインリヒと諸侯との共同で送られたと見ている。しかしこの見方は、彼の以前の見解と異っているようである。　後注、（5）、参照。
A. Brackmann, Tribur　（Canossa als Wende.）S.219.

（4） Brunonis Saxonicum Bellum.（Ausgewählte Quellen zur deutschen Geschichte des Mittelalters. Bd. XII. 1974）c.88. S.328.

（5） A. Brackmann, Heinrich IV. und der Fürstentag zu Tribur.（Historisches Vierteljahrschrift, XV. 1912）S.189.

（6） Bertholdi Annales.（MG. SS. V.）S.287.
Bruno, c.98. S.328.
Lamperti monachi Hersfeldensis Annales.（Ausgewählte Quellen zur deutschen Geschichte des Mittelalters. Bd. XIII. 1973）S.390.

（7） H. Fuhrmann, S.170. 参照。

（8） A. Bracknann, Heinrich, S.189. 参照。
H. Fuhrmann, S.170. 参照。
H. Beumann, S.42. 参照。

（9） C. Erdmann, Tribur und Rom.（Canossa als Wende. 1969）S.103. 参照。
A. Brackmann, Tribur, S.217. 参照。

（10） Bruno, c.88. S.330.

Lampert, S.392.
Berthold, S.287.
O. Holder-Egger. Fragment eines Manifestes aus der Zeit Heinrichs IV.（NA 31. 1906）S.189.

（11）エアトマンは、そもそもグレゴリウスを招くことが、トリブールの協定の前提にあったと述べている。
C. Erdmann, S.101.

（12）C. Erdmann, S.93–94.
A. Brackmann, Tribur, S.217–218.

（13）Lampert, S.392.　Berthold, S.286.
ウードは、「約束」の法王への持参者であった。　C. Erdmann, S.92.
Wolfram von den Steinen, Canossa. Heinrich und die Kirche.（1969）S.67.
E. Hlawitschka, Zwischen Tribur und Canossa.（Historisches Jahrbuch 94. 1974）S.29.

（14）Berthold, S.287.

（15）H. Beumann, S.45.

（16）前章、四十四頁。　E. Hlawitschka, S.36.

（17）Das Register Gregors VII. hg. v. E. Caspar.（MGH. Epp. sel. 1920）（以下 Reg. と略す）IV. 12.
The Epistolae Vagantes of Pope Gregory VII. ed. & tr. by H. E. J. Cowdrey.（1972）（以下 Ep.と略す）No.17. p.48.
Berthold, S.287.　H. Zimmermann, S.139.
E. Hlawitschka, S.45.

（18）この点、ブルーノは、王は協定により、ローマで悔悛して赦免を受けねばならなかったと記している。
Bruno, c.88. S.328.
E. Hlawitschka, S.36, 40.　H. Beumann, S.45–46.
C. Schneider, S.179–180. 参照。

（19）Reg. IV. 12.　Ep. No.17. p.48.

E. Hlawitschka, S.40.

(20) Berthold, S.287.
前章、六十五～六十七頁。

(21) C. Erdmann, S.112.

(22) F. Baethgen, Zur Tribur-Frage.（DA. 4. 1940–41）S.406. 参照。

(23) Lampert, S.404.

(24) C. Erdmann, S.112.
A. Hauck, Kirchengeschichte Deutschlands, Bd. III.（1954）S.807.

(25) H. Beumann, S.45.
C. Schneider, S.179–180.

(26) Berthold, S.287.　C. Erdmann, S.112.

(27) ボニゾーは、王が「誓いを無視して」、イタリアに入ったと述べている。　Bonizo, S.672.
O. Holder-Egger, S.189.　後注、（34）、参照。
C. Erdmann, S.113.

(28) Lampert, S.396.

(29) 一般に一〇八一年以後のハインリヒのローマ行について、ドイツの国内状勢の安定が、理由にあげられている以上、カノッサの時も同様な見方をしても誤りではないであろう。
W. von den Steinen, S.82.
H. Fuhrmann, S.172.

(30) Berthold, S.288.　カノッサ行を考える前に、王は軍を集めてグレゴリウスを追放することを考えていたとベルトルトは伝えている。ブルーノも、王は大軍をもって行ったと述べている。　次節、参照。
Bruno, c.89. S.330.

(31) C. Erdmann, S.113.

W. von den Steinen, S.69–70. 参照。

（32）C. Erdmann, S.113–114.

（33）Berthold, S.288.
Paulus Bernriendensis, Vita Gregorii VII papae.（J. M. Wattenbach, Pontificum Romanorum Vitae, t. I. 1862. 1966）c.87. S.526.

（34）Bernold, S.433.
「ケーニヒスベルクの断片」も、ハインリヒが、「密かに」イタリアへ行ったことを伝えている。
O. Holder-Egger, S.189.
E. Hlawitschka, S.43. 参照。

（35）Bonizo, S.672.
Lampert, S.400.　Bruno, c.89. S.330. 参照。
W. von den Steinen, S.70.

（36）Lampert, S.398.
Berthold, S.288.
H. Zimmermann, S.141.
W. Goez, Gestalten des Hochmittelalters.（1983）S.146.

（37）Lampert, S.398.
H. Zimmermann, S.29.

（38）ランペルトによると、グレゴリウスはハインリヒが悔悛に来たのか、破門への復讐に来たのか、はっきりしないため、カノッサ城へ入った。　Lampert, S.400.

（39）「ケーニヒスベルクの断片」は、ハインリヒが赦免を力づくで奪うか、脅し取るかを意図していたと述べている。
O. Holder-Egger, S.189.
C. Erdmann, S.113.

（40）*ibid*., S.113.

Bonizo, S.672.
(41) カノッサ事件後のことであるが、ボニゾーは、ハインリヒが、グレゴリウスをカノッサ城から引き離そうとしたが、出来なかったと記している。 Bonizo, S.672.
(42) F. Schneider, Canossa.（Zeitschrift für Kirchengeschichte. Bd.45. 1926）S.169.
(43) H. Beumann, S.42.
(44) フラヴィチュカはこの説に問題があるとする。
E. Hlawitschka, S.38–45.
(45) H. Beumann, S.42, 45.
前章、六十四頁、参照。

二　カノッサの会見

グレゴリウスが諸侯の提案を受け入れ、ドイツに向けて出発したことは、彼を支持する人々の賛意の中で行われた決定では必ずしもなかったようである。ランペルトによると、ローマの有力者たちは、この旅の結果が不確実なゆえに止めるように忠告していたのに、法王は出発したのであった。(1) この旅は、グレゴリウス自身も認めていたように、彼にとって最も慎重に行うべき危険な試みであった。(2) 法王にとって敵の多い北イタリアを通ることも危険であったし、また例年になくきびしい冬の中のアルプスを越えることは、ハインリヒのイタリアへの旅と同様に、きびしいものであったはずである。(3) それに何よりも、状勢のはっきりしないドイツに行くことは、大きな危険であった。この点から見ても法王にとっても、ドイツへの旅は大きな賭であり、冒険であったと見なければならない。しかも王が大軍をもってイタリアに入ったこと、法王がアルプスを越える場合、王は別の者を法王に立てるつもりであることが、グレゴリウスに知らされたというブルーノの記述が、[4] ある程度当時の反王派や法王派内の気持を表わしているなら、法王は場合によっては、対立法王の擁立される可能性を覚悟していたと見なければならないであろう。このように見れば、カノッサで両者が出会ったころの状況は、決して一方的に王のみが大きな賭をし、一か八かの策を打ってきたと[5]いうような状況ではなかったのである。少なくとも双方に、同じような焦りなり弱味があったと見るべきであろう。

こういう状況の中で、カノッサ事件と呼ばれる王による悔悛行が始ったのである。王がカノッサ付近に到着したのは、一月二十一日ごろであり、実際に悔悛を始めたのは、一月二十五日であったと考えられている。[6] この経過一つとってみても、王がカノッサに来るや否や、一目散に悔悛を始めたのではなかったことは、凡そ見当がつくのである。少なくともこの間に事前の交渉が行われ、さらにこの交渉は、悔悛を始めてからも続けられたと考えられる。[7] ドニゾーも、事前の三日間の交渉を伝えている。[8] この交渉中、トスカナ女伯のマティルデとクリュニー院長のユーグが、熱心な仲介者として働いたのである。[9] ランペルトが、法王がついに王に悔悛行を許したと報告していることも、悔悛行が交渉の結果の行為であったことを示唆している。[10]

この悔悛が一月二十五日から三日間行われたというのも、偶然とみるべきものではなく、あらかじめ意図されたものであったと考えられる。というのは、一月二十五日はパウロの回心の日であった。パウロも三日間の悔悛で生まれ変わったとされているからである。[11]

ドニゾーによると、カノッサでの交渉が行きづまりかけた時、ハインリヒがすぐに出発することを考えていたことは、[12] 彼が場合によっては、赦免を受ける以外のやり方が、ありうることを考えていたことを示していよう。この他のやり方の一つは、既述のブルーノの報告のように、対立法王の擁立であったと思われる。こう考えると、カノッサでの悔悛は、是非ともなすべき起死回生の手段[13]でもなかったのである。この悔悛は衝動的な自暴自棄的なものではなく、あくまで交渉の結果行われたのである。ブラックマンが、トリブールに関して絶望したドイツ王の姿を歴史から消さねばならないと述べていることは、カノッサにも言えることであろう。[14]

確かに王は、法王がアウクスブルクに来る前に、赦免を求める方がよいと判断し、イタリアへの旅を急いだことは、事実であろう。しかしこれを余りに王にとって、絶望的な状況として見ることはない。[15]王は法王がドイツへ向けて出発する前から既に、ローマでの赦免を求めており、いずれにせよ彼はイタリアへ行くつもりであった。[16]この旅の時期が早められ、きびしい寒さの中をあえて行ったことは、冒険とも見うるものではあったが、この点はしかしグレゴリウスにもあてはまるものであり、一方をのみ無闇に不利に悲劇的に扱うことはないのである。むしろ既にふれたように、諸侯や法王の側にも、焦りが散見されるのである。実際、法王が何か急いでいたことをランペルトは二度も示している。[17]

その上、王がイタリアへ行くと、諸侯側はあっさりとアウクスブルクの会議を中止したのである。[18]このことは、彼らの行動や計画への自信のなさを示していよう。彼らはカノッサの頃そして三月のフォルヒハイムの会議において、次々と法王との約束を破っており、[19]ここにも彼らの自信のなさや焦りが見られる。

ハインリヒのイタリア行(カノッサ行)は、このように相手側には決して絶望的な決死行とは映らなかったのである。むしろ相手側にとっては、王による新たな攻勢とも見られ、危惧されていたのである。こうした雰囲気の中で、カノッサでの交渉が、行われたと見なければならないのである。

ところでカノッサでの王の悔悛を考える場合、これを伝える主な史料は、トリブールの時と同様すべて法王派ないし反王派のものばかりであり、王側の史料が欠けていることにも注意しなければならない。[20]しかもそれらの記述は個々まちまちであり、悔悛の詳細な経過を確実に知ることは出来ない。ランペルトなどの主な史料が、悔悛をみじめな劇的な姿で描いている点は多少共通しているが、[21]これをそのまま当時の人々すべての印象として受け取ることは出来ないし、まして事の真相として見ることは出来ないであろう。

例えばランペルトは、王の支持者であるイタリアの諸侯にカノッサ事件への失望の中で、次のように語らせている。「王は彼の地位に消し難い罪(汚点)をもたらした。…彼はその恥ずべき服従によって…帝国の名誉を犠牲にした」[22]。もし本当にこうした気持を当のイタリア諸侯や、さらにドイツの王派の人々がもっていたのなら、彼らがカノッサ後に王から離反してもよかったであろう[23]。実際には後述のように、彼らは依然として王にしっかりと付いていたのである。

他方、反王派の人々にとっては、カノッサ事件は決して歓迎すべきものではなかったのである。このことは、ベルトルトが、トリブールからカノッサの年にかけて、例年にない大雪が降ったことを将来の悪いことへの予兆として見ているところにも示唆されている[24]。彼らの失望が大きかったからこそ、ランペルトなどに見られるように、彼らはこの事件を余計に王に不利になるように誇張し、王に「屈辱」のイメージを与えて、王の立場を傷つける必要があったのである。それが真の屈辱なら、反王派にとって歓迎すべきものであったはずである。右のランペルトの言葉は、カノッサ事件への反王派の不愉快な気持から何とか王を辱め、王への支持を崩そうとする意図から出てきたものと見るべきであろう[25]。

カノッサ事件が、王にとって真の屈辱ではなく、偽瞞にすぎなかったという反王派の不愉快な気持は、ベルノルトやボニゾーの次の記述にはっきり現れている。即ちベルノルトは、王が赦免を「前代未聞の卑屈さの見せ掛けによって……もぎ取った」と述べ[26]、ボニゾーは、王は「その陰謀が知られると、外面的には粗暴さを捨てて、鳩のような純朴さを装ってカノッサに行き……余り賢明でないすべての人々を欺いた」と記し、「その策略を知らないわけではない」法王から、赦免を得たと述べているのである[27]。

ともかくカノッサ事件が、真に屈辱であったのなら、これまで見てきた王の状況、立場からして、そこまでして悔悛を行う必要が、あったのかどうか疑問であろう。ハインリヒには、そのように見られないという計算があったからこそ、彼はあえてカノッサでの悔悛を選んだというべきであろう。それにランペルトさえ認めていたように、ハインリヒには王たる意識が、常に強くあったのである[28]。このような王が、そんな屈辱を甘受することは考えられないであろう。また一般的に言って、中世では公的な教会悔悛は、君主級の人にとっても、恥を意味していなかったのである[29]。

一方、王の悔悛についての法王自身の報告は、これも当然客観的なものではありえないにしても、事件の直後その印象が、まだはっきりした中で書かれているため、事件の真相をより直接に伝えるものとして、特別の重要性をもっている[30]。彼の報告は、自らの行動を弁護、正当化する傾向をもっているが――この傾向は王の立場を出来るだけ惨めに見せようとすることになり、これが反王派の宣伝材料となった[31]――、他方では法王自身のカノッサにおける窮状を強調しているのである[32]。これは彼にとっても、カノッサ事件が決して歓迎すべきものではなかったことを暗示している。それは、勝ち誇った法王が、屈服した王を見下しているような姿ではなかった[33]。ドニゾーが伝えるように、王は形の上では確かに、法王の前で十字形に腕を広げてひれ伏したかもしれない[34]。しかし法王にとって、真の意味での優位に立って王を屈服させたことを誇りうるものではなかったのである[35]。

グレゴリウスは、王を受け入れるのに長く躊躇していた[36]。これもよく言われるように、教会人と政治家の立場の葛藤に苦しんだからというよりも[37]、王がある程度の優位や余裕をもつ中にあって、赦免そして和解を強いられることへの躊躇と考えるべきであろう[38]。法王は王をいつかは赦免し和解することを求めていたが、それをこのような半ば強制される中ではなく、もっと自由な中で行うことを考えていたのであろう。それが既述のように、法王のアウクスブルク会議への期待であったと見ていいであろう。

法王にとってカノッサ事件が、不満足なものであったことは、この時の両者の協定とも言うべき王の誓いが、これを示している。[39]この中で王は、彼について出された不平や異議に関して、法王の判決に従うとは言っているものの、彼にも法王にも妨害がない限りという条件を付け、トリブールでの協定と同じく、事実上いかようにも解釈できるようにしていたのである。

またこの協定は、王の状態について、法王自身が侮り難いものと見ていたことを示している。というのは法王はドイツへ行く場合に、王から保護の約束をわざわざ求めたのである。これと関連する他の手紙でも、彼はドイツへの旅を確実にするために、王の意見と援助の必要性を述べている。[40]このことは、法王がドイツへの旅を非常に危険なものと見ていた理由が、特に王の了解のないところにあったことを示唆していよう。ともかく法王が、王を無力な存在と判断していたのなら、彼はそのような要求をする必要はなかったのである。

ブルーノは、ザクセン人が彼らの手紙の中で、法王が王から保護の約束を求めたことを非難していることを伝えているが、[41]反王派にとって、法王が王の力なり立場を認めることは、決して快いことではなかったはずである。しかし法王は、北イタリアにおいては勿論のこと、ドイツにおいても、王の力を無視しては何も出来ないことを十分に承知していたのである。法王は一〇七六年後半から一〇八〇年の王への再破門に至るまで、王との最終的な決裂を出来るだけ避けていたのである。[42]

法王は結局、カノッサでの行動によって、反王派諸侯にとっての同盟者としての地位を失ったのであり、やがてフォルヒハイムでの諸侯会議への道を開いたのである。[43]フォルヒハイムでは、カノッサの解決に不満をもつ反王派は、ハインリヒに代わりシュヴァーベン公ルードルフを王に選ぶことによって、彼らと法王との協定も、そしてカノッサでの王と法王との協定をも空しいものにしたのである。[44]この会議には法王使節も確かに参加したが、この使節は、カノッサの協定を顧慮しようとし、新王選挙への法王の疑念を出していたのである。[45]

他方、王の強力な支持者であった北イタリアの司教は、カノッサの和解に不満ではあったが、王から離れることもなく、依然として頑固に法王に反対していた。[46]彼らと王との交際は、カノッサの解決をむしろ空しくする虞さえあった。ドイツでも王に以前から忠実な人々は勿論のこと、一旦離れたかに見えた人々も、カノッサ後はむしろ王に付いてくるのであった。[47]王のドイツへの帰還は、方々で歓迎された。[48]逆に反王派の二月のウルム、三月のフォルヒハイムの会議には参加者は僅かであった。彼らはもはやトリブールの時の力さえ持ち得なかったのである。[49]

このように見てくると、カノッサ事件によって王権の名声は、当時の人々の中で大きな痛手を受けたとか、さらには王権から神聖性が奪われたという見方が、[50]如何に当時の人々の動きとは無関係な、観念的な抽象論にすぎないかが分かるのである。この見方が、当時意味をもっていたのなら、反王派や法王派は、カノッサの結果に失望するどころか、大いに満足すべきものであったであろう。カノッサの悔悛は、シュナイダーが述べているように、王権の神聖性の考えに、何の中断ももたらさなかったのである。その考えは依然として、カノッサ後の王と司教の間の新しい同盟への基礎であった。[51]

カノッサでの解決は、王にとってトリブールが敗北や降伏ではなかった以上に、敗北や降伏ではなかったと言ってもいいであろう。[52]カノッサでの「王の誓い」も、トリブールでの「約束」と同じく、粘り強い交渉の結果であった。[53]ブラックマンも、トリブールからカノッサにかけての諸事件の中で、最も決定的な特徴として、王がその権利を守るために、交渉していたことを挙げている。[54]カノッサでの行動は、王にとって屈辱や恥と言ったものではなく、[55]いろいろな可能性のある中で選択された一つの政策であり、せいぜい法王との単独講和とも言うべきものであった。[56]法王にとってはそれは不満足なものであり、暫定的な妥協にすぎないものであった。[57]

注

（1）Lampert, S.398.　C. Schneider, S.198–199. 参照。

（2）Ep. No.18, 19.　C. Erdmann, S.93.

（3）Berthold, S.287.　Bonizo, S.672.

ボニゾーは、法王の旅が大きな困難の中で始められたことの理由に、その年の冬のきびしい気候を挙げている。

（4）Bruno, c.89. S.330.

（5）W. von den Steinen, S.69. 参照。

J. Haller, Der Weg nach Canossa.（Canossa als Wende.）S.166–167.

（6）H. Zimmermann, S.147, 158.

（7）*ibid.*, S.157, 160.　Lampert, S.404–406.

H. Beumann, S.49.

（8）Donizonis vita Mathildis,（MG. SS. XII.）S.381.

（9）H. Zimmermann, S.157.

シュナイダーによると、ユーグは、王の誓いの保証人として王側から出てくる。

C. Schneider, S.208.

（10）Lampert, S.406.　H. Zimmermann, S.144, 160.

Lexikon des Mittelalters,（1983）Bd. II. Sp.1442. 参照。

（11）H. Zimmermann, S.158, 161–162.

（12）Donizo, S.388.　H. Zimmermann, S.37, 145.

（13）R. Morghen, Gregorio VII.（1974）p.136. 参照。

H. Hlawitschka, S.25. 参照。

（14）A. Brackmann, Tribur, S.221.

（15）A. Hauck, S.807.

Handbuch der Kirchengeschichte. Bd. III/I.（1973）S.438. 参照。

(16) H. Beumann, S.45.
本章、第1節、注（15）、（17）、参照。

(17) Lampert, S.398, 400.
Epistolae collectae,（P. Jaffé. Monumenta Gregoriana, 1865, 1964）17. p.543.

(18) H. Beumann, S.48.

(19) *ibid.*, S.47. 参照。

(20) H. Zimmermann, S.37, 134.

(21) *ibid.*, S.37. C. Schneider, S.203.

(22) Lampert., S.414.

(23) A. Brackmann, Tribur, S.185. 参照。
W. von den Steinen, S.76. 参照。

(24) Berthold, S.287.

(25) カノッサ行が、ハインリヒにとって恥を意味したというのは、まずルードルフ側から、すでに一〇七七年に出された主張であると言われる。
H. Zimmermann, S.197.

(26) Bernold, S.433.

(27) Bonizo, S.672.

(28) Lampert, S.372. H. Fuhrmann, S.168.

(29) H. Zimmermann, S.164, 171-173.
Lexikon des Mittelalters, Bd. II. Sp.1442.

(30) Reg. IV. 12. H. Zimmermann, S.139.
H. Beumann, S.48.

（31）A. Brackmann, Tribur, S.223–224.

（32）H. Zimmermann, S.139, 160.

（33）*ibid.*, S.172–173.

（34）Donizo, S.382.

（35）H. Zimmermann, S.173.

（36）*ibid.*, S.38.　Lampert, S.406.

（37）H.-X. Arquillière, Grégoire VII á Canossa, a-t-il réintégré Henri IV dans sa fonction royale?
（Canossa als Wende, 1969）S.292.
Dictionary of Middle Ages.（1986）Vol.7. p.69.

（38）G. Meyer von Knonau, Bd. II. S.771. 参照。
ベルノルトが、「…王権ではなく、教会の交りへの許しのみ無理に取り上げた」と述べているのも、この間の事情を物語っていよう。
Bernold, S.433.

（39）Reg. IV. 12 a.　C. Schneider, S.203–204.

（40）Ep. No.19. p.52.

（41）Bruno, c.108. S.356.

（42）F. Baethgen, S.400.
C. Schneider, S.212.

（43）H. Beumann, S.58.

（44）*ibid.*, S.52.

（45）*ibid.*, S.56.　C. Schneider, S.209.
グレゴリウスは、後に一〇八〇年にルードルフは、「私に相談なく」選ばれたと述べている。　Reg. VII. 14 a.

（46）Lampert, S.414, 416.

(47) G. Meyer von Knonau, Bd. II. S.764–765, 769–771.
Lampert, S.418.

(48) C. Schneider, S.210.

(49) C. Erdmann, Tribur, S.114.

(50) J. Haller, Das Papsttum. Idee und Wirklichkeit, (1965) Bd. II. S.289.
H. Fuhrmann, S.171.
Lexikon des Mittelalters, Bd. II. Sp.1442.

(51) C. Schneider, S.187.

(52) A. Brackmann, Tribur, S.185. 参照。

(53) H. Beumann, S.49.
C. Schneider, S.210.

(54) A. Brackmann, Tribur, S.184.

(55) H. Zimmermann, S.124. 参照。
W. von den Steinen, S.76. 参照。

(56) H. Beumann, S.51.

(57) C. Schneider, S.205.
H. Zimmermann, S.176. 参照。

三　王の赦免と皇帝戴冠の問題

それではなぜ王は赦免―破門の解除―を求めたのか。これまで見てきたように、破門が真の意味で、王の立場を崩していない以上、王が自らの勢力を「回復」するために赦免を求めたと考えることは出来ないのである。[1]やはり破門の有無は、本質的には王の勢力の消長とは、無関係なものであったと見るべきであろう。

従って王が赦免を求めた理由には、窮極的には皇帝戴冠の問題しか残っていないと言うべきであろう。[2]赦免と皇帝戴冠の問題の関連を直接証拠立てるものはないが、以下の間接証拠から見てその関連を推測することは、十分に可能なように思われるのである。

一般にドイツ王が、皇帝位を如何に重く見、強く求めていたかは、以下のいろいろな例から見て明らかである。ハインリヒ三世が、ストリとローマで三人の法王を罷免し、新たにクレメンス二世を立てた事件は、改革法王庁の開始を告げるものとしてよく知られている。[3]この事件は、教会改革の視点からのみ見られることが多いが、[4]ここにもシモニアなどで汚れていない法王から、皇帝戴冠を受けようとするハインリヒ三世の強い願いを見るべきであろう。またハインリヒ五世のように、法王パスカル二世を捕えてまで強制的に皇帝戴冠を手に入れた例もある。[5]その他、オットー四世のように、皇帝戴冠を達成するために種々な約束をしておきながら、一旦皇帝位を手に入れると、約束を平然と破ってしまう例も見られるのである。[6]同様な例はさらに挙げうるが、ともかくドイツ王にとって、皇帝位の獲得が重要な目標であったことは確かであろう。

ハインリヒ四世にも、早くから皇帝位への願いが存在していた。[7]一〇六九年に彼が、妃のベルタとの離婚希望をあきらめたのも、法王側が離婚の場合には、皇帝戴冠をしないと言明したからであった。[8]王は、このためいわば人生上の重大な問題においても譲歩したのである。

また王は一〇七三年の法王との和解を求めた手紙の中で、「ローマ人の王」という称号を使っている。[9]この称号は、まだ皇帝になっていないが将来なる予定の者の意であり、ハインリヒ二世ごろより徐々に使われ始めてきたものである。[10]ハインリヒ四世の現存する手紙の中で、この称号を使ったのはここだけであり、[11]しかもこの手紙が、法王との和解を求めたものであることからして、和解と皇帝位との関連を強く示映するものとして注目されるのである。実際一〇七四年の法王との和解に際して、王はドイツでの彼の威信挽回のために、今まで以上に皇帝位を望んでいたとフリシュは述べている。[12]

一〇七五年の末ごろにも、王は皇帝冠を手に入れるために、出来るだけ早くローマに行く計画をもっていた。[13] このため翌年一月のヴォルムス会議において、法王への王の手紙の中で、法王が王から「イタリア王国」を奪おうとしたことが強調されていることは、[14] 後にふれるように、皇帝位への意識と強く関連していると見うるのである。同様に同年の春ごろに出された王の手紙(宣伝文書)の中で、法王が王権や皇帝権が神の手の中ではなく、自らの手の中にあるかのように、王から王権を奪おうとしていると述べられている。[15] この言葉の中にも、破門により皇帝権への望みが奪われる虞が示唆されていると見ていいであろう。

さらに後に一〇八一年以後、ローマを占領するために、王が何度も執拗に遠征したのも、第一に新しく法王に立てたクレメンス三世をそこで正式に即位させ、彼より皇帝戴冠を受けるためであった。[16] この三年に及ぶローマ占領のために払われた異常な努力こそ、王の皇帝戴冠への希望が、如何に強いものであったかを最も明瞭に示すものであろう。

このようにハインリヒにとっても皇帝位の獲得は、一〇八四年に実現するまで、終始変らぬ重要な目標であったと言えよう。[17] 事実、一〇八四年に皇帝になって以後の王の手紙には、すべて例外なく皇帝の称号をつけていることも、彼の皇帝位への意識の強さを感じさせるものである。[18]

一方、グレゴリウスも、就任早々から皇帝位に積極的な意味を与え、[19] 王についての願いとして、一〇七三年六月の手紙の中で、王を皇帝位を受けるにふさわしい人物に鍛え上げることだと述べている。[20] またカノッサ事件以前の種々な機会に、法王は王に事実上皇帝的な地位を与えたり、皇帝位への期待を王に抱かせているのである。

例えば一〇七四年十二月の王へ十字軍遠征を知らせる手紙において、彼は王のことを、「神が権力の頂点に据えたあなた、多くの人々が正しき道から逸れるか、それともキリスト教信仰を守るかが懸かっているあなた」と呼び、遠征に行く際には、「神についで、あなたにローマ教会を委ねる」とさえ述べているのである(21)。

さらに破門後の一〇七六年の夏の手紙においても、王が法王の忠告を聞き、教会に帰ってくる時には、王を「最も広い王国の支配権をもち、普遍的な平和と正義の守護着であるべき者」として迎えると述べている(22)。同年九月の手紙においても、人々に「ローマ帝国の栄誉が大きな破滅に向かわないように、王の傷に慈悲の油をつけなさい」と呼びかけているのである(23)。

逆に、一〇七六年そして一〇八〇年の四旬節会議で、法王が王よりドイツとともにイタリアの統治権を取り上げたことは、このように法王が期待していたハインリヒの皇帝位への登位資格を奪うものであったと言えよう(24)。

ボニゾーの次の記述も、それがどこまで正しいかは別として、当時皇帝位を求める意図なり願いが、王の周辺に存在していたことを暗示している。即ち、諸侯はトリブールで、もし王が誓いを守る場合、彼らが王とともにイタリアに行き、王が皇帝位を受けるようにすることを誓ったという(25)。ベルトルトの次の記述も、多少その時期に問題はあるが、王の周辺に当時、皇帝位への意欲があったことを示している。彼は、王がカノッサへの行動に移る前に、グレゴリウスを追放し、他の者を法王にして、この人物より皇帝位をもらうことを考えていたと述べているのである(26)。

そのほかカノッサ事件の時か、あるいはその後に、王が法王とイタリア王冠について、協議したらしいことも同様のことを暗示している(27)。このイタリア王冠を皇帝戴冠への予備段階と見ることは、オットー一世などの先例から見て十分可能であろう(28)。

以上のような様々な例から見て、ハインリヒには早くから皇帝位への願望が、存在していたと見ていいであろう。この皇帝位への願望こそ、王をトリブールそしてカノッサへと動かした最も根本的な動機であったと言えよう。従ってもしハインリヒが、すでに皇帝になったあとに破門が行われていたのなら、カノッサ事件のようなものは、起らなかったと言ってもよいのである。この仮説だけ考えてみても、皇帝位の重要性が推測できるであろう。ハインリヒをはじめ、ドイツ王が強く求めたこの皇帝位は、当時は伝統的に法王の手によってしか、与えられないものになっていた。(29) このため如何に王の立場が強力であろうとも、破門されたままでは、法王から皇帝位を受けることは不可能であった。ここにハインリヒが、赦免を熱心に求めた理由があるのであり、決して破門が王の勢力を崩したからではなかったのである。

もっとも王には、グレゴリウスから赦免を求めるどころか、彼を無視して、あるいは追放して別の者を法王に立て、この人物から皇帝冠を受ける可能性も存在した。実際王はこの方向を一月のヴォルムス会議前後には考えていたが、(30) やがてこの方針を放棄して、和解の道をとったのである。一〇八〇年の再破門の際に、最早再びカノッサ事件のようなものが起らなかったのも、破門の影響の問題ではなく、王が和解を考えずに新しい法王を立て、この人物より皇帝冠を受ける方針を取ったからにすぎないのである。

注

（1） A. Brackmann, Tribur, S.211. 参照。
（2） 前章、四十三、七十三、七十八頁。
（3） B. Schimmelpfennig, Das Papsttum.（1984）S.128.
（4） H. Fuhrmann, Deutsche Geschichte im hohen Mittelalter.（1978）S.56.
（5） *ibid.*, S.104.

（6）R. Buchner, Deutsche Geschichte im europäischen Rahmen.（1975）S.118.
（7）G. Meyer von Knonau, Bd. II. S.639. 参照。
Cambridge Medieval History. Vol. V.（1926, 1968）p.134. 参照。
（8）F.-J. Schmale, Die Anfänge des Reformpapsttums unter den deutschen und lothringisch-tuszischen Päpsten.（Das Papsttum. I. 1985）S.151.
（9）C. Erdmann, Die Briefe Heinrichs IV.（1937）（以下 B. H. と略す）Nr.5. S.8.
（10）H. Beumann, Der deutsche König als „Romanorum rex“.（1981）S.66, 75.
（11）ハインリヒは、皇帝になる前の称号としては普通「dei gratia rex」を使っている。　B. H. Nr.1–17.
（12）A. Fliche, La Réforme Grégorienne, t. II.（1924–37. 1978）p.150.
（13）G. Meyer von Knonau, Bd. II. S.586.
この時は、法王からの最後通牒ともいうべき、きびしい内容の手紙（Reg. III. 10）が、王のもとに届けられる前であった。
（14）B. H. Nr.11. S.14.
（15）B. H. Nr.12. S.16.
（16）拙稿、「晩年のグレゴリウス七世」、㈢、（人文学、第一三九号、昭和五十八年）、六十八頁。
（17）A. Brackmann, Tribur, S.204. 参照。
（18）B. H. Nr.18–42.（S.27–64.）
（19）Reg. I. 19.　ここでは帝権と教権が、協調してこの世を統治すべきことが強調されている。
（20）Reg. I. 11.
（21）Reg. II. 31.
（22）Ep.14. p.38.
（23）Reg. IV. 3.
（24）Reg. III. 6 a,　VII. 14 a.
（25）Bonizo, S.671.

(26) Berthold, S.288.
(27) H. Beunann, S.59.
G. Meyer von Knonau, Bd. II. S.769–770.
勿論、王はイタリア王冠を与えられる前から、実質的にイタリア王と見なされていたが、ここでは形式上の、正式の戴冠が、問題になっているのである。
(28) J. Fleckenstein, Grundlagen und Beginn der deutschen Geschichte.（1980）S.169–171.
(29) G. Barraclough, Medieval Papacy,（1968）p.58.
(30) B. H. Nr.10. S.13.

おわりに

カノッサ事件のころのハインリヒとグレゴリウスの立場を公平に見れば、決して前者が、一方的に屈服しなければならないような状況ではなかった。王の状況は、カノッサで「屈辱」を受けねばならないほど、追い詰められてはいなかった。カノッサ事件は、王にとって真の意味で決して「屈辱」ではなかったのである。

反対派に対し、たとえ優位ではないとしても、少なくともなお対抗力をもちえた王が、なぜ赦免を求めたのであろうか。この理由に関しては、破門の影響による王の勢力失墜が、本質的に問題にならない以上、当面問題になるのは赦免による皇帝戴冠の達成だけであろう。これも破門の影響と言えば影響だが、これが従来言われている意味での影響ではないことは明らかである。

しかし王はカノッサにおいて、いわば無理やり強引に法王から赦免を奪い取ったものの、皇帝戴冠の約束まで手に入れることは出来なかった。これは如何に王の立場が強くとも、赦免の時の悔悛のように、手続きさえ踏めば手に入りうるというものではなかったからである。この意味でカノッサでの解決は、法王にとって不満であったばかりではなく、王にとっても十分に満足のいくものではなかったのである。

ハインリヒをはじめドイツ王が、このように強く求めた皇帝位が、どんな利益をドイツ王にもたらしたのかについては、またあらためて論じなければならないことだが、しかし一般的に言えば、皇帝位は直接的、具体的な利益をもたらすと言うよりも、高い権威や名声と言った一見空しく思われる地位を与えるものであったと言えよう。だがこのような権威や名声が人々を動かし、歴史を動かしてきたことも事実であり、こうした面にも十分注目しなければならないのである。

第四章　カノッサ像転換の可能性

はじめに

カノッサ城の門の前で悔悛し赦免を乞うハインリヒ四世の姿ほど、中世史の中で人々の記憶の中に今日まで深く刻み込まれた事件はないであろうと言われている。[1] このカノッサ事件は、一八七二年の帝国議会での例のビスマルクの発言――「我々はカノッサへ行かない、身も心も」――をきっかけに、[2] 特にドイツで中世史の中で最も活発に論じられ研究されてきた。

最近もハインリヒ四世の没(一一〇六年)後、九百年と、神聖ローマ帝国崩壊(一八〇六年)後、二百年という節目の年(二〇〇六年)が重なる中で、これを記念する展覧会が開かれ、各種の論文集が出された。[3] この点では、カノッサ事件や当事者のハインリヒやグレゴリウス七世について種々な再検討がなされ、新たな解釈や見解も生まれつつあると見てもよいのである。

しかし一方でこの十年余りの多数の著作や研究論文の出現にも拘らず、[4] 相変わらず従来の、いわば型にはまった通俗的な見方も依然として根強いのである。現に右のカノッサ事件を記念する展覧会の名称も、これに関連して出された記念論文集の題名も、「カノッサ——世界を揺るがしたもの」であった。[5] この論文集中のシュナイトミュラーの論文でも、「ハインリヒは彼の敵に最もひどく追い詰められて、最も卑屈な態度で、彼の最大の敵であるグレゴリウスに屈服した」と書いている。[6]

このように現在でも、カノッサ事件を世界——と言ってもヨーロッパ世界であるが——を揺るがした事件として、歴史の転換期として過大に評価する見方が根強いのである。一面では未だにビスマルク的なカノッサ像に呪縛されているとも言えるのである。[7] カノッサ事件に関連して、筆者が本書の第一〜三章で以前に不十分ながら指摘した問題点は今でも変っていない。最近パーペも、カノッサにはドイツ人の記憶の中で皇帝権に対する法王権の勝利が結びつけられているが、ハインリヒが最後は勝利に留まり、彼を皇帝に戴冠した対立法王を立てたことや、グレゴリウスが亡命のうちに亡くなったことは記憶からは欠落し、カノッサはハインリヒの戦術的な勝利であったにも拘らず、近世以来、宗教権力により世俗権力が屈服させられたことへの符号となったと述べている。[8]

しかしこんな中で五年前に発表されたフリートの論文は、大変注目すべきものである。[9] 彼は、年代記等の史料の著述の元になっている人間の記憶というものが、大変不確実なもので、決して客観的に正しいものとして信頼しえないことを先ず論じ、ここから従来の研究でほぼ確実とされてきた史料についての再検討を求めている。[10]

この点でカノッサ事件に関しても、フリートは、従来中心的な史料とされてきたランペルトの記述[11]そのものに大きな疑問を出している。[12] その事実記載が問題であるばかりか、これを重んじる余り従来無視ないし軽視されてきた他の史料について、フリートは逆にむしろ記憶という点からランペルト以上に信頼しうる可能性のあるものとして注目し、これらの史料との総合的な判断で、カノッサ事件の経過そしてそのカノッサ像への転換を求めているのである。[13]

フリートは特に一九〇六年に発見された「ケーニヒスベルクの断片」(以下、「断片」と表示)に注目し、[14] これが今日も重要な文献とされるクノーナウの研究ではまだ知られていなかったことを重視している。この「断片」を重要でかつ不可欠な史料と見るなら、クノーナウによって出され、今日も概ね支持され、研究の方向を決定している歴史像[15]は、大きく揺らぐことになるのである。[16]

もう一つフリートが強調している点は、カノッサ事件が当時の人々にとって思い出される事件ではなく、むしろ前年の一〇七六年のハインリヒへの破門などの処罰が記憶されたことである。[17] フリートは、ビスマルク以前はカノッサは、歴史的な記念の場(いわば名所、旧跡)ではなかったとしている。[18]

フリートは結論的に、カノッサは歴史がまもなくあっさりと忘れていくエピソードであったし、世界を揺るがせもしなかったし、転換点をも意味しなかったと述べているのである。[19] 既にブラックマンが、カノッサ事件の前のトリブール会議について、絶望したドイツ王の姿を歴史から消さねばならないと述べていたことは、[20] やはりカノッサについても言えるのであり、今あらためてフリートの問題提起を手掛かりにして、カノッサ事件について考える価値があると思われるのである。

注

（1）Canossa 1077 Erschütterung der Welt. Geschichte, Kunst und Kultur am Aufgang der Romanik.（hg. v. C. Stiegemann und M. Wemhoff. 2006）（以下 CA と略す）Bd. I. Essays. Vorwort der Herausgeber. S.12.
もっとも「人々の記憶」といっても、特にドイツ人であり、しかも後述のビスマルクの発言以降の人々と言うべきであろう。

（2）本書、第三章、八十一頁。
但しパーペは、ビスマルクの発言の数年前（一八六八年）にオーストリアの議会でのアウエルスペルクのビスマルクと同様な背景でのカノッサについての発言が、ビスマルクの言葉に影響を与えたと見ている。

M. Pape, „Canossa" —eine Obsession? Mythos und Realität.（Zeitschrift für Geschichtswissenschaft, 54. 2006.）S.566–567.

（3）CA. Bd. II. Katalog.（2006）

Vom Umbruch zur Erneuerung? Das 11. und beginnende 12. Jahrhundert— Positionen der Erforschung. Historischer Begleitband zur Ausstellung Canossa 1077.（hg. v. J. Jarnut und M. Wemhoff. 2006）

Heiliges Römisches Reich Deutscher Nation 962 bis 1806. Von Otto dem Grossen bis zum Ausgang des Mittelalters.（hg. v. M. Puhle und C.-P. Hasse. 2006）Essays. *ibid*, Katalog.（2006）

S. Weinfurter, Canossa. Die Entzauberung der Welt.（2006）

G. Althoff, Heinrich IV.（2006）

T. Struve, Salierzeit im Wandel. Zur Geschichte Heinrichs IV. und des Investiturstreites.（2006）

J. Laudage, Die Salier. Das erste deutsche Königshaus.（2006）

（4）H. E. J. Cowdrey, Pope Gregory VII 1073–1085.（1998）

I. S. Robinson, Henry IV of Germany. 1056–1106.（1999）

U-R. Blumenthal, Gregor VII. Papst Zwischen Canossa und Kirchenreform.（2001）

S. Bagge, Kings, politics, and the right order of the world in German historiography c.950–1150.（2002）

The Register of Pope Gregory VII 1073–1085. An English Translation.（tr. by. H. E. J. Cowdrey. 2002）

S. Weinfurter, Das Jahrhundert der Salier.（2004）

Salisches Kaisertum und neues Europa. Die Zeit Heinrichs IV. und Heinrichs V.（hg. v. B. Schneidmüller und S. Weinfurter, 2007）

Die Salier, das Reich und der Niederrhein.（hg. v. T. Struve, 2008）

Heinrich IV. Vorträge und Forschungen LXIX.（hg. v. G. Althoff und Konstanzer Arbeitskreis für mittelalterliche Geschichte, 2009）

（5）CA.

同様に一般読者向けのヴァインフルターの著作でも、第一章が「カノッサ—世界を揺がす事件」という題名となっている。

S. Weinfurter, Canossa.

（6）B. Schneidmüller, Canossa—Das Ereignis.（CA）S.36.
彼はまた、「王は外でこごえ、法王は暖かに城の中で王を待たせる。これほど勝者と敗者の関係をはっきり示すものはない」と通俗書的な表現をしている。さらに彼は、カノッサで、「世界と教会の統一の夢が破られた」とか、「時代の転換点」、「カノッサ城での象徴的な行為の中で、諸秩序の変化が見られた」と述べている。　*ibid,* S.36.

（7）ブラックマンも、中世の当時の人々が、トリブールやカノッサを後代に見られるようには見ていないと強調している。
A. Brackmann, Tribur.（Canossa als Wende. hg. v. H. Kampf —以下 CW. と略す— 1969）S.185.

（8）M. Pape, S.550–551.

（9）J. Fried, Der Pakt von Canossa. Schritte zur Wirklichkeit durch Erinnerungs-analyse.（Die Faszination der Papstgeschichte. hg. v. W. Hartmann und K. Herbers. 2008）（以下 J. F. と略す）。

（10）J. F. S.133–143.　フリートは、この点で従来の歴史研究に欠けているこの記憶についての医学的な問題も含めて、他の諸学問との、いわゆる学際的な研究の必要を論じている。
J. Fried, Der Schleier der Erinnerung.（2004）参照。

（11）上記のカノッサ記念論文集の序文も、「ランペルトによって非常に印象的に描かれるカノッサ行」と述べている。
CA. Vorwort. S.12.
Lampert von Hersfeld, Lamperti monachi Hersfeldensis Annales.（Ausgewählte Quellen zur deutschen Geschichte des Mittelalters. Bd. XIII. 1973. —以下 AQ と略す）（以下 LA と略す）。

（12）ランペルトについては、ランケの批判的な研究によって、その党派的に偏った記述については、既に論じられてきたのであるが、フリートは、ランケの批判はあくまでランペルトの「政治的」な諸判断への修正で終っており、ランペルトの「事実の記載と思われているもの」へはふれていないとし、この傾向はランケ以後のギーゼブレヒトなどの研究者にも見られ、ランケにこの点では一般に従っていると批判している。　J. F. S.197. Anm.130.
フリートは、重要な研究文献であるクノーナウのランペルト利用の問題点も指摘している。
ibid, S.157–158.　G. Meyer von Knonau, Jahrbücher des deutschen Reiches unter Heinrich IV. und Heinrich V.（1894, 1964）II.（以下 M. v. K. と略す）。

もっとも既にブラックマンも、カノッサ事件などに関連する三つの主な史料を問題とし、とくにランペルトは信用できないことを論じている。

A. Brackmann, S.184–185.

A. Brackmann, Heinrich IV. und der Fürstentag zu Tribur.（Historische Vierteljahrschrift. XV. 1912）S.155–156.

(13) J. F. S.191–195, 197.

(14) O. Holder-Egger, Fragment eines Manifestes aus der Zeit Heinrichs IV.（Neues Archiv. 31. 1906）（以下「断片」の本文を引用する場合は FR. と略す）。

(15) J. F. S.157–158, 163, 169, 172, 194.

クノーナウは、今日でもほぼどの研究者によっても、根本的基本的な研究文献として常に参照されている。

R. Schieffer, Gerold Meyer von Knonaus Bild von Heinrich.（Heinrich IV.）S.74–75, 79, 82.

T. Struve, Heinrich IV. —Herrscher im Konflikt.（Vom Umbruch zur Erneuerung?）S.55.

M. Becher, Die Auseinandersetzung Heinrichs IV. mit den Sachsen. Freiheitskampf oder Adelsrevolte?（Vom Umbruch）S.357.

「断片」が発見されたのは、クノーナウの著作の十年余り後のことであった。

(16) J. F. S.163. 但しこの点は、特に後述のアウクスブルクの会議の日時の問題などで言えることで、トリブール会議の内容や経過については、この「断片」はこれまでもクノーナウ以後の研究者たちによっても、本書の第二章、第三章においても見られるように、よく利用されている。

A. Brackmann, Tribur, S.218–220. 参照。

(17) J. F. S.197.　王への処罰には、破門の他に、王権停止（罷免）と王の臣下の王への忠誠誓約の解除があった。

Das Register Gregors VII. hg. v. E. Casper.（MGH, Epp. sel. 1920）（以下 Reg. と略す）。

実際、この点をはっきりと示しているのが、当時のボニゾーや十二世紀のオットー・フォン・フライジングの記述である。

Bonizo, Liber ad amicum.（Monumenta Gregoriana, 1865, 1964）S.670.

Otto von Freising, Chronica sive Historia de duabus civitatibus.

（übersetzt v. A. Schmidt. AQ. Bd. XVI. 1974）S.490–491.

(18) J. F. S.197. Anm.129. 前注、(2)、参照。
(19) *ibid*, S.197. 但し従来のカノッサ像への疑問は、既にゲーツやエルケンスによっても出されている。*ibid*, S.197. Anm.131. シュナイダーも、ハインリヒ個人に関しても、王は法王の罰令権の承認によって、彼の支配権への「神の恵み」への信仰が打撃を与えられたとは見ず、王権の聖別による秘跡上からの正当化をしっかりと把持していたこと、さらにカノッサでの悔悛も、この理解に何ら害を与えず、それは依然としてカノッサ後の王と帝国司教の間の新しい同盟をも支えうる土台であった、と論じている。C. Schneider, Prophetisches Sacerdotium und heilsgeschichtliches Regnum im Dialog 1073–1077. (1972) S.187.
(20) A. Brackmann, Tribur, S.221. 本書、第三章、九十四頁、参照。

一　グレゴリウスの立場と和の動き

カノッサ事件さらにその前段階のトリブール会議を考える場合、その当事者の一人であるグレゴリウスのハインリヒへの立場をどう見るかが重要になってくる。この点でフリートは、既述のようにこれまで余り利用されなかった史料を用い、グレゴリウスの立場への見方の修正を、より一層確実に可能にする方向を開いたと言えるのである。(1)

グレゴリウスのハインリヒへの立場について先ず強調すべきことは、彼には本質的にドイツ王と対決したり敵となる意図は、全くなかったことである。彼が一〇七六年の四旬節会議で王を破門し、王の臣下の王への忠誠解除や王の罷免(王権停止)を行ったのも、王を永久に追放し、新しい王を立てる全面的な対決のためではなく、あくまで王の改心を求め、(2)王が彼の考える理想的な王になってほしいという願いから来たものであった。

王への破門の理由も、王の邪悪と見られた顧問官やミラノ教会の問題であって、何か高邁な世界観や理念の相違から来るものではなかったのである。[3] また右の四旬節会議での王への処罰において、最も重く感じられたものは、王の罷免や王への忠誠解除ではなく、王の破門であった。[4] 確かに、四旬節会議での王の処罰の発表順では、罷免や忠誠解除が破門より先に出されているが、これは最も重要なもの、即ち最も人々に衝撃を与える可能性のあるものを最後にもってきたのであり、罷免や忠誠解除はむしろ破門の結果、自然に出てきたものと見るべきものであろう。[5]

いずれにしろグレゴリウスが王の改心を本来求めていたように、彼は最初から王との和を重要と考えていたのである。これについてブラックマンは、彼には王との和解の考えは、徐々に破門より数ヶ月後に外からもたらされたもので、彼の立場は変化したと見ているが、[6] しかしテレンバハも見るように、和解の考えは既に一〇七六年四月のミラノの騎士宛の彼の手紙に見られ、これは彼が最初からもっていた立場に一致するものであった。[7]

グレゴリウスが根本的に王を重要な存在と思っていたことは、彼のむしろ保守的伝統的な秩序観からも来るものであり――これは皇帝権と法王権によるこの世の統治という考えであり、教会改革もこの両権力の協力の下で行うことを理想としていた[8]――、さらに王の父ハインリヒ三世への彼の個人的な尊敬からも来るものであった。[9] また教会改革の推進のためには王との協力は理想であるばかりか、現実的にも必要なことであった。[10] 彼と王は実際、本来は改革問題で協力しようとしていたのに、対立せざるを得なかった背景には、彼とドイツ教会との対立も関係していたし、[11] さらに彼と王との対立の直接のきっかけとなったのが、ミラノの問題であったように、両者の対立はドイツよりもイタリアの問題とも言われるほどであり、[12] 彼はイタリアの反ローマ派を抑えるためにも、本当は王の協力を必要としていたのである。[13] それにドイツ以外の他の国々への当時の彼の立場も不安定であった。[14] このような種々な背景を考えれば、彼にとって王の存在はむしろ重要であり、[15] それゆえにこそ、彼は王に一見対立するほどに関心を払い、深く係わっていたのである。[16]

このようなグレゴリウスの王への立場は、ドイツの反王派、特にその急進派とは本質的に異なるものであったし、王への破門の本来の目的が、上述のようなものである中で、この問題の破門の効果や影響も、現在でも一般に相変わらず想定されているほど、王にとって不利に働いたものではなかったのである。[17]

王への破門の効果は、せいぜいこの破門を好機として利用しようとする反王派——彼らはこの破門以前から元々反王派であった——が結集した点でのみ、王にとって不利になった程度であり、破門以前からの王の支持者には殆ど動揺はなかったのである。ベートゲンも、司教の大部分が十月のトリブール会議まで、不動の忠誠の中で王に付いていたと見ているのである。[18]

それどころか一般の人々ないし反王派の中でも、王への破門処置を疑問に思っている者がかなり存在したことは、グレゴリウス自身の手紙からも明らかなのである。[19] ベートゲンも、彼の手紙から彼のドイツでの状況が、悲観的であったことを示していると見ているのである。[20]

いずれにしろ王に対する反王派とグレゴリウスの立場は決して同一ではなく、次第に王への対応をめぐって、対立が明らかになってくるのである。これが明瞭になるのは、トリブール会議においてであり、さらにこの会議以前の動きにも見られるのである。

先ずこの会議以前の動きに関連して、フリートが従来の研究で軽視または無視されてきたミラノのアルヌルフの記述に注意を向けたことは注目される。フリートは、アルヌルフの記述は簡単で僅かな情報しか伝えていないものの、カノッサ事件への時間的に最も近い記述であり、アルヌルフ自身の立場からして、最もこの事件に近い所にいる者の記述として、ランペルトやベルトルトの詳しい記述よりも、より信頼を置きうると見ているのである。[21]

フリートは、このアルヌルフの記述から、王の破門後、反王派の動きの中で、クリュニー修道院の院長ユーグや王の母アグネス、それにトスカナ女伯のマティルデが、平和と正義のために王と法王と反王派諸侯とのアウクスブルクでの全体会議を可能にする活動を行ったとし[22]、この企画のためにグレゴリウスをも獲得し、遅くともトリブール会議以前の夏に、この方向で活動していたと見ているのである[23]。

フリートが、この三人を王の友人とも呼び、またアグネスを頂点とする王の代弁者、仲裁者としていることも注目すべきことである[24]。この三人が、グレゴリウスが一〇七六年四月のミラノの騎士宛の手紙で言及しているかの仲介人[25]なのかどうかは、はっきりしていないが、これは十分ありうることである[26]。フリートも、アグネスが王の破門の時にローマにいて、非常に早くに王のために活動していたらしいと見、右の仲介人の一人でありえたと考えているのである[27]。特にこのアグネスについては、フリートは、後述の九月三日の手紙で、グレゴリウスが彼女の役割を際立たせていることに着目し[28]、彼女が結局はカノッサへ通じていく協力関係の推進力であったと推論しているのである[29]。王のハインリヒが、母のアグネスに宛てた手紙も、もしこれが一〇七六年のものなら、これはトリブール会議に関係し、アグネスの仲介を示しているのである[30]。

二人目の仲介者のマティルデについては、王がマティルデに仲介を依頼しているドニゾーの記述などから、フリートは、彼女はグレゴリウスに王との和のための上述の会議のために、ドイツへの旅を促し必要な護衛を与え、旅の決定がなされる前にローマに行き、安全の問題を説明したと推測している[31]。

もう一人の仲介者ユーグについても、フリートは、彼が既に四月末にイタリアに滞在し、使者を通して王と交渉し、ローマに行き、法王にローマ人たちの反対の意見に対して、王との和のためにドイツへの旅を説得し、彼はローマから法王に同伴して、共にロンバルディアに行ったと見ているのである[32]。

フリートは、このような三人の動きは、王が既に一〇七六年の夏に、原則的に悔悛と法王との和の締結への用意を示していたこと、トリブール会議で漸く諸侯によって悔悛や法王との和へと強いられたのではないことを意味していると見ているのである[33]。この見方は非常に重要で、もしこれが事実とするなら、従来の一般的な通説を覆すものであろう。

この見方と関連してフリートは、法王のドイツへの旅の計画も、この和への動き――上述の全体会議――と関連するものとし、この旅の計画は、そもそもそれによって始めて可能になったものと見ているのである。[34] フリートは実際、法王の反応は早かったとし、夏の終りにはまだ法王は王の欺瞞的な策謀への警告を一般向けに発し、王の赦免を自らにのみ留保しようとしていたが、僅か数日後の九月三日の手紙で諸侯に対し、王が悔悛するなら、彼を王として再び認めるように求めていたと見ているのである。[35] この九月三日の手紙をフリートが、上述の三人の仲介活動と関連があると推論していることも、この三人の仲介活動を裏付けるものとも言えるのである。[36] ただこの見方で問題なのは、法王が九月三日の手紙の数日前まで、王の欺瞞を警戒していたことは事実であったにしろ――この気持を表明することは、むしろ法王の、反王派への配慮、表向きは反王派に近いことを示す見せかけの行為と見るべきものである――、法王は既述のように王との和を本来考えていたのであり、この手紙において考え方が変化したのではなく、ただ単に和の考えをはっきりと公表したと見るべきものであろう。

フリートは、こうして法王は、かの三人の企てに実際応じることになり、後述のトリブール会議からの使者が彼の所に来た時には、既にドイツへの旅の準備をしていたか、出発していたとし、しかもこの旅にはかの三人が同伴したと見ているのである。[37] この旅の準備または出発[38]についての推論も、従来の研究にはない解釈と言えるのである。フリートは、法王のドイツに向けた二通の手紙[39]をこの旅に関連するものとし、ここで法王は彼の旅の決断を公表し、すべてのドイツ人に旅を伝えたとし、これらの手紙で、破門されている王よりの正式の招待という点は明示されえなかったが、交渉の中で達せられた王の同意を当てにしていたと見ている。[40] フリートは、特に二通目の手紙を法王の自己理解の鍵となる証言とし、冒頭の挨拶文の「すべての罪の赦し」という言葉が、王にも向けられている可能性を見、[41] さらに同様に冒頭の文――「私、…使徒の頭の僕…であり、…あなた方の所へ行く」――の「私」（ego）という珍しい一人称の表現に着目し、法王の上述の会議への特別な意識を読み取ろうとしている。[42] 彼は、法王の旅の目的を平和の再興、世界の正しい秩序の再興であったとし、法王の計画していたのは「勝利行」であり、それには王も従うであろうと期待していたと推測している。[43]

一方、フリートは王についても、彼がかの三人の仲介者の活動が成功したことについては、おそらく既に九月に知っており、十月のトリブール会議の時には、事情を知っていたと推測しているのである。[44]

このフリートが推測し想定するトリブール会議以前の三人の仲介を通しての王と法王の状況、関係は、従来の研究で想定されていなかったものであり、彼の推論は細かな点では上述のように問題点はあるものの、十分ありうるものと考えると、王と法王の関係も、これまで考えられていた以上に、はっきりと和解の方向に向かっていたことを示すのである。この意味ではトリブール会議の見方をさらに根本的に変える必要があることを示しているし、トリブール会議での各派の動きを新たな視点で見る必要があるのである。

注

（1） 勿論このことは従来余り利用されなかった史料が、ある程度信用しうるものという前提に立っての上であるが、これも完全には立証しえないため、この点では従来からのランペルト等の史料も含め、どの史料も確実なものはなく、カノッサ事件についての決定的で最終的な像というものは、依然として不可能であることは確かである。しかし、フリートの提示する新たなカノッサ像は、特にグレゴリウスの立場については、筆者がこれまで見てきたグレゴリウス像に近く、またこれを補強してくれるものであることは明らかである。

（2） Reg. III. 15.

The Epistolae Vagantes of Pope Gregory VII.（ed. & tr. by H. E. J. Cowdrey. 1972）（以下 EP. と略す）。No.14.
この手紙でグレゴリウスは、王を破門したのも、慈悲深くしていては出来なかったので、きびしくして救いの道に王を呼び戻すためであった旨を述べている。
ヨルダンも、グレゴリウスにとって第一に重要であったことは、ハインリヒを再び教会に連れ戻すことであったと見ている。
K. Jordan, Investiturstreit und frühe Stauferzeit.（Gebhardt, Handbuch der deutschen Geschichte. Bd. I. 1973）S.339.

（3）F. Baethgen, Zur Tribur-Frage.（DA. 4. 1940–41）S.401.
ベートゲンも、グレゴリウスがハインリヒに求めた第一のものは、顧問官の更迭であったと見ている。
R. Morghen, Gregorio VII e la Riforma della Chiesa nel secolo XI.（1974）p.138.

（4）本章、「はじめに」、注、（17）、参照。
テレンバハは、破門を永遠の救いの取り上げとして、グレゴリウス自身は、確実に最もきびしい脅しと感じていたと述べている。
G. Tellenbach, Die westliche Kirche vom 10. bis zum frühen 12. Jahrhundert.（1988）S.166.

（5）この点、一般に発表順序通りに単純に重要性が高いと見ている研究者が多いのは問題であろう。シュナイダーもその例で、後述の九月三日のグレゴリウスの手紙で、彼が以前の、王の罷免―破門の順序に代えて、破門―罷免としたことで、彼の立場が変わったとし、破門の結果としての罷免を導き出したと見、王はこの結果、赦免が王位の回復をもたらすことを希望したと見ているのは問題であろう。法王は、この時にはじめてその立場を変えたのではない。
C. Schneider, S.185–186.

（6）A. Brackmann, Tribur, S.193–194.
A. Brackmann, Heinrich, S.179–180, 160.
もっともブラックマンは一方で、王の破門からトリブール会議までの法王の手紙で、最も重要なテーマは、「王との和を結ぶこと」の問題であったとも述べている。

（7）G. Tellenbach, Zwischen Worms und Canossa.（1066 / 77）（CW）S.231.　Reg. III. 15.　前注、（2）、参照。
ベートゲンも同様に、和解の考えはグレゴリウス自身が、最初からもっていた立場に一致すると見、王への破門後のどこにも、法王が王との決裂を最終的でいやし難いもの、と見ていることを示すところはないと述べている。
F. Baethgen, S.397.

（8）Reg. I. 19. IV. 1.　Ep. No.14.
F. Baethgen, S.400.

（9）*ibid*, S.400.　Reg. I. 19. IV.3.
拙著、『西洋中世盛期の皇帝権と法王権』、（平成二十四年）、一七六～一七七頁。

（10）F. Baethgen, S.400. 参照。　Reg. II. 30, 31.
前掲拙著、一七七～一七八頁。

拙稿、「一〇七三年～一〇七五年におけるグレゴリウス七世の『この世』観」、（文化史学、第三十一号、昭和五十年）、十三頁。

（11）本書、第一章、十一頁。
前掲拙著、一六一～一六二、一七六頁。

（12）H. Beumann, Tribur, Rom und Canossa.（Investiturstreit und Reichsverfassung, hg. v. J. Fleckenstein, 1973）S.59.

（13）*ibid*, S.60.

（14）A. Brackmann, Tribur, S.196–197.

（15）ベートゲンは、グレゴリウスはカノッサ後にハインリヒと再び問題が起った時でも、王との最終的な決裂を、出来る限り避けようとしていたと述べている。
F. Baethgen, S.400.

（16）グレゴリウスは法王就任初期から、まだハインリヒとは事実上の対立状況の中にあっても、王に対し「子供じみた行いを捨てて聖なる王の手本」をまねるように求めたり、王に「信仰ある人々」を送り、彼らの忠告で王を「帝国を受けるにふさわしい」人物に鍛えあげることが彼の願いであると述べるなど、まるで父が子に対するように、人一倍深く王に関心を払っていたのである。彼がこのような強い期待や好意をもっているからこそ、王へのきびしい批判や警告が出てきたのである。
Reg. I. 24. I. 11.

（17）例えばシュナイトミュラーは、王の支配は一〇七六年の数ヶ月のうちに打ち破れたと見、ヴァインフルターも、王側の団結は数ヶ月で崩れたと見ている。

B. Schneidmüller, S.36.

S. Weinfurter, Das Reich im Mittelalter.（2008）S.93–94.

J. Laudage, S.75.

ブラックマンは、一月のヴォルムス会議の決議も、一部は「強制」されたものとして、既にこの時点で司教の間に一致がなかったかのように見るのは、反王派の年代記の歪曲と見ている。

A. Brackmann, Heinrich, S.169–170. Anm.5.

（18）F. Baethgen, S.397, 399–400.

C. Erdmann, Tribur und Rom. Zur Vorgeschichte der Canossáfahrt.（CW）S.109.

シュナイダーも、このベートゲンの論を支持し、トリブール会議に至るまで王の状況は、二月、三月以来大体において変化せず、安定していたと見ている。クノーナウも、王からの離反が広がりつつあると述べる一方、トリブール会議に対し、王は少なからぬ支持者をもって、脅しの態度をとりうると考えていたと見、さらにトリブール会議後も反王派は、王がなお大胆に行動し防御力があると見ていたと述べている。

C. Schneider, S.188.　M. v. K. II. S.728, 730, 735.

テレンバハも、ヴォルムス市民をはじめ、貴族の中にもなおかなりの王の支持者がいたことを挙げ、ブラックマンも、トリブールでも司教の最大部分が、依然として王側にいたと見ている。

G. Tellenbach, Zwischen, S.237.　A. Brackmann, Heinrich, S.180.

（19）A. Brackmann, Heinrich, S.166.　A. Brackmann, Tribur, S.204.

C. Schneider, S.194–195.　M. v. K. II. S.731.

Ep. No.14. p.33.　Reg. IV. 2, IV. 3.

本書、二十六〜二十七頁。

（20）F. Baethgen, S.396.

グレゴリウスが、ドイツ司教たちに王を勝手に破門から赦免しないように求めているのも、彼の不安を示している。Reg. IV. II.　IV. III.　A. Brackmann, Heinrich, S.166, 188. Anm.1.　ベートゲンはさらに、かの「断片」が法王の支持者が少ないと言っていることに注目し、法王の立場の疑いえない弱さを見ている。エアトマンもこれに注目している。　FR. S.188.

（21）F. Baethgen, S.397.　C. Erdmann, Tribur, S.109. Anm.64.

J. F. S.178.　フリートは、アルヌルフの記述は、カノッサ事件について、グレゴリウスの手紙（Reg. IV. 12）についで古いもので、最も古い証言を提供し、彼の情報は時期的に近く、直接カノッサに由来すること、カノッサで彼はおそらくお一〇七七年にミラノの使節の一員として、その情報を手に入れえたこと、さらには彼はカノッサの出来事の目撃証言者であった可能性も見ている。フリートは、アルヌルフのこの価値が従来、完全に過小評価されてきたと批判している。

J. F. S.86–87.　Arnulf von Mailand, Liber gestorum recentium.（hg. v. C. Zey, 1994.）（以下 AR と略す）。

（22）J. F. S.178. Anm.92.

アルヌルフは、この間、ユーグ、アグネス、マティルデの協議でもって、全体会議を彼らと王と法王との間で平和と正義のために行うことを決めたと伝えている。

AR. S.228.

既にブルストーティーレも、このアルヌルフの記事を利用し、トリブール会議のころにドイツの諸侯が、アグネスに王と彼らの間の仲介を頼んだと見ている。

M. L. Bulst-Thiele, Kaiserin Agnes.（1933, 1972）S.102. Anm.1.　本書、第六章、二六二頁。

アルヌルフの作品の編者も、カノッサ以前のアグネスの文書を通しての仲介を、ブルストーティーレも信じていると見ている。　AR. S.228. Anm.65.

（23）J. F. S.178–179.　フリートは、この活動は反王派諸侯の行動と平行してか、または独自に行われたもので、さしあたり反王派の知らない中で行われたものであったと見ている。一方、諸侯派の史料であるランペルトやブルーノ等は、後からの情報によって記述し、ようやくカノッサ後になって、かの三人の活動について報告しているとフリートは論じている。

J. F. S.179. Anm.93.

（24）J. F. S.179. Anm.93.
（25）Reg. III. 15.　グレゴリウスは、ここで「ある人々がドイツの王と和を結ぶことについて、既に何度も私に質問してきました」と述べている。
（26）但し、ブラックマンの場合は、「ドイツの有力者、諸侯」と見ている。　A. Brackmann, Tribur, S.194.
（27）J. F. S.179. Anm.93.　アグネスは、一〇七六年において通例ローマに、グレゴリウスの近くに滞在していた。
J. F. S.179–180.
（28）Reg. IV. 3.　この手紙でグレゴリウスは、アグネスの敬虔さや、ハインリヒ四世が早く亡くなる場合には、後継の王についてアグネスの意見を聞くこと、さらに新しい王の候補者の選択においてアグネスは、彼とともに関与すべきことを主張している。
（29）J. F. S.179–180.
（30）Die Briefe Heinrichs IV.（übersetzt v. F. J. Schmale. Quellen zur Geschichte Kaiser Heinrichs IV. AQ. Bd. XII. 1974）
Nr. 15. S.72–75.　この手紙には、一〇七四年説もある。
C. Erdmann, S.116–117. Anm.78.
（31）J. F. S.180.　但しフリートは、グレゴリウスの手紙（Ep. No.19. p.50–53.）に、この旅の促しについての言及があるとするが、それは非常に簡単な言葉だけで、この関連性は不十分である。
Donizonis Vita Mathildis.（MGH. SS. XII）（以下 DO と略す）II. S.381.
（32）J. F. S.180.　ヴァインフルターも、このユーグの早くからの仲介活動に注目している。
S. Weinfurter, Canossa, S.10.
（33）J. F. S.179.
（34）J. F. S.179.
（35）J. F. S.179.　Ep. No.15. p.42–43.　この手紙は、八月二十九日付のものである。
A. Brackmann, Heinrich, S.180. Anm.1.
しかし一方グレゴリウスはこの八月の手紙で、王が「我々をお互いに分裂させ、彼の欺瞞で我々をだまそうと出来る限り努力している」と述べているものの、王の赦免については、「王の償罪と悔悛が伝えられない限り」はという条件をつけて、むしろ逆に「償罪と悔悛」で、赦免の可能性のあることを暗に認めているのである。

(36) Reg. IV. 3.
(37) J. F. S.179.
(38) J. F. S.180–181. 但し、アグネスは旅の途中で同行を中止した、とフリートは推測している。 J. F. S.181. Anm.99. グレゴリウスが既にドイツからの使者が来た時には、旅に出発していたというフリートの論は、後述のドイツ側と法王との交渉から見て少し問題があろう。
(39) Ep. No.17, 18. この二つの手紙を編者のカウドリーは、一〇七六年十二月頃のものと推測している。
(40) J. F. S.180.
(41) J. F. S.180–181.
(42) J. F. S.181.
(43) J. F. S.181.
(44) J. F. S.181. ブラックマンも、ハインリヒは遅くとも九月三日の手紙以来、法王が可能な限り新王選挙を避け、ハインリヒが赦免への願いを表明すれば、彼に好意を示す用意が非常にあることを知っていたと見ている。 A. Brackmann, Heinrich, S.187.

二　トリブール会議

トリブール会議は、王の運命の転換点であるばかりか、王の政治や王の性格の判断への重要な要点であるとされ[1]、この会議についての判断は、カノッサへの判断に関係している[2]。さらにカノッサや一〇七六年一月のヴォルムス会議のことには余り核心をついた意見の相違がないように思われるのに、真の違いのあるのは、トリブール会議についてであるとさえ言われてきたように(3)、この会議への評価の如何が、重要になってくるのである。

前節で見た王や法王、三人の仲介者の動きの中で、反王派が本来企画したこのトリブール会議を考察する場合、先ず注意すべきことは、この会議の状況が、トリブールのライン川対岸に位置するオッペンハイムに陣取った王とその支持派と、トリブールに集合した反王派の、この二派による単純な対立の構図ではなく(4)、一方の反王派といっても、急進派と穏健派に分かれ(5)、さらにトリブールには法王の使節も来ていたのである。即ち少なくとも、王派、法王使節と反王派の中の急進派と穏健派の四つの派があったことである(6)。急進派が、王を廃位し新王の選挙を求めるのに対し、穏健派は、王を屈服させようとするが、王としては認めようとする立場である(7)。さらにこの穏健派の中には、一応は反王派の中に入れられても、はっきりと王に友好的な者もいたと見る見方もあるのである(8)。この場合なら穏健派はさらに二派に分れることになろう。また反王派の中には、急進派とか穏健派とかの区別の他に、個人的な対立やグループ間の対立もあった。例えばオットー・フォン・ノルトハイムと、彼のバイエルン大公権を以前に奪った人々の間は、決して一枚岩ではなかった(9)。ザクセン人とシュヴァーベン人は、両者が戦ったホンブルクでの戦いから、まだ一年も経っていなかった(10)。それに新王の人選についても対立があり、その有力な候補者であるシュヴァーベン大公ルードルフと、オットー・フォン・ノルトハイムの王位をめぐる競争、妬みも強くなっていた(11)。

このような複雑な関係の中で、前節で見たような王と法王の和解への動きが、この会議以前から始っていたと見るなら、この会議は本来は急進派を中心とした新王選挙への動きがきっかけで始ったとはいえ、従来の研究で想定されたよりもさらに別の動き、あるいはむしろ従来の研究でごく断片的に主張されていた動き、つまり和解への方向が一層はっきりと見えてくるのである。

例えばトリブール会議以前に、一月のヴォルムス会議後に既に王から離れ、法王側ないし反王派に移ったかのように見える幾人かの司教についても、つとにテレンバハは、彼らはそれによって王の敵にならなかったとし、その顕著な例としてトリーア大司教ウードを挙げ、彼はランペルトの記述からも、破門されている王と話をすることを許されたと見ているし、これらの人々は王を正しい道に戻し、王と反王派の間の仲介をしようとしていたことは確かとしている。[12] 彼らは、王からの離反のためというよりも、王と法王ないし反王派との仲介、和解に働くために、むしろ先ず法王と和解したというのが、その真相に近いのである。[13]

このウードについては、今日でも一般的に、穏健派の指導者であるとか、あるいは王への変らぬ忠誠心をもっていたこととかが認められている。[14] テレンバハなどは、ウードを和を回復し王を救おうとしたはっきりと王に友好的なグループが存在する中で、その指導者と見ているほどである。[15] ハラーも、ウードは家系も王に近く、王は彼をよく信頼していたし、ウードは法王との和解後、ローマから法王の使者としてドイツに戻り、王を和解に戻らせようとし、オッペンハイムで王に会い、出来る限り王に仕えたように、彼は結局仲介者を買って出ようとしたと見ているのである。[16] これらさまざまなウードへの見方には、多少の相違はあるものの、それはやはり全体としては、彼が単純に反王派や法王派に移ったのではなく、彼の行動が、仲介者として活動するためであったことを強く示唆しているのである。[17]

この彼とよく似た動きや立場を示していると見るべきものが、[18] 年代記者のベルトルトが、トリブール会議の期間中に王から離れ、法王と和解し、反王派に移ったと伝える九人の司教のことである。[19] この記述がそもそも事実であるのかどうかの問題もあるが、[20] ハラーはこれを事実とし、王の力がこの離反で崩れたと見ている。[21] ハラーは、こうして王は反王派や法王に譲歩し降伏したと見、[22] 今日でもロビンソンも、司教らのこの法王への服従が、王の譲歩のきっかけとなったと主張している。[23]

これらの見方では、司教らは王の反対派、敵になったと見ているが、これは後述の彼らの後の行動から見ても問題があろう。一方ボイマンは、彼らは王の政治的な敵としてではなく、宗教的な良心の理由から党派を変えたと見ている。[24]この見方は、司教らが王から離れても、王の政治的な敵になっていないとしている点は一応評価できるが、[25]やはりこの行動も、もっと積極的に見るべきものなのである。つまり彼らの行動も、後述の王との和を考える法王使節[26]や穏健派の立場に応じようとするもので、[27]ウードと同様にむしろ、王と法王さらに反王派との仲介を促進する行動と見うるのである。さらに言えば、上述の仲介者を通して既に和へと動いている王の了解または指示で、この司教らが行動したとも考えられるのである。

ベルトルトの記述にはいろいろ問題はあるにしろ、彼がトリブールで王から離れた同じ司教の一部が、後に王側に戻り、カノッサに同行したと伝えているのは、やはり彼らの行動がもし事実とすれば、単なる離反ではなかったことを示唆している感じである。[28]しかもこの九人の司教がブラックマンの評するように、王の最もよき忠実な司教であったのなら、[29]余計に彼らの仲介的な立場が理解できるのである。ブラックマンなど、彼らの行動は離反を意味せず、彼らはトリブールの会議中も、その後も王の親しい友人に属していたとさえ見ているのである。[30]

さらにランペルトやブルーノの年代記が、王はトリブール会議の最初から譲歩のつもりであったこと、即ち王が和を求めていたと伝えていることも、[31]王がこの会議で司教らが「離反」したことから、急に譲歩して態度を変えたのではないことを、示唆しているとも解釈できるのである。[32]この最初から譲歩しようとする王の立場は、前節で見た三人の仲介者の活動とも一致するものであり、逆にこれは三人の仲介活動を裏書きするものとも言えよう。

トリブール会議の当事者の一人である法王使節の立場については、一般に既述の一〇七六年九月三日の法王のドイツへの手紙で表明されている王への立場、方針に、この使節が従うことが義務づけられていたと見られている。[33]ベートゲンは、この手紙で確かに新王への選挙の可能性がはじめて出されたが、この手紙の本来の重心は、和解の用意の新たな強調の中に求めねばならないと見、[34]新王選挙への言及を反王派(急進派)への配慮、関連から見ているのは、[35]妥当な解釈と言えよう。つまり法王はその目標を達成するために、これでもって暫く反王派をなだめたのである。特にブラックマンが、この手紙では王の悔悛が最も可能性のあるものとして考えられていたと見ていること[36]は重要で、これもかの三人の仲介活動を傍証するものと言えるし、同時にこれはやはり破門が最も重い処罰であったこと、破門さえ赦されれば、王位は自動的に回復することを示している[37]。

　またこの法王使節に二人のドイツ人司教が選ばれたことも、王との和解の方向を示しているのである。ブラックマンは、この人選は王へのある種の好意を物語るとし[38]、王との関係を打ち立てようとすることを示すと見ている[39]。彼は、その一人であるジゲベルトの選出は、この人物が以前ドイツの官房長であり、王に個人的に関係をもっていたという事情から行われたと見ているし[40]、実際この司教は、カノッサ事件直後に王側に行ったように[41]、王に結びついており、王に近い存在であった。もう一人のアルトマンは、後にルードルフの対立王の選挙に参加したように、反王派、急進派に近い存在であるが[42]、ブラックマンは、彼はハインリヒ三世の宮廷付司祭であり、アグネスと深いつながりがあり、これが使節に選ばれた決定的な理由とし、これは王との接触を求めていることを示すと見ている[43]。この解釈は、この二人の使節が、王と法王の現実の仲介者で、王の本来の交渉相手であり、王は諸侯(反王派)とではなく、使節とトリブールで協定を結び、諸侯(反王派)を犠牲にしたと見る解釈[44]と関連している。この解釈は、しかし後述のように少し問題で、やはり諸侯へのある程度の配慮をして、はじめて協定が可能になったことを考えると[45]、アルトマンが急進派に近いという面も、法王の和解の方向を別に妨げるものではなく、むしろ王との和解に達するために、諸侯に近いアルトマンが選ばれたと見てもいいのである。

　この会議の参加者で、もう一人注目されるのが、既述の「断片」の作者である。この「断片」はこの会議の唯一の参加者の証言、目撃証言とされるものであるが[46]、この作者は、ある名の分からない司教とされ[47]、マインツ大司教ジークフリートか、コンスタンツ司教オットーと見られている[48]。この人物は、一月のヴォルムス会議で法王への服従拒否宣言に関与し、トリブール会議前に党派を変えたが、後の対立王の選挙に参加していないところから、急進派ではないとされている。[49] むしろ彼は穏健派ないし穏健派を代表するともされるので、[50] ジークフリートとすると、彼が対立王の選挙に参加し、最後まで王に対し非常に活発に反対したことから見て、[51] 右の人物像とは合わないであろう。一方、オットーは、既にトリブール会議前のウルムの会議に出席し、法王使節のアルトマンより赦免を受けたが、[52] 政治的にははっきりと王側であったとされるように、オットーの方が、問題の作者である可能性が高い感じである。[53]

いずれにせよ、この人物が穏健派であることは、王に対し教会との争点が片付ければ、その王権を認める立場であったことからも分かるのである。[54] これは、法王が上述の九月三日の手紙で示し、使節に指示した立場であった。ランペルトやブルーノの記述では、王は破門を解除されるか、それとも有罪とされ新王選挙になるかであった。[55] しかもこの場合、どちらかと言えば、後者の新王選挙に重点がある感じなのに、[56]「断片」では王は、無実の証明か、償いで皆から王として認められることになっており、新王選挙には言及されていないのである。[57]

さらに「断片」では、トリブール会議の交渉結果として、和解の約束と（会議への）招待のみ挙げ、ランペルトらの記述にある諸侯のその他の要求には言及していない。[58] しかも「断片」では、王が法王に対し「服従」ではなく、「ふさわしい尊敬」を示すべき要求のみを挙げている。[59]

トリブール会議の唯一の参加者の証言とされるこの「断片」は、ある一派の立場を反映しているというよりも、この会議の方向が、新王選挙より仲介、和解に向いていたことを示しているが、これは実際、この会議と王との交渉の結果、合意文書として出された王の「約束」の中にも反映されている。もっともしかし、この「約束」自体の評価については、王の立場をどう見るかで、意見が分かれているのである。これはこの会議、さらにはカノッサ事件への評価全体に係わる重要な問題なのである。即ちここで王は降伏したのか、それとも勝利を得たのか、あるいは少なくとも王権を守ろうとしたのか、という点である。[60]

前者の立場を代表するのはハラーで、彼は、トリブールで締結されたのは和平条約ではなく、唯一の正しい表現は降伏であり、無条件の帰順であり、王は彼自身と王権を法王に委ねたと見ている。[61] このハラーの論は、今日でもごく通俗的で一般的な「カノッサの屈辱」というイメージに通じるものであるが、これはやはりこれまでの考察からしても、極端で一面的な論であり、より穏当で妥当な立場は、後者、それも勝利というよりも王権を守ったという見方であろう。これを代表するのが、ブラックマンやエアトマンである。[62] ブラックマンは、ハラーの主張を強く否定し、王は降伏したのではなく、苦しい状況の中で彼の王権を守るために可能なことすべてを行ったと述べている。[63] エアトマンも、王は反王派諸侯に対し卓越した政治家であることを示し、結局王冠を守ったと見ているのである。[64]

ブラックマンは、トリブールでの十日間の交渉内容は分からないものの、一つの妥協に達し、これは「約束」の中に反映されているとし、[65] テレンバハも、この会議の結果を妥協とし、急進派は新王選挙をあきらめ、会議は法王の要求に一致することで合意し、これは王の「約束」によって実現されたと見ている。[66] シュナイダーも、ベートゲンの説を援用して、「約束」は法王使節の要求に帰することを示しえたと見るように、[67] 王は法王の要求、即ちかの九月三日の手紙に応じたことを示している。しかもシュナイダーが、この要求に仲介の努力をする司教グループが加わり、これによって「約束」の主な目的は、王に赦免を手に入れる道を示すことにのみあると見るように、[68] この司教グループには穏健派のみならず、上述の離反したかに見えた司教らも加わったと見るべきものであろう。この司教らの行動はやはり仲介のための離反であったと見られ、彼らが加わることで、穏健派の和解への動きが一層容易になったと見うるのである。

しかしここで意見が分れるのは、反王派の諸侯の立場、状況である。ブラックマンは、既述のように協定は王と法王使節の了解の結果で、彼らにとって不快な諸侯の連合を犠牲にしたと見ているのに対し、[69] エアトマンは、王は法王使節とではなく、法王使節を含む諸侯と条約を結んだとしている。[70] テレンバハの論は、この中間で、諸侯を犠牲にしたのは急進派のみで、しかもこの急進派への配慮も、ヴォルムス市の放棄や顧問官の排除などでなされているとしている。[71]

王との協定、「約束」によって、新王選挙が実現しなかったことからすれば、やはりロビンソンの見るようにトリブールで優勢であったのは、急進派の戦略ではなく、和解派の戦略であったと言えよう。ロビンソンは、王が九月三日の手紙で要求された譲歩をしたことは、穏健派と法王使節の支援を受けようとする企ての結果であったと見ているが、[72]これも前節で見た和解への動きを想定すれば、余計に王の行動が理解できるのである。

エアトマンのように、法王使節を反王派の諸侯と一つにして諸侯として扱うことは、その立場の違いからして無理があるが、他方、諸侯が全く無視されたというブラックマンの説も問題であり、[73]やはりテレンバハのように、彼らへの配慮があって、はじめて協定が成立しえたと見るのが妥当であろう。「約束」において王が、曖昧な言葉遣いであれ、悔悛や償罪を認めたため、諸侯にもこの「約束」にそって、彼らの意図を実現しうる余地を残したのであり、[74]この結果、彼らがトリブール会議後に独自に法王を招くことになり、この彼らの独自な取り決めに彼らは、「喜んで帰った」のである。[75]「断片」が、「諸侯たちの共通の決定」を会議全体の成功として祝したというのも、このように解すべきものであろう。[76]

王は結局、法王の立場、意向に応じ、トリブールで一見服従したような形で、[77]法王との和に応じたのである。しかし既に見たように、それは王の立場が崩れたから、法王に屈服したのではない。[78]王は、法王や仲介者たちの和解の動き、活動に応じたというべきものである。[79]

王が政治的軍事的に不利ではない状況で、ではなぜ王は法王との和を優先したのか。それは王にとって破門の状態のままだと、反王派に新王選挙への口実、可能性をいつまでも与えることになり、しかもブラックマンも見るように、この新王を立てる計画は、王にとって明らかに危険であった。[80]もし新王が立った場合、どのように状況が変化するか、新王ということで、この人物に王としての新たな権威が生まれ、この新王に思わぬ支持が集まる可能性があり、ハインリヒとしても事態の進展が予想しえなかったからである[81]。

しかも重要な点は、ハインリヒは一見法王に服従したかに見えるが、政治上のこと、いわば「統治の秩序」に関しては、王は決して本当は服従していなかったし、法王もそんなことを求めていないのである。王はただ宗教上のこと、いわば救いに関する「救いの秩序」においては、王も救い手としての法王に導かれるという点で、上下関係を認めていたという意味では、あらためてはっきりと服従を示したと言ってもよいのである[82]。赦免も、これを認めてはじめて可能なことであった。

注

（1）C. Erdmann, S.89.　なお、トリブールは、現在の地名ではトレブール（Trebur）である。
S. Weinfurter, Canossa. S.123, 144.

（2）A. Brackmann, Tribur, S.221.
テレンバハは、オッペンハイム（トリブール）とカノッサでの王の政策は一体のもので、王はオッペンハイムで始めたことをカノッサで続けたと述べている。
G. Tellenbach, Zwischen, S.238.

（3）C. Erdmann, Zum Fürstentag von Tribur.（CW）S.240–241.
A. Brackmann, Heinrich, S.153.
勿論、カノッサについての意見の相違も、後述のように大きいことは確かである。

（4）*ibid.* S.187.　ブラックマンは、年代記者たちは、すべての行為や事件を殆どもっぱら、この王権と法王権の対立から説明しようとしたと述べている。

(5) C. Schneider, S.174.
急進派は、また過激派と言われたり、王の罷免を主張する罷免派とも言われる。穏健派は、場合により王との和解を考える和解派とも言われる。

反王派の中に少なくとも二派があることは、既にエアトマンが観察しているが、これは今日一般に認められている見方と言えよう。
C. Erdmann, Tribur, S.103–104.

(6) G. Tellenbach, Zwischen, S.233–234.　I. S. Robinson, p.155.

(7) I. S. Robinson, p.155.

(8) G. Tellenbach, Zwischen, S.233.
テレンバハは、このグループを平和を再興し、王を救おうとする立場とし、後述のようにその代表的人物として、トリーア大司教ウードを見ている。　*ibid*, S.233–234.

(9) J. Laudage, S.76.　M. v. K. II. S.731–732.
クノーナウは、両者のわざとらしい和解と表現している。

(10) M. v. K. II. S.731.

(11) M. v. K. II. S.732.
ラウダーゲも、この点、反王派の中では新王の人選にも一致に達せず、年代記のどこにも既にトリブールで後に対立王として出てくるルードルフのような人物のことに言及できず、反王派(特に急進派)は、王に最後通牒を出すだけで終ってしまったと述べている。　J. Laudage, S.76.

(12) G. Tellenbach, Zwischen, S.232.　LA. S.360–361.　A. Brackmann, Heinrich, S.171.
ハラーも、一月のヴォルムス会議後に、法王と和解した司教は、これによって王の敵にはならず、王に忠実なままであったと見ている。
J. Haller, Der Weg nach Canossa.（CW）S.133.
後述のベルトルトの記述では、このウードは、かの九人の司教の一人になっているが、法王の手紙から見て、既に以前に破門から解かれていた。

Bertholdi et Bernoldi Chronica.（hg. und übersetzt v. I. S. Robinson）（AQ. Bd. XIV. 2002.）（以下 BE と略す）。

S.116–117. Anm.327.

Reg. III. 12, IV. 2.

(13) ブラックマンも、ベルトルトにとって王からの離反と思われた司教の動きも、実際は法王の九月三日の手紙の意図において、敵との和解を準備したと見ている。

A. Brackmann, Heinrich, S.172.

(14) H. Beumann, S.39.　H. E. J. Cowdrey, p.150, 151. fn.328, 153.

I. S. Robinson, p.156.

Trier im Mittelalter,（hg, v. H. H. Anton, A. Haverkamp, 1996）S.229.

右の文献では、ウードを王と法王の間の中間的立場としている。

(15) G. Tellenbach, Zwischen S.234.　H. Beumann, S.45.

(16) J. Haller, S.131–132.

もっともこのハラーが、ウードがローマ側に変わったことを、ハインリヒの歴史の分れ目として、司教の中に分裂が出てきたと見ているのは、少し矛盾している。

Trier im Mittelalter, S.229.

(17) A. Brackmann, Heinrich, S.171.　ブラックマンも、ウードを政治的に王に属していたと見ている。

(18) *ibid*, S.171.

(19) BE. S.116–117.　本書、第二章、五十四～五十五頁。

このうちコンスタンツ司教オットーについては、ベルトルトは、既にウルムで和解したと断っているので、正確には八人である。

BE. S.116–117.

(20) C. Erdmann, Tribur, S.109.　A. Brackmann, Heinrich, S.170–171.

(21) J. Haller, S.135–136.
ハラーは、王が対決から譲歩へと立場を変化した理由として、このベルトルトの記述のみが正しいとしている。ハラーは、この九人の司教の「離反」の原因を偽イシドル集の影響と見、王への忠誠をペテロへの恐怖のゆえに犠牲にしたと解釈している。しかしこの論には問題があり、既にエアトマンやブラックマンは同意していないし、今日も余り一般的には取り上げられていない。

(22) *ibid.* S.171–173, 175.
ibid. S.148, 151, 155.
この見方は、ベルトルトの、王は最初は脅し戦うつもりであったが、結局は譲歩したという記述に従っている。
BE. S.114–115.

(23) I. S. Robinson, p.155.

(24) H. Beumann, S.52.　司教らの「離反」が宗教的な理由からという点だけは、ハラーの論とよく似ている。但しボイマンは、彼らと王の問題を単に王の破門の結果としてのみ見ている。
C. Schneider, S.186.

(25) A. Brackmann, Heinrich, S.170, 172.

(26) A. Brackmann, Tribur, S.209.

(27) C. Erdmann, Tribur, S.109. Anm.65.
エアトマンは、ブラックマンが司教の行動を王との了解の下で、王自身の赦免を準備するための和解とのみ考えていたと、やや批判的に見ているが、しかしこのブラックマンの論は正しいであろう。

(28) BE. S.130–131.　117.Anm.328, 332.　LA. S.392–393.
J. Haller, S.152. 参照。
かの九人の司教のうち、シュトラスブルクとバーゼルの司教が、カノッサで王とともに赦免されていることをベルトルト自身が伝え、ランペルトが、この二人はオッペンハイムで最後まで王の所にいたことを伝えている。この点については、ランペルトがこのように見るほどに、この二人が法王との和解後も王側にいたとも言えるのである。その他、九人の司教のうち、

(29) シュパイアー司教もランペルトによると、最後までオッペンハイムの王の所にいた。 LA. S.392–393. BE. S.117. Anm.331.
A. Brackmann, Tribur, S.205–206.
A. Brackmann, Heinrich, S.172.

(30) *ibid*, S.157.

(31) LA. S.384–387. Brunonis Saxonicum Bellum,（AQ. Bd. XII. 1974）（以下 BR と略す）c.88. S.328–329.

(32) G. Tellenbach, Zwischen S.232. C. Erdmann, Tribur, S.109.

(33) Reg. IV. 3. I. S. Robinson, p.156. M. v. K. II. S.730.
H. Beumann, S.54. H. E. J. Cowdrey, p.151.
なお、この手紙の立場を再び述べ、これを確認しうるのは十月三十一日の法王の手紙である。 Reg. IV. 7.
F. Baethgen, S.399.

(34) *ibid.*, S.399. H. Beumann, S.58.
G. Tellenbach, Zwischen, S.230–231.

(35) F. Baethgen, S.399. ブラックマンも、グレゴリウスにとって新王選挙は基本的に不快であったと見ているし、法王が王の赦免を軌道に乗せるために、反王派とも完全に断絶することを避けたのが、九月三日の手紙であると論じている。
A. Brackmann, Heinrich, S.160, 180.

(36) A. Brackmann, Tribur, S.206.

(37) 前節、注、(5)、参照。

(38) A. Brackmann, Tribur, S.207.

(39) *ibid*, S.209.

(40) *ibid*, S.209.

(41) I. S. Robinson, p.155. A. Brackmann, Heinrich, S.175.

(42) I. S. Robinson, p.155. ロビンソンはこのため、この二人の使節の立場は違うと述べ、ジゲベルトは王から、より好意をもたれ、アルトマンは王の敵と結びついていたと見ている。エアトマンは、ジゲベルトは王との和、アルトマンは王と戦うことに与していたとし、前者を従って穏健派、後者を急進派と見ている。
C. Erdmann, Tribur, S.107–108.

(43) A. Brackmann, Tribur, S.208–209.　アルトマンとアグネスとのつながりは、エアトマンも認めている。
C. Erdmann, Tribur, S.108. Anm.59.

(44) A. Brackmann, Tribur, S.210.
A. Brackmann, Heinrich, S.188.

(45) ブラックマンでさえ、一方ではしかし、使節は諸侯との関係を断ち切ることはなかったと見ているのである。
A. Brackmann, Tribur, S.210.
エアトマンも、使節の王との一致への活動は、諸侯を犠牲にしては決して行われえなかったと見ている。
C. Erdmann, Tribur, S.108, 108. Anm.59.

(46) C. Erdmann, Tribur, S.108.　H. Beumann, S.41.
I. S. Robinson, p.155.

(47) A. Brackmann, Tribur, S.220.

(48) O. Holder-Egger, S.192–193.　S. Weinfurter, Canossa, S.130.
C. Erdmann, Tribur, S.114–115. Anm.18.　H. E. J. Cowdrey, p.51. fn.328.
右のうち前二者がジークフリート説、後二者がオットー説である。

(49) H. Beumann, S.41.

(50) I. S. Robinson, p.155, 157.
C. Erdmann, Tribur, S.104.

(51) *ibid*, S.114. Anm.78.　A. Brackmann, Heinrich, S.179.
O. Holder-Egger, S.192–193.

(52) M. v. K. II. S.725.　C. Erdmann, Tribur, S.114–115. Anm.78.

(53) A. Brackmann, Heinrich, S.174.　オットーは、ウルムで赦免を受けたが、大公ルードルフへの反対によって、ハインリヒへの利益と結びついており、ルードルフの対立王への選挙後、はっきりハインリヒの方へ移った。不思議なことに、フリートは確実ではないとしながらも、ジークフリート説をとっている。　J. F. S.163.

(54) H. E. J. Cowdrey, p.151. fn.328.　FR. S.189.

(55) C. Erdmann, Tribur, S.103.　LA. S.390–391.　BR. S.328–329.

(56) エアトマンは、「断片」で出された条件を、ランペルトやブルーノは、王が許されるか、それとも有罪とされるかに変え、後者の場合は新王選挙になることをブルーノが付け加えたと見ている。この二人の年代記者は、トリブール会議の目的を新王選挙にあったとしていたとエアトマンは見ている。
C. Erdmann, Tribur, S.103.

(57) エアトマンは、同様にベルトルトも、会議の本来の目的を王との協議とし、赦免を促し王を認めようとするものとしていたと見ている。
ibid, S.103.

(58) A. Brackmann, Tribur, S.220.
ブラックマンは、この「断片」の記述からは、諸侯の諸要求が、交渉の参加者にとって背景に退いていることに注意すべきであると述べている。

(59) FR. S.189.　H. E. J. Cowdrey, p.152.
ボイマンもこの点について、「断片」が「服従」という表現に対し、このような伝統的でやわらかい表現を使い、「悔悛」(paenitentia) という言葉も使っていないことも、この「断片」の作者が穏健派であることを示すと見ている。

(60) G. Tellenbach, Zwischen, S.236. 参照。
H. Beumann, S.37, 42.

(61) J. Haller, S.158.

(62) G. Tellenbach, Zwischen, S.236.　C. Erdmann, Tribur, S.111.

(63) A. Brackmann, Heinrich, S.188.　A. Brackmann, Tribur, S.221.

(64) C. Erdmann, Tribur, S.112–113.

(65) A. Brackmann, Tribur, S.215.
(66) G. Tellenbach, Zwischen, S.234.
(67) C. Schneider, S.179.　F. Baethgen, S.402.
(68) C. Schneider, S.179.
(69) A. Brackmann, Heinrich, S.188.　テレンバハは、この点の主張をブラックマンの論の真の核と見ている。
G. Tellenbach, Zwischen, S.235.
(70) C. Erdmann, Tribur, S.108.
エアトマンが、この諸侯の中に法王使節も含んでいるのは、後者も同時にドイツの司教として諸侯と見ているためである。
(71) G. Tellenbach, Zwischen, S.235.
(72) I. S. Robinson, p.156–157.
(73) この点は、エアトマンも見るように、ヴォルムス市等に関する王の譲歩は、急進派を含む諸侯全体にとっても、どうでもよい無価値なものではなかったであろう。
これに対しブラックマンは、王は、ザクセン人や三人の南独大公にも、マインツ大司教のジークフリートにも、僅かの譲歩さえも示していないと主張しているのである。
C. Erdmann, Tribur, S.105–106.　LA. S.390–391.
A. Brackmann, Heinrich, S.188.
(74) 本書、第二章、六十四頁。　第三章、八十四頁。
これに対しブラックマンは、トリブール会議後の諸侯の動きを、協定、「約束」に反するものとし、協定を妨害し破るために法王を招いたと逆の見方をしている。
A. Brackmann, Heinrich, S.188–189.　LA. S.393. Anm.11.
(75) これはランペルトの記述である。　LA. S.392–393.
(76) FR. S.189.　エアトマンは、「断片」の「諸侯の共通の決定」で「すべての人々にとって正しいと判断された」という言葉を文字通り「会議全体」と見、ブラックマンが「断片」をこのような関連で参考にしていないと批判している。

C. Erdmann, Tribur, S.108. Anm.62.
(77) 本書、第二章、六十四頁。
(78) ブラックマンも、王にとって不利でない軍事的立場にも拘らず、新王選挙への危惧から、法王との和が優先されたと見ている。
A. Brackmann, Heinrich, S.186.
(79) ブラックマンも、法王が王に与えていた好意的な態度は、王にはこれまでの政策をやめるのに、より好都合に見えたと述べている。
ibid, S.186.
(80) *ibid*, S.186.
(81) 以前、筆者は、王が譲歩した理由に、皇帝冠獲得の目的のみを中心に挙げていたが、この新王の問題についてはふれていなかった。
本書、第三章、第三節。
(82) この「統治の秩序」と「救いの秩序」の問題に少し関連することであるが、ブラックマンも、トリブールで王にとって最初から教会的な面が前面に出ていたとし、そこでは王にとって赦免が最も重要であったと述べている。
A. Brackmann, Tribur, S.205–206.

三　トリブール会議後の動き——カノッサへ——

前節で見たように、トリブール会議以前に、フリートによれば、かの三人の仲介者の調停は成功し、ハインリヒとグレゴリウスの和解への協定は成立していた(1)。ハインリヒは、既に夏に悔悛とグレゴリウスとの平和協定の締結の用意を示していたのであり、注目すべきことは、王はトリブール会議の時にはじめて、悔悛や和解への方向に強いられたのではなかったことである。[2] この会議も和解の方向で終了したし、王が会議終了後にシュパイアーに引きこもり、しばらくそれも六週間ほども悔悛者のような生活をしたことは、右の和解の動きに応じるものであり、逆にこの動きを立証するものと言えよう。[3]

反王派諸侯の中では、穏健派が多数派を占めていたと見られ、[4] トリブール会議も結局この方向で動くことになり、[5] 実際これがグレゴリウスとの和解を打ち出したハインリヒのかの「約束」によって明らかになるのである。ただこの「約束」は既述のように、ハインリヒ自身にも行動の自由を残す曖昧な表現の中で法王との和解を約束したもので、その具体的な和解の日時や場所を、少なくとも特に急進派に対しては明らかにしていなかったと考えられる。[6] フリートは、かの和解の協定では、平和のための会議の日時と場所は未定であったとしているが、[7] 一方で法王のドイツへの旅の決心は、既に一〇七六年九月のウルムの会議の前に確定していたとし、[8] 既述のように法王はドイツからの使者が来る前に、既にその旅に出発していたか、準備をしていたと見ているのであるから、[9] この見方が正しいのなら、法王はかの会議の日時も場所は決まっていたがゆえに、会議に向けて出発したと見られるのである。いやたとえ法王が早く出発していなくても、日時や場所が決まっていたであろう。

この旅に関連してフリートは、グレゴリウスが「ドイツの忠実な人々」に宛てた二通の手紙に注目している。その一つで法王は、「私はローマ人たちの意志や意見に反して…あなた方の信仰に信頼し、あなた方の所へ旅をしています」と述べ、旅の途中であることをはっきりと示している。[10] もう一通では法王は、「私はあなた方の所へ行くことを決めた。殆どすべての私の忠告者たちの意見を無視して、一月八日にマントヴァに着くように、私の旅を急ぐことを決めた。私を助ける力のある人々に…私を迎える…ように…警告してください。…私が王の使者ともった多くの重要な議論…」と述べ、[11] やはり法王が旅の途中か、準備段階であることを示している。

この旅の出発日時の問題は、右の二通の手紙の発送日時の問題とも係わることであるが、この点には後の議論との関連でふれていきたい。そこでまず、この旅の目的であるドイツでの会議について見ると、フリートは、これを王と法王と反王派諸侯全体の会議と見ているが[12]、反王派諸侯といっても、トリブール会議以前では、まずは穏健派の参加のみ考えられ、急進派の参加はまず考えられないであろう。

この平和のための全体会議の日時と場所が、公表されていないが、既に実際は決められていたとすれば、トリブール会議後の後述の王と反王派の両派の使者と法王との交渉内容は、何であったのか改めて問われるのである。上述のように王は、和解のための日時や場所を表向き明示していないが、かの全体会議の開催については王も係わり、その開催日時や場所にも既に同意していたと見られるので、この使者の交渉対象は、日時や場所以外のことであったと見るべきであろう。つまり王のかの「約束」で表現されている未確定部分の解決というよりも、別のことであった[13]。

フラヴィチュカも見るように、王はベルトルトらの幾つかの史料証言からすると、ローマで法王から赦免を受けるためにイタリアへ行く願いをいだき、そして使者のトリーア大司教ウードを通してローマでそれを提出させた[14]。即ち王の使者の交渉内容は、ローマでか、あるいは少なくとも王の敵のいないイタリアのどこかでの、赦免の可否と、法王に服従する可否を、問うた可能性が高いのである[15]。

これはしかし、かの仲介者との合意、協定に反するものであり[16]、少なくともトリブール会議の決議とは違っていた[17]。王がかの合意、協定に反して別の解決を求めたのは何ゆえか、その理由の一つとしてフリートは、ドイツでの会議が反王派の圧力の下で平和の会議ではなく、王の裁判それも弾劾、訴訟の裁判の会議に変わることを心配して、王は法王がドイツへ来る前に、法王に会うという方向への進路を決めていたからと見ている[18]。この解釈に従うと、トリブール会議以前の協定では想定されていなかった新たな事態への恐れからの、王の新たな反応とも言えるのである。王は、トリブール会議の中で、急進派の影響力の可能性、大きさを認識したとも言えるのである。

もっとも急進派の影響力といっても、トリブール会議で彼らが新王選挙を断念したことから見て、必ずしも強くなかったのであるが、しかしこの会議の結果に不満な彼らは、会議後に会議の決定とは別に独自に、ハインリヒが破門されて一年して赦免されない場合は、王としてもはや認めないことを取り決め、[19] 反王派の使者がこの方針も含めて法王をドイツの会議に招いたため、王はこの急進派の影響の強くなる会議への可能性を恐れて、独自な方向を求めたとも言えるのである。[20] もう一つの解釈は、急進派の力や動きとは関係なく、かの平和の全体会議の前に、王はまず法王との和解をしておき、この会議を確実に彼にとって安全なものにしようとした可能性もあろう。しかしいずれにせよ、この王の願いは、法王によって却下されたのである。

それにしても、予定の全体会議は、かの「断片」の作者が、王は法王の前で彼の罪なり無罪を示し、有罪でも悔悛と償罪の後に赦されると見ていたのであるから、[21] この会議は王の心配するようなものではなく、平和の会議になるはずであった。従ってこの状況の中で、法王がローマでの赦免への王の願いを認めなかったのも、かの協定からすれば自然なことで、[22] 特に王に敵意を示したことにはならないのである。[23]

トリブール会議後に法王に送られた、王と反王派諸侯――以下単に諸侯と表示して反王派諸侯を指す――の両派の使者については、それぞれ別々に出されたのか、それとも両派の使者が同時に一緒に出されたのかははっきりしないが、彼らが同じころに法王の前に現れたことは確実であろう。[24] この時に王のかの「約束」が、トリーア大司教ウードによってもたらされたようである。[25] この「約束」の末文についての偽造説は、ベルトルトの記述に由来するが、[26] このような重大な事をランペルトやボニゾー、ブルーノ等の誰も、記述していない点から見ても疑問点が多く、「約束」は問題の末文を含め、全文を本物と見ていいものである。[27]

むしろ両派の使者と法王との交渉で、特に問題となるのは、かの全体会議の日時のことである。この日時は、上述のようにトリブール会議以前の協定で決まっていたと見られるが、まだ公表されておらず、一般に従来の説では、ランペルトらの記述から、諸侯側の提案として、その使者が法王に一月二日または二月初めにアウクスブルクの会議に来るように求めたとされてきたのである。[28]これに対しフリートは、「断片」の、諸侯の使者は法王に一月六日にアウクスブルクに来るように願ったという記述に着目し、[29]この一月六日の日付は、クノーナウの研究以来確実とされてきた事柄の順序とは別の順序を要求することになると主張している。[30]この論が正しいのなら、今日の通説を覆すものであり、これはフリート論の最も重要な論点の一つとなっているのである。

もっともこの一月六日の「断片」の記述には、既にホルダー・エッガーさらに特にボイマンが注目し、諸侯は一月六日に法王を招待したが、法王との交渉の中で二月二日に四週間延期されたと見、これが王に諸侯抜きの法王との単独和解への方向、カノッサへの道を可能にしたと論じている。[31]しかしこの論は、フラヴィチュカの反論もあり、その後余り一般化しなかったと言えよう。[32]この意味でフリートが改めて、しかもボイマンとは違う理由づけや解釈で、この一月六日説を唱えたことは、やはり注目すべきことであった。[33]現に最近出たシーファーの書物なども、このフリート説を早くも採用しているのである。[34]

フリートは、ボイマンと違って、「断片」の一月六日を、法王が次にそれを二月二日に延期した諸侯の提案とは見ず、この一月六日の諸侯の提案に先んじて出された法王の日付設定（これはしかしなお知られていない）によって、無意味なものにされた諸侯の提案と見るのである。[35]これは少し分かりにくい説明であるが、フリートの見る時間的な流れの中で、具体的に見ていくと次のようになる。一月六日の諸侯側の提案が、法王の所へ着くのが十一月末であるが、[36]この提案が法王に届く前に、法王は上述のドイツへの旅を通知する手紙を、トリブール会議以前またはその会議中に到着するように出しており、従って諸侯は法王がドイツへ来ることを知った上で、右の一月六日の提案をしたとフリートは見ている。[37]しかし一方法王は、この諸侯の提案が彼に届く前に、即ち一月六日の期日を知らずに、既に十一月のうちにさらに上述の第二の手紙をドイツへ出し、ここで一月八日にマントヴァへ行くことを通知した。[38]これが右の先行する法王の日付設定であり、しかもこれがトリブール会議後に諸侯側に届いたため、[39]これを知らずに出した諸侯の一月六日の日付が空しいものになったというのである。この後から来た一月六日の提案に対し、法王はそんなに急いでいず、おそらく意図的に引き延ばしながら、王と諸侯との会合のために、二月二日を望んだと、フリートは見ているのである。[40]

このフリート説の新しい点は、これまでの通説と正反対に、法王が平和をもたらす者として行く旅への、彼の自発的、積極的な意志をはっきりと強調し、さらにアウクスブルクの会議へのイニシャチヴをも法王から出たものとし、[41]これまで見た和解への方向を一層はっきりとさせていることである。こうしてフリートは、カノッサ事件より後の時点で記述しているランペルト等のドイツの記述者(年代記者)たちは、原因と結果を取り違え、質的な逆転とともに時間的な逆転もしていると注目すべき論を出している。即ち、ドイツの記述者によって、法王が諸侯の招待を受けることになったが、事実は逆で、法王が提案し、諸侯がこれを受けたと論じている。[42]フリートは、このような逆の結論になった一つの理由は、上述の問題の法王の二つの手紙を伝える『法王グレゴリウス七世伝』が、この手紙を諸侯側の招待に対する法王の回答として引用し、「この誤った結論」に今日までの研究も従っている点にあると批判しているのである。[43]

次にフリートが「断片」の一月六日説の正しさ――時間的に無理がない点――を裏付けるものとして、既述のように諸侯の使者が法王の所に来た時に、法王が既に旅に出発していたか、その準備をしていたと見る点も、これまでの研究にない新しい見方である。[44]フリートはさらに、法王が諸侯に伝えたように、彼が一月八日の「約二十日」前にはロンバルディアに到着していたという記述にも着目し、[45]法王は既に十二月二十日頃にそこに到着していたこと、これは一月六日にアウクスブルクへ行くのに可能な時点であり、諸侯側の一月六日の提案は、無理なものではなかったと主張しているのである。[46]

このフリートの一連の考察は確かに注目すべきもので、種々な点で従来にない新しい視点を示しているが、しかしこの一月六日説には、既にボイマン説を批判したフラヴィチュカの論がなお当てはまる所があるのである。[47] フリートが、王も一月六日の期日に合意していたと見るのも問題であるが、[48] フラヴィチュカも論じるように、一月六日という差し迫った日時が問題になっている時に、王がローマかイタリアのどこかで法王に会うという彼の希望を、使者のウードの交渉の成功にのみおき、シュパイアーで待機していたことは、まずく賢明ではないことであった。[49] さらにフラヴィチュカは、法王がドイツに帰る使者とともに、十一月末にドイツへ向けて出発していたのなら、王は六週間もシュパイアーで待ち、法王の拒否の返事を受け取ったあとで出発したことを、もっと以前にしなかったことは全く理解できない、むしろ王は諸侯の期日提案が決してそんなに短いものでなかったこと、従ってこの間にローマ行への必要な時間的余裕があることを計算しえたにちがいないと見、[50] 結局この一月六日(Epiphania)は、「断片」の写し手が原本の二月二日(Hypante)を書き誤ったものとし、二月二日が本来の提案であったと推論している。[51]

これを少し詳しく時間的な流れで見ると、トリブール会議が終わったのが十一月初めであり、使者がそのころ出発したとしても、当時の旅の速さから見て、早くて三週間後、十一月二十二〜二十三日頃にローマに着く。法王との協議の時間を考えると、使者がドイツへ帰るのは、早くて十一月二十五日頃、そして三週間後の十二月十六日頃ドイツへ帰ることになる。この時点ではじめて法王からの回答が分かるのである。王は実際、このあと十二月二十日頃にシュパイアーからイタリアへ出発した。[52] 一方、一月六日の期日に法王が同意した場合、それに間に合うように、北伊に少なくとも十二月十三〜十五日に法王を迎える諸侯からの護衛が着く必要があり、この護衛は十一月二十日頃に出していなければならない。[53] これだと法王からの回答を待つ前となり疑問が多く、事実その動きはなかった。[54]

一方、法王にしても、たとえ一月六日の期日を受けた場合も問題が多い。確かに既述のようにフリートは、法王はドイツからの使者が来る前に出発し、一月八日の二十日前に北伊にいたので、一月六日は計算上可能な時点としている。しかし一月八日の二十日前に北伊に来た法王がすぐにアウクスブルクへ出発しても、二十日間掛かって一月八日、何らかの手段で早く着いても一月六日はぎりぎり間に合う程度である。しかも例年にない厳寒の真冬の劣悪な条件の中で、[55]ことは計算通り運ぶとは限らず、運んだとしても時間的にぎりぎりで余りにも無理があり、全体会議のような重要なものに、こんな余裕のない日程が予定されていたことはやはり疑問である。

いやフラヴィチュカが可能な時間と見る、より遅い二月二日の期日でも、諸侯側が法王の回答を待って準備したとするなら、諸侯の護衛が北伊に着くのは一月八日前後であり、この時点からアウクスブルクへ出発しても、二月二日はぎりぎりで、やはり無理がある。[56]これはあくまで計算上のことであり、実際はもっと掛かりうるのである。このように考えると、問題の会議の本来の期日は、二月二日どころか、もっと余裕をもって考えられていたと見るべきなのである。法王が、もともと想定していた平和のための全体会議の予定は、二月二日ではなく、さらに後の時点、おそらく二月半ば頃であったと見られるのである。とすると二月二日は従来の説のように諸侯側の提案であり、この提案を二月半ばを考えていた法王が、諸侯の使者との交渉で譲歩して受けたために、[57]上記の手紙のように、「一月八日」のために「急いだ」のである。「急いだ」というのも、法王が期日を早めるように変更させられたことを暗示しているし、右の手紙もフリートの新説と違い、使者との交渉後のものと見るべきであろう。[58]王が六週間も待機したのも、二月半ばの会議を考えていたからであり、王の法王との単独和解の願いも、二月二日まして一月六日の会議の予定なら、王はそんなにのんびりとは構えていられなかったはずである。

また諸侯側の王の破門の一年条件も、二月半ばで破門から一年であり、この時点でこそ意味をもってくるのである。諸侯がこの条件を出したのも、本来は二月半ばの会議予定であったことを示している。二月二日や、まして一月六日の会議なら、この条件はまだ発効せずに意味がなく、王への強力な圧力にはならないのである。二月半ばの会議の場合に出てくるこの圧力は、逆にしかし王に法王との単独和解――赦免の獲得へと急がせることになり、今度はこの単独和解を防ぐために、諸侯は二月二日に会議を早める提案をしたのである。実際の経過を見ても、王は一月二十日頃に北伊に来たのであるから、[59] 法王が予定通りに一月八日に出発していたのなら、王は法王に会えず、カノッサ事件も起りえなかったのである。[60] 王の行動も、少なくともイタリアへ出発する直前までは、二月半ばの会議を考えてのものであり、二月二日に早められたことを知った時点では、法王に会う可能性は不確実になっていたのである。

以上のように見ると、「断片」の一月六日の記述を、フラヴィチュカのように、写し手の誤りと見るのかどうかはともかく、そのまま事実として認めることは出来ないのである。上述の法王の旅の通知の手紙も、[61] フリートのようにトリブール会議中には知られ、法王は旅の途上と認識されていたと見るのは、ローマでの赦免を求める王の行動とは矛盾しており、旅の途上を示すこの手紙は、一月八日の日付を含むもう一通の手紙よりむしろ後のものであろう。[62]

これまで見たフリート説が、従来の説に対し様々な問題点を明らかにしたことは確かである。彼の説にはしかし、特に右の二通の手紙の日付や一月六日の論に見るようになお問題があり、十分立証されたものとは言えないが、法王の平和の全体会議への意図をはっきりさせた点は重要である。二月二日の日付は諸侯の提案であっても、二月半ばを考える法王との活発な厳しい交渉の結果と見るなら、ここにも法王の平和会議への強い意欲を見ることは、フリートのような論を立てなくても、十分に可能なことであろう。

注

（1） J. F. S.162. Anm.51.
ボスホーフも、トリブール会議前に司教の多くが、ハインリヒに忠実であったこと、和解をめざす、より穏やかな多数派への党派形成が、あったことを認めている。
E. Boshof, Heinrich IV. Herrscher an einer Zeitenwende.（1979）S.75.

（2）J. F. S.179.　H. E. J. Cowdrey, p.151.

（3）カウドリーも、王の唯一の関心は、今や法王と和解することであったと見、シュパイアーでの悔悛者の生活や、この年の七月から翌年の二月にかけて、王の文書が欠けていることは、王が公的活動を控えていたことを示すものとして注目している。H. E. J. Cowdrey, p.153.

ロビンソンも、この秋の間にクリュニー院長のユーグが王の所へ来たことは、王との和解に関係し、この目的のために翌年の一月にカノッサでも活動したことに注目している。I. S. Robinson, p.158–159.　BE. S.126–127.

同様な見方をクノーナウもしている。M. v. K. II. S.739–740.

（4）E. Boshof, Heinrich. S.75.　E. Boshof, Die Salier,（1987）S.227.　I. S. Robinson, p.157–158.

本章、第二節、一三五頁。

なお、かのトリブール会議以前に成立していた和解の協定に、既に反王派諸侯の中の穏健派が、参加していたかどうかは、はっきりしない。もし彼らが参加していないのなら、このトリブール会議で法王の使者が彼らと交渉し、彼らをかの協定に参加させたと見られる。

（5）ちなみに、反王派の中で穏健派が、多数派であったとするなら、トリブール会議も従来言われているほど、そもそも新王選挙が主な目的であったのかどうかも問題になろう。

（6）H. E. J. Cowdrey, p.152.　E. Boshof, Heinrich. S.74.

（7）J. F. S.176, 178, 196.　フリートは、この会議ははじめ曖昧にドイツで行われるとされていたが、反王派諸侯の圧力によってアウクスブルクに変えられたと見ている。*ibid*, S.178, 181–182, 196.

ロビンソンは、トリブール会議終了前に諸侯は、王よりさらなる譲歩——即ち二月二日にアウクスブルクで法王の裁定を受けるという——を得たとし、アルトマンも、王はアウクスブルクの会議への出席を約束したとする。I. S. Robinson, p.157.　G. Althoff, S.150.

（8）J. F. S.165, 173. Anm.75.

（9）J. F. S.162. Anm.51, 174, 181.　パウルの『法王グレゴリウス七世伝』は、諸侯の使者が来た時には、法王は既に出発していたか、その準備をしていたと記述しているが、フリートは、この記述がこれまで正当に評価されていなかったと批判している。

J. F. S.193–194. Paul von Bernried, Vita Gregorii VII papae.（hg. v. J. M. Watterich. Pontificum Romanorum Vitae I. 1862）―以下PBと略す―S.522.

M. v. K. II. S.737–738. 本章、第一節、一二一頁。

(10) EP. No.18. J. F. S.173.

(11) EP. No.17. J. F. S.181. H. Beumann, S.44.

(12) J. F. S.162. Anm.51, 178.

(13) 筆者は以前この点で、会議の日時や場所の決定が、その後の交渉に掛かっていたと見ていた。
本書、第二章、六十四頁。 I. S. Robinson, p.157–158.

(14) E. Hlawitschka, Zwischen Tribur und Canossa.（Historisches Jahrbuch. 94. 1974）S.29, 36, 40, 45.
I. S. Robinson, p.159. M. v. K. II. S.740. H. Beumann, S.45. BE. S.120–123. PB. S.522.
ベルトルトは、王がローマでの和解を強く願っていたことを伝えている。

(15) J. F. S.162, 165, 176.

(16) フリートはまた、王は「約束」の曖昧な表現の中で、既に彼の親戚の者たちとの取り決めで、法王がドイツへ来る前に、法王と会う方向を考えていたとも見ているが、これなら王の親戚即ち仲介者たちも、かの合意とは別のことを考えていたことになり、これではフリートのいう王「自身の独自な解決」とも言えないのである。ここでフリートが、仲介者も合意していたと見るのは問題であろう。

(17) J. F. S.186. E. Hlawitschka, S.40, 45. Anm.77.
「断片」も、王は「共通の決議を変えて…密かに」と批判している。 FR. S.189. H. Beumann, S.45.

(18) J. F. S.181–182, 182. Anm.100, 186, 196.
フリートはまた、この圧力が法王と会う場所が、ドイツの代わりにアウクスブルクに変更されたことに反映しているかもしれないとも見ている。クノーナウは、王は自らの件を彼と法王の間でのみ解決するということを、もっぱら目標にしていたと見ている。　M. v. K. II. S.735.

(19) M. v. K. II. S.734.　E. Boshof, Die Salier, S.229.

(20) ロビンソンも、王をイタリアへ行かせたのは、急進派のこの破門から「一年以内」の赦免という最後通牒であったと見ている。クノーナウも、諸侯の独自な取り決めで、王は急いだと見、逆に王は、法王との和が、諸侯と法王とのつながりを妨げる唯一の手段と見ていたこと、王のこの計画の実行は、諸侯の計算を壊すものであったに違いないと述べている。

(21) I. S. Robinson, p.163.　M. v. K. II. S.735, 740, 752.

J. F. S.163.　I. S. Robinson, p.157.　FR. S.189.

(22) E. Boshof, Die Salier. S.229.

ロビンソンのように、法王は「急進派の計画を支持することを決めた」と見るのは問題であるが、ロビンソンが、法王にとって王と急進派との間を仲裁する誘いに抵抗できなかったと見ている面はあったであろう。この場合なら、平和会議の目的に合っているのである。　I. S. Robinson, p.159.

(23) ボイマンなどは、法王は一方で日付を一月六日から二月二日に延期することで、王に好意を与えたと見ているのである。

H. Beumann, S.45, 47.　後注、(31)、(32)、参照。

(24) フリートは、王と諸侯が、それぞれ使者を送り、彼らが同時にある知られない場所で、法王の前に現れたと見、フラヴィチュカは、両派の使者が同時に行ったと見ている。

J. F. S.162.　M. v. K. II. S.734, 737.　E. Hlawitschka, S.34, 38.

(25) *ibid.* S.29, 38.　H. E. J. Cowdrey, p.153.

フラヴィチュカが、このウードを王の利益代表者、王の使者とするのに対し、カウドリーは、仲介派とし、この「約束」が仲介派のウードによってローマに送られたことは、王のもう一つの回復力のしるしと見ている。なお、ボニゾーは、ウードを諸侯の使者とし、ブルーノは、「約束」はウードではなく、諸侯の使者が送ったとしている。ボイマンも言うように、ウードは仲介派として、王のために行動したというのが事実に近いと思われる。

Bonizo, S.671.　B. R. c. 88. S.328–329.　H. Beumann, S.39.

(26) ベルトルトによると、王は「約束」を諸侯の前で封印させたが、その後これを密かに変え、これをウードを通して、法王に提出するためにローマに送った。ウードはこれを法王に渡したが、これが朗読された時、諸侯の使者は、その内容が封印されたものと違うことに気付き、偽物であると抗議した。 BE. S.120–121.

(27) クノーナウやロビンソンは偽造説であるが、フリートは、ベルトルトの記述は、王の「約束」を中傷するためのものと見、グレゴリウスにも偽造を認める発言のないことなどから、偽造説を否定している。ボイマンも、これを本物と見ている。M. v. K. II. S.733–734. I. S. Robinson, p.158. J. F. S.176, 176. Anm.81. H. Beumann, S.40, 43. H. E. J. Cowdrey, p.152–153. FR. S.189.

(28) LA. S.390–391. BE. S.122–123. BR. S.330–331. E. Boshof, Heinrich., S.74. I. S. Robinson, p.159.

(29) FR. S.189. J. F. S.186.

(30) J. F. S.173. Anm.75.

(31) O. Holder-Egger, S.193. H. Beumann, S.42, 45. ボイマンは、法王は王のローマでの赦免の願いを拒否し、この点で諸侯の意にそったが、一方王の諸目標を知る中で、日付の延期によって王に好意を与えたと見ている。ボイマンは、この延期をカノッサ行へのどうしても必要な前提条件とし、逆に諸侯にとってこの延期は、重大な結果を招くものだったと論じている。 *ibid*, S.42.

(32) E. Hlawitschka, S.44–45. もっともツィマーマンも、ボイマン論に近く、この協定は、諸侯の計画をある程度混乱させたとし、これは法王の王への立場をより肯定的に見せるし、王の立場は、普通見られているよりも有利であることを示し、これでもって王のカノッサでの悔悛も、別の光の中で見られると論じている。H. Zimmermann, S.125, 125. Anm.245. ヴァインフルターは、一月六日が二月二日に延期されたが、誰が延期したのかは、はっきりしないと見ている。この点にはボイマンも言及しているが、彼はその結論からして法王と見ているようである。S. Weinfurter, Canossa. S.145. H. Beumann, S.45.

(33) フリートは、ヴォルムス会議とカノッサ事件の間の諸事件のこれまでの組み立てが、この「断片」なしに行われたので、その根本において、修正されねばならないと主張している。

J. F. S.143. Anm.53.

（34） R. Schieffer, Papst Gregor VII. Kirchenreform und Investiturstreit.（2010）S.60.

（35） J. F. S.163. Anm.53.

（36） J. F. S.173. Anm.74.

（37） EP. No.18.　J. F. S.174. Anm.76.
クノーナウをはじめ従来の説は、この手紙を十二月頃に出されたものと見てきたが、フリートは、一月六日の諸侯の提案は、法王のこの手紙での最初の旅の通知に反応したものと見、その内容を「断片」が伝えていると主張している。
M. v. K. II. S.737. Anm.195.　J. F. S.173.

（38） EP. No.17.　フリートは、この手紙の中の一月八日の日付から、諸侯の一月六日の提案よりあとに、この手紙が諸侯側に着いたと見ている。彼はまた、この手紙を諸侯宛のものと見、法王が一月八日に待つ相手は、諸侯の護衛と解釈している。
J. F. S.173. Anm.74, 75, 164, 171. Anm.30.
I. S. Robinson, p.160.　H. Beumann, S.39.

（39） J. F. S.172. Anm.72.

（40） J. F. S.174. Anm.77.
フリートは、二月二日が法王の提案であることは、一月八日にマントヴァで護衛を待つ日付から立証されると見、一月八日の日付を出した時に、手紙の使者は口頭で二月二日の期日を伝えたと推論している。フリートは、二月二日を法王の提案と見ることは、ベルトルトの記述から確認されるとし、ベルトルトの示す、二月二日を表すYpapantiというギリシャ語の中に、グレゴリウスのこの言葉に一致する使者への伝言の反映を見出しうるかもしれないと論じている。というのも、この言葉はローマで西方の教会のどこよりも知られていたから、とフリートは主張している。　BE. S.122–123.
J. F. S.173, 173. Anm.74, 174. Anm.76, 77, 194.

（41） J. F. S.172.
フリートは、この関連で問題の法王の手紙の中での、法王の殉教の覚悟などの強い意欲にも注目している。

（42） J. F. S.174, 185, 196.

フリートは、王の親戚、友人らのイニシャチヴと法王の同意が、反王派のイニシャチヴに変わったとも表現している。

(43) J. F. S.196.　PB. S.522.

(44) フリートは、一月六日の提案は、「断片」の作者が、法王が既に旅への出発または準備していたと考えていたことを示すと見ているのである。
J. F. S.173. Anm.75, 174. Anm.76.

(45) Reg. IV. 12.
法王は諸侯に、「私は、大公の一人が、峠で私と会うことになっていた期日の二十日ほど前に、ロンバルディアに入った」と語っている。

(46) フリートは、この「二十日」の数字は、確実なものと見なければならないとし、クノーナウはこれに十分注意を払っていなかったと批判している。もっともクノーナウも、法王のこの記述に言及しているが、法王が一月八日に着くためにアペニンを越えたのは一月初めとしている。
J. F. S.170. Anm.69, 171. Anm.70, 194.
M. v. K. II. S.739, 747–748. Anm.5.
H. E. J. Cowdrey, p.154.　H. Zimmermann, S.29, 29. Anm.48, 31.

(47) フリート自身は、フラヴィチュカの論を批判しているが、この批判の論拠は、十分確実なものとは言えない。
J. F. S.174. Anm.77, 163–164, 164. Anm.53, 166. Anm.59, 174. Anm.77, 195–196, 196. Anm.128.

(48) J. F. S.173.　フリートも、一方で、諸侯の一月六日の希望に対し、王は急激な行動に急き立てられたと見ているのであるから、この一月六日への王の合意は考えにくい。　J. F. S.186.

(49) E. Hlawitschka, S.36. Anm.47, 41, 41. Anm.67, 42.
フラヴィチュカは、王は、この一月六日の諸侯の提案を知っていたと見ている。

(50) *ibid*, S.41–42.

(51) 原本の残っていない「断片」は写本であり、この写し手が十分ギリシャ語に通じていないために、原本にあったと見られる二月二日を表すギリシャ語の Hypante を、Epiphania（一月六日）の誤りと見て、これに変えた、とフラヴィチュカは論じている。なお彼は、この本来の Hypante の可能性を、ベルトルトの記述する Ypapanti から推論している。この論に、テレンバハも同意している。
ibid, S.44.　BE. S.122–123.　G. Tellenbach, Die Westliche. S.192. Anm.59.
I. S. Robinson, p.157. fn. 71.　前注、(40)、参照。

(52) E. Hlawitschka, S.34, 38–39.　M. v. K. II. S.741.　LA. S.392–393.　J. F. S.186.
フリートは、王は十二月半ば頃に出発したと見ている。

(53) E. Hlawitschka, S.39–40.　J. F. S.170. Anm.69.
フラヴィチュカは、マントヴァからアウクスブルクまで二十四、五日、三週間半掛かると見、フリートも同区間、約五三〇キロを、最短で約二十日間と見ている。

(54) 諸侯が護衛を出すのを止めたのは、王が出発したのを知ってからであった。
E. Hlawitschka, S.40. Anm.65.　BE. S.125–126.

(55) この年が異例に寒い冬であったことは、ランペルトをはじめとして、当時の年代記が一致して伝えている。
LA. S.394–395.　BE. S.118–119.　DO. II. S.382.

(56) E. Hlawitschka, S.40–41.
フリートは、法王は遅くて一月十三日にマントヴァを出発し、二月一日にアウクスブルクに着くと見るが、これは最も短く計算した場合としているのである。
J. F. S.170. Anm.69.

(57) EP. No.17.　ボイマンは、「後の日付」を法王の提案として、これが「ぎりぎりの譲歩」としているが、むしろ諸侯のより早い日付に譲歩したと見るべきであろう。「後の日付」なら「急いだ」とは言わないであろう。
H. Beumann, S.42.

(58) J. F. S.181.　H. Beumann, S.39, 44.　フリートは、この手紙で言及されている王の使者との交渉をずっと以前のものと見ているが、この交渉は、王のローマでの赦免の問題とともに、この時に諸侯から出ている日付の変更の問題も議論されたと見るべきで、王側は法王と同様に二月半ばを考えていたと言えよう。なおボイマンは、諸侯の使者がこの手紙をもち帰ったと見ている。

(59) J. F. S.187–188.

(60) 法王は、護衛が来なかったので、王に彼の所へ来るチャンスを与えた、と彼自身が諸侯に報告している。Reg. IV. 12.　H. Beumann, S.42.

(61) EP. No.18.

(62) 王や諸侯の使者が出発する時に、法王は既に旅の途上なら、彼らが法王とどこで会えるのか、不確実なものになったであろう。ボイマンは、旅の通知の手紙を、もう一通の手紙の一般に向けた宣伝用のものと見ている。H. Beumann, S.40.

四　カノッサでの会見

ハインリヒとの和をめざして旅を続けるグレゴリウスは、北伊で諸侯からの護衛を待つ中で、王がイタリアに来たとの知らせを、おそらくポー川を越える前に受け、トスカナ女伯マテイルデの城であるカノッサに避難した。(1) しかしこの王がやって来たことは、法王にとっては不意打ちというよりも、ある程度は予想していたものであり、驚くものではなかったであろう。(2)

当時一〇七六年から一〇七七年にかけての冬は、既述のように例年にない寒さで、カノッサ城の周辺にも雪が見られる中で起ったのが、カノッサ事件であった。これについては一般に、一〇七七年一月二十五日から王は、カノッサ城の門の前で三日間悔悛行為をしたあと、法王より破門を解かれたと叙述されている。(3) この事件については、ランペルトの年代記が、最も詳しく劇的に伝えており、近代から今日までのこの事件の叙述も、一般にこれに従っている。(4) しかし当時の他の諸史料は、必ずしもランペルトと一致せず、彼の記述の正否は確実ではない。(5)

まずカノッサ事件が起った日とされる一月二十五日については、この日がパウロの回心の日であったことや、この事件のきっかけとなった前年のヴォルムス会議が一月二十四日で、この日が丸一年経った日でもあり、単なる普通の日ではなく、悔悛にふさわしい日として選ばれた可能性が高いのである。[6] この点からもこの日は、一般に見られているほど、王が追い詰められて無計画に闇雲にカノッサ城にやって来た偶然の日ではなく、交渉の結果か、王側の冷静に計算された日であったことを予想させるものである。[7]

一月二十五日は確実としても、次に問題なのは「三日間」の解釈である。ランペルトは、丸三日間の悔悛とし、四日目の一月二十八日に赦されたと見ている。[8] 法王自身の諸侯への報告では、王は「三日間、城の前で」と述べ、ベルトルトも、「三日目まで…留まった」としており、これを三日目に赦されたとすると、一月二十七日になる。[9] ただ王のカノッサでの誓いの文書の日付が、一月二十八日であり、一般にこの日が赦免の日と見られてきた。[10] 「丸三日」かどうか明らかでないが、ツィマーマンは、三日間の悔悛は十分証せられると見ている。[11] しかしドニゾーだけは、この三日間の悔悛にふれず、三日間の交渉としている。[12] さらにドニゾーは、王は一月二十五日に法王の前に来て赦免されたとし、一日で悔悛が終わったかのような印象を与えている。[13] ドニゾーの場合、一月二十五日が悔悛の開始日とともに、赦免された日ともなっているのである。

フリートは、このドニゾーの記述に注目し、従来の説と違い、一月二十五日を赦免の日とし、三日間の悔悛をドニゾーは見落したとして、悔悛の開始日を一月二十三日とし、さらにそれ以前に三日間の交渉があったと解釈している。[14] フリートは、一月二十五日を赦免の日とすることの方が、「パウロ回心の日」としてよりふさわしいとし、従来の一月二十八日説は、上述のように王の誓いの文書の日付に由来し、この文書に関連する法王の諸侯への報告には、赦免の日として言及されていないと指摘している。[15] この全く新しい説を既述のシーファーの著書も早く取り上げ、一月二十五日を赦免の日として記述している。[16]

この日時の問題とともに、悔悛前の事前の交渉の有無も、史料によって異なっている問題である。王の悔悛行為が、事前の交渉なしの突発的なもので、法王にとって予期しない驚かすものだったのか、それとも交渉の結果の行動で、法王の指示によるものなのかによっても、[17] カノッサ事件への評価も変わってくるのである。

ランペルトによると、王はマティルデやユーグらを、法王の所へ「願いと約束」をもって行かせ、法王からの赦免を願った。これに対し法王は、「長く抵抗した」が、仲介者たちの意見に負けて、王の悔悛行為を許した。そこで王は、「命ぜられたように」やって来たと、カノッサの行為が、事前の交渉の結果であったことを示している。[18] これに対しブルーノらは、交渉についてふれていない。この両者の中間にあるのがベルトルトで、王がマティルデらの交渉を求め、彼らが長く話し合ったが、王は「予想外に」、法王からの「回答や招待を受け取ることなく大急ぎで」、やって来て悔悛したと伝え、交渉途中で王が勝手に悔悛を行った印象を与えている。[19] 法王の諸侯への報告では、カノッサ事件よりずっと以前の時点で、王の使者との交渉があったことを記しているが、カノッサ城へは王は突然やって来た感じであり、この王の姿に同情した人々の「懇願に負けて…破門を解いた」と述べ、悔悛が事前の交渉の結果ではなかったかのような印象を与えている。[20]

ランペルトの記述に対し、この法王の報告との決定的な違いは、法王が交渉なしの王の悔悛に驚き、やむを得ず赦免したという点である。[21] この両者の中間に、「交渉途中に突然」というベルトルトの記述がある。[22] ブルーノらは、交渉に確かにふれていないが、交渉をはっきり否定する記述もしていない。法王の報告は、多分に諸侯それも急進派を意識したもので、王とのカノッサでの和が、いかにも法王にとってやむを得ない緊急の処置であったかを強調し、自己弁護している感が強く、事実を伝えているのかどうかは疑問である。[23]

上述の一月二十五日の日付の件から見ても、後述の「誓い」の文書も、交渉なしに俄に作られたようなものではないことからしても、またはっきり交渉を否定した史料もない中で、さらにこれまでの和解への全体会議の動きなどから見ても、カノッサで事前の交渉があったと見るのが、より事実に近いであろう。[24] 即ち、カノッサでの王と法王の会見は、協定に基づいて行われたと見られるのである。[25] 交渉の中心にマティルデやユーグらがいて、王のために精力的に尽力したことも、[26] ずっと以前からの仲介者の動きとも連動したものと見るべきで、このことも事前の交渉を傍証するものであろう。

結局カノッサでの王の悔悛行為は、交渉で予め決められた作法に則って行われたものと見るべきで、儀式的な要素が強いものであった。[27] 厳寒の中、「裸足で毛皮の服」で「朝から晩まで」の悔悛というのも、[28] 文字通り一日中連続して休みもせずに行うことはありえず、せいぜい一定時間を断続的に何回か行うという取り決めがあってこそ可能なものであったろう。「裸足で毛皮の服」の姿も慣例的、儀式的な感じで、[29] この表現自体決まり文句的なもので、具体性に乏しい。例えば裸足といっても、どこから裸足になったのか、毛皮も一枚だけで他に何も着ていなかったのか、など詮索すれば疑問が次々と出て来、ランペルトらの記述そのものが疑われるのである。

次にフリートが新たに着目しているのが、赦免に伴う王の「誓い」がいつなされたのかという問題である。[30] 例えばランペルトやベルトルトは、赦免前の誓いを、ドニゾーやアルヌルフは赦免後の誓いを記している。[31] このうちフリートは、ドニゾーをもとに、短い交渉のあと、王の服従の約束（誓いの確認）、三日間の悔悛のあとの赦免、王の約束の二人の司教による誓いの順序と見ている。[32] フリートが、二人の司教による誓いを赦免後と見るのは、この誓いには王の破門解除、赦免が先に行われる必要があると見るからで、この点は従来余り注意されていなかった注目すべき視点である。[33] フリートは、破門されている者の誓いは、有効性をもたないと見ているのであり、従って赦免後にはじめて誓いが可能になるし、二人の司教にさせたように、他の者に自分のために誓いをさせることが可能になると主張している。[34] 赦免後の王の誓いは、王として再び認められたハインリヒに代わって、彼のために二人の司教によって誓われたのである。[35]

フリートは、赦免前に確認された誓い――これは確認の行為であって誓いそのものではない――は、カノッサの条約の一部で、その条約の内容は明らかに破門解除前に交渉されたもので、王はこの誓いが外交的な形をとる前に、ユーグの手の中で[36]、またはユーグと二人の女伯の手の中で確認したのであり[37]、それが次に赦免され、王として再び認められたハインリヒのために、二人の司教によって誓われたと解釈したのである[38]。

これら一連の破門の解除、和解の方法のための手続きを、フリートは右のように条約と見、破門宣告者と破門された者との関係から来る条約締結作業と論じ、これは従来の研究で殆ど気付かれなかったことと主張している[39]。ともかくこのような何段階もの手続きをはっきりさせたのは、フリートが初めてである。具体的な日付としてフリートは、一月二十五日に王は赦免され、一月二十八日に二人の司教によって王の代わりになされた王の誓いの批准が、多くの証言者の前でなされたとして、一月二十五日と一月二十八日の日付の違いを示している[40]。

フリートは、このようにカノッサでなされたのは「条約」であり、「服従」ではないと強調し[41]、この法王との平和そして平和条約が証言者の前で批准され、最後に直接ハインリヒに関係する部分だけとはいえ、王の誓いの文書として記録されて広められたと解釈している[42]。

この王の赦免に関連して問題となる、赦免が王権の承認を含むのかという点は、フリシュとアルキエールの論争以来よく論じられてきたものだが[43]、上述の王の誓いが既に王の立場でなされていたことからも、王権の承認は明らかであろう[44]。確かに法王は諸侯への報告で、彼が王の破門を解き、コムニオ（聖体拝領）を与えたが、すべての事を「より完全に処理するために、ドイツへ行きたい」と語り、「すべての問題の事情は、今のところ未決定であり…」と述べ[45]、王権の問題について未解決であるかのような慎重な姿勢を見せているが、これもやはり反王派に対する表向きの態度と見るべきで[46]、彼は既にかの王の誓いで、ハインリヒを王として扱っていたのである[47]。

同様に王に批判的と見られるランペルトらの年代記も、この王権の問題に否定的な見方をしているが[48]、これはハインリヒの王権復帰を望まない彼らの立場からしてありうることであり、右の法王の諸侯への報告も、この見方に影響したものと考えられるのである。(49)

これに対しアルヌルフやドニゾーが、王が赦しを得、彼らの平和の条約が固められたとして、王権の回復を当然のこととして見ていたことが、(50)むしろ事実に近いであろう。実際、法王自身も、ハインリヒの王権を自ら処理する意図はなかったのであり、せいぜい破門の結果出てくる王権停止にしろ、(51)臣下の王への忠誠解除にしろ、それらは破門に伴う自然な結果であり、それをむしろ確認しただけであった。法王のこれまでの考え方からして、彼は王権の処分権や王権への支配権を自らもっているとは考えていないのである。(52)従って破門を解除すれば、破門の自然な結果である王権停止や忠誠解除は当然消滅するのであり、(53)王権承認の問題は、法王には当初からなかったと見るべきで、(54)法王にとって問題なのは、破門とその解決、即ち王との和解であった。諸侯にとっても、かの王に出した破門の一年以内の条件が、破門が彼らにとっても如何に重要なものであったかを、図らずも立証しているのである。

右のグレゴリウスの立場は、カノッサ後の法王の行動に、はっきりと現れているものであった。法王は、カノッサ事件のあともドイツへの旅を計画していたが、そのアルプス越えの護衛には、王の敵の諸侯の代わりに、王自身を選んでいたのである。(55)フリートは、これが実現されていれば、非常に象徴力のある行為になったであろうとし、世俗権力と教会権力の一致への約束が、急にぱっと輝いたであろうと表現している。(56)

ヴァインフルターも、ハインリヒはグレゴリウスの眼において正統な王であったとし、ハインリヒへの対立王としてのルードルフの選挙は、法王の意図にはなかったと論じている。(57)この選挙は、法王の平和への努力を全く裏切るものであったとフリートは評している。(58)

五月になっても、グレゴリウスは彼の手紙から明らかなように、なおドイツへ行く決心をもち、彼の計画をしっかり保持していた。(59)この計画とは、ドイツへの旅と、ハインリヒへの裁定を改革の最終的な実現への前提とするものであった。[60] この裁定も、法王にとっては、結局はハインリヒを王として認め、王と反王派の和を実現することが本来の目的であったと見るべきで、本当の意味でのハインリヒとルードルフの間での裁定ではなかったであろう。法王にとっては、ハインリヒとの和、彼をドイツにおいてしっかりと正統な王として確立することこそが、法王の本心の願いであったと言えよう。

このカノッサ後のグレゴリウスの立場、意図からしても、またフリートがアルヌルフの「平和条約」(federa pacis)という言葉に着目して論じたように、カノッサでなされたのは平和条約であった。[61] この点はフリートが指摘するように、これまで余り注意されなかったことである。[62] フリートは、これに関連して、王と法王がカノッサ後の二月初めにも、マティルデやおそらくユーグらの同席の下で、もう一度会ったというドニゾーのみが伝える記述にも注目している。[63] フリートはこの記述から、法王が今や王の所へ、カノッサの山から「下りて行った」と述べ、これほどカノッサで結ばれた平和条約の相互性を示すものはないと印象的に論じている。[64]

このような法王の思い、王と法王の平和への願いは、しかし結局実現されなかった。[65] 王と法王の両者は、カノッサ後もなお暫く北伊に留まり、王は四月にドイツへ帰り、法王は九月に漸くローマに帰った。[66] 法王が長く北伊に留まったのも、一つは彼のドイツへの旅の意欲と、そして王との本格的な和への希望が、如何に強かったかを示すものであり、次の二年間においても、マティルデがなお引き続き両者の仲介に努力したことも、[67] 法王の和への願いや意欲を証するものであろう。フリートは、歴史はカノッサの条約を無視していった、王と法王それぞれの支持者のどちらも、これを守ることは出来なかったと述べている。[68] 王と法王の両人自身は、状況の許す限り和を求めていたし、特に法王は表向きの様々な発言はあっても、本心においてはハインリヒとの和、彼を正統な王として、ドイツの王権、さらには皇帝権との協調を願っていたのである。[69]

注

（1）LA. S.398–399.　M. v. K. II. S.747–748, 754.
H. Zimmermann, S.30–31.

（2）J. F. S.182.

（3）E. Boshof, Die Salier, S.232.　J. Laudage, S.80.
H. E. J. Cowdrey, p.156.

（4）J. F. S.157–158, 161, 165, 169.

（5）J. F. S.161–162, 162. Anm.51, 165–167, 174, 175. Anm.80, 179. Anm.93.

（6）H. Zimmermann, S.161.　E. Boshof, Heinrich. S.76–77.
M. v. K. II. S.759.　クノーナウは、「おそらく一月二十五日」と表現している。　H. E. J. Cowdrey, p.156.

（7）王は北伊に来てすぐにここへ来たのではなく、一月二十五日まで、ある程度の日時の余裕があり、日を選んで行動した感じである。

（8）ランペルトは、城門の前に一日目、二日目、三日目も立って、「ついに四日目に法王との面会を許された」と書いている。
LA. S.406–407.

（9）Reg. IV. 12.　BE. S.128–129.
H. Zimmermann, S.158.　ツィマーマンは、法王の報告を「三日目」と見る。　*ibid*, S.155.

（10）Reg. IV. 12 a.　H. Zimmermann, S.159–160.　M. v. K. II. S.760.

（11）H. Zimmermann, S.158.　Reg. IV. 12.

（12）DO. II. S.381.　H. Zimmermann, S.145, 156.　H. E. J. Cowdrey, p.156. fn. 354.

（13）DO. II. S.382.　H. Zimmermann, S.147, 108.
ツィマーマンは、ドニゾーは、王の公的な悔悛を数時間の形式的なものに引き下げたと見ている。

（14）フリートは、王は一月二十一日頃にカノッサに到着したと見ている。同様にカウドリーも、一月二十一日頃の交渉を見ている。

(15) J. F. S.187–188. H. E. J. Cowdrey, p.156.

(16) H. Zimmermann, S.147.

(17) J. F. S.187–188, 187. Anm.112. Reg. IV. 12 a. Reg. IV. 12.

(18) R. Schieffer, S.61. シーファーも、「よりよい伝え」では一月二十五日が赦免の日であり、これが「パウロ回心の日」に「よりふさわしい」と見ている。

(19) H. Zimmermann, S.106, 155.

(20) LA. S.406–407. ツィマーマンは、ランペルトは、王の悔悛行為を協定されたものとして描いていると見ている。ドニゾーも上述のように、事前の交渉を伝えている。

(21) H. Zimmermann, S.107, 155, 158.

(22) BE. S.128–129. H. Zimmermann, S.148–150. M. v. K. II. S.759.

(23) Reg. IV. 12. J. F. S.169. Anm.64, 188. Anm.113. フリートは、この王の使者を、カノッサへの途上の王からのものと見ている。

(24) G. Althoff, S.156–157.

(25) ツィマーマンは、ベルトルトの記述は、カノッサ城の門の前での悔悛者としての王の突然の現れによって劇的な特徴をもつとし、法王の追い詰められた状況が、はっきり出ていると評している。ツィマーマンはまた、法王の弁護者たちは、王の行為の自発性を強調し、はっきりと王によって勝手になされた悔悛を語り、赦免を強いられたものとしていると述べている。H. Zimmermann, S.106–107, 152.

(23) *ibid.*, S.139, 160. G. Althoff, S.157.

フリートも、法王は諸侯にすべてを報告せず、交渉の事実を隠していると見ている。 F. J. S.184.

(24) クノーナウをはじめとして今日の研究者も大半、事前の交渉を推論している。

M. v. K. II. S.757–758, 758. Anm.23. H. E. J. Cowdrey, p.156.

G. Althoff, S.157. H. Zimmermann, S.110.

(25) ツィマーマンは、この点でランペルトの記述を正しいと評価し、彼の描写が最も注目されるとしている。

H. Zimmermann, S.106, 159.

(26) J. F. S.184.

(27) ボニゾーも、「余り賢明でないすべての人々をあざむいて」という表現を使っている。ドニゾーが、悔悛が一日だけで簡単に終わった印象を与えるのも、儀式的な面を感じさせるものである。シーファーが、カノッサの悔悛は、単なる儀式ではないと見るのも、王の悔悛への意志を重要視しているからで、他方ではやはり作法に則った悔悛と見るべきであろう。
Bonizo, S.672.　R. Schieffer, Papst. S.61.

(28) LA. S.406–407.「朝から晩まで」というのはランペルトのみ伝えるもので、独訳の注でも事実ではないと見ている。
ibid. S.407. Anm.9.

(29) シュマーレも、「悔悛の通常の形式に従って」と注釈している。
Quellen zum Investiturstreit. Teil. I.（übersetzt v. F. J. Schmale. AQ. Bd. XIIa. 1978）S.243. Anm.1.

(30) もっともツィマーマンも、年代記間に王の法王への誓いの時点について、違いが見られることに注意している。
H. Zimmermann, S.155.

(31) ランペルトは、王は赦免を受けるために、法王への服従を含めて諸条件を受諾し、これらを守ることを約束し、ユーグがこれを確認し、この協定を二人の司教による誓いで保証されて赦免されたと書いている。ベルトルトも、王の服従と償罪の諸条件の確認そして王の忠誠の誓いを仲介人の手において行い、このあと赦免されたと書いている。
LA. S.408–411.　BE. S.128–129.　M. v. K. II. S.761.
アルヌルフは、王の赦免のあと、臣下らの誓い、その確認そして平和条約が固められたとし、ボニゾーも、王は赦免のあと誓ったとも言われていると書いている。
DO. S.382.　AR. S.229.　Bonizo, S.672.

(32) J. F. S.187–188, 188. Anm.114.　H. Zimmermann, S.148, 150, 152.

(33) J. F. S.187. Anm.112.　H. Zimmermann, S.147–148.
I. S. Robinson, p.161.　J. Laudage, S.80.

(34) J. F. S.187. Anm.112.

(35) Reg. IV. 12 a.　J. F. S.188. Anm.114, 115, 189. Anm.118.
フリートは、ハインリヒの誓いは、「私ハインリヒ王」で始まり、王としての承認とともに、その前に破門の解除が行われたことを示すと見ている。
(36) E. Boshof, Die Salier, S.233.　H. Beumann, S.49.
ツィマーマンは、王自身による誓いの実行を法王は諦めた、ハインリヒは王として誓いをしなかったし、国法によって必要としなかった、法王は、それぞれドイツとイタリアの司教を代表する二人の司教が、王のためになす誓いで満足したとし、ベルトルトは、王個人の誓いへのあきらめは、やっと達成された法王の譲歩として描いていると述べている。
H. Zimmermann, S.39, 39. Anm.64, 150.
(37) Reg. V. 7.
(38) Reg. IV. 12.
(39) Reg. VII. 14 a.　J. F. S.187. Anm.112.
(40) J. F. S.189, 189. Anm.117.
J. F. S.189. Anm.117.
フリートは、赦免後の王の誓いの二人の司教による誓いと、赦免前のその誓いのユーグらの確認は、同日に行われる必要はないし、その時間的な連続は、どこにも確認されないと論じ、法王の諸侯への報告（Reg. IV. 12）が、この二つの行為を区別していることに注目している。
J. F. S.187. Anm.112, 188.
(41) J. F. S.188. Anm.115.
フリートは、法王は諸侯への報告（Reg. IV. 12）で、悔悛行為を服従行為に価値転換していると論じている。　J. F. S.149.
(42) J. F. S.188.　フリートは、この条約をアルヌルフが簡単に伝え、ベルトルトがぼんやりと知っていると見ている。フリートは、このカノッサの平和条約について、ドイツでは事実は何も知られていないか、王の誓いの文書から引き出される限りの、ごく曖昧なものしか知られていなかったとし、ドイツの年代記作者たちは、条約についての詳しいことは知らなかったと推論している。ボイマンは、王の誓いの中に、王と法王の通常の関係の回復が語られていると見ている。

J. F. S.185.　H. Beumann, S.48.

(43) Canossa als Wende.（hg. v. H. Kämpf. 1969）S.250–298.
E. Boshof, Heinrich. S.77.
H. Beumann, S.49–50, 50. Anm.66.

(44) *ibid*, S.49–50, 52.

(45) Reg. IV. 12.　法王は、一〇七七年二月三日の手紙でも、王に赦免とコムニオを与えたが、王については、「あなた方すべての安全と名誉のためになると考えるようなことを除いて、他のことは決めませんでした」と、諸侯への報告と同様な趣旨のことを語っている。

(46) ボスホーフも、法王が王権について時に曖昧な態度をとったのは、両派の間を巧みに操るためであったと見ている。フリートも、これは反王派への法王の自己正当化と見、これに関連して、法王は諸侯への報告でも、その後でも、王権についてはっきりとは語っていないために、これが集団的な記憶を歪めたと論じている。
E. Boshof, Die Salier, S.233.　H. Beumann, S.50.　J. F. S.148–149.

(47) フリートは、法王はハインリヒを無条件に王として認めたと見ている。　J. F. S.148, 187. Anm.112, 189. Anm.118.
H. E. J. Cowdrey, p.163–164, 164. fn. 379.
M. Clauss, S.56.　M. v. K. II. S.762.

(48) ランペルトは、赦免のあと法王は、ドイツで予定の会議でハインリヒの無罪が証明されるなら王権を戻すと語り、ベルトルトは、赦免とコムニオのみにふれているだけで、ボニゾーも赦免のみで、王権の問題にふれていない。ベルノルトは、王権の承認はないが、王はコムニオのみ手に入れたとし、『法王グレゴリウス七世伝』も、王はコムニオのみ受け、王権の問題は延期されたと語っている。ブルーノも、法王には王権の問題は、赦免の時にはまだ解決されていないと見ている。
LA. S.412–413.　BE. S.126–127.　Bonizo, S.672.
BE. S.302–303.　PB. S.524.
BR. c.90. S.330–333.

(49) 前注、(46)、参照。

(50) AR. S.229. DO. S.381–382.

(51) 一〇七六年の四旬節会議でのハインリヒに対する判決の一つは、一般に誤解されているような「罷免」や、まして「王権剝奪」ではなく、一時的な「王権停止」であった。

H. E. J. Cowdrey, p.152.

(52) グレゴリウスは、王権や皇帝権は「神の手の中」にあると言っているが、ハインリヒが誤解するような、自らの手、法王の手の中にあるとは言っていない。

Reg. III. 10. Die Briefe Heinrichs IV. Nr.12.

(53) ボスホーフも、赦免は交際禁止から生じる破門の否定的な結果を取り除いた、赦免でもって王権の完全な行使への何の障害もなかったと論じている。

E. Boshof, Die Salier, S.233. E. Boshof, Heinrich. S.78.

I. S. Robinson, p.164. G. Althoff, S.158. 参照。

(54) R. Schieffer, Papst. S.63.

ボスホーフも、赦免とともにハインリヒが王権を回復したのかの問題は、カノッサでは議論されなかったとし、それは法王が一〇八〇年になって、あとから持ち出したものと見ている。ヴァインフルターも同様に見ている。

E. Boshof, Die Salier. S.233. E. Boshof, Heinrich. S.77.

S. Weinfurter, Canossa. S.157.

(55) ボスホーフは、法王が王よりアルプスの自由通行権を確認させたことは、明らかに王権の承認を含んでいるとし、法王はカノッサ後の手紙でも、何の制限もなくハインリヒに「王」という称号をつけていると述べている。

E. Boshof, Die Salier. S.233. H. Beumann, S.49.

(56) J. F. S.190.

(57) S. Weinfurter, Canossa. S.154–155.

(58) J. F. S.190. Anm.123. G. Althoff, S.160.

フリートは、法王はルードルフの選挙を歓迎しなかったとも見ているが、実際、法王は一〇八〇年においても、ルードルフが「私の忠告なく」王に選ばれたと言っている。
J. F. S.190. Anm.122.　Reg. VII. 14 a.　H. E. J. Cowdrey, p.171.

(59) Reg. IV. 23, 24.

(60) E. Boshof, Die Salier. S.240.　I. S. Robinson, p.172.

(61) J. F. S.196.　AR. S.229.

(62) もっともクノーナウも、「平和」という言葉を両者の間に使ってはいるが、フリートはこの「平和条約」について、ドイツの年代記や王に敵対的な記述者は、ベルトルトを除いて、これについて言及しなかったとし、法王の諸侯への報告の中で、王と諸侯に関係する部分のみが公表されたと論じている。
J. F. S.196.　M. v. K. II. S.764.　R. Schieffer, Papst. S.63. 参照。

(63) DO. S.382.　J. F. S.189. Anm.119.
クノーナウは、この記述を疑問視し、これに否定的であるが、ツィマーマンやカウドリー、ロビンソンなどは、この記述を事実として認めている。
M. v. K. II. S.765–766. Anm.31.　H. Zimmermann, S.40.
H. E. J. Cowdrey, p.168.　I. S. Robinson, p.165.

(64) J. F. S.189–190. Anm.120.

(65) この原因として、フリートは、一つはルードルフの対立王の選挙と、ハインリヒとグレゴリウス双方の支持者の動きを挙げ、特に北伊における王派即ち反法王派がカノッサの平和を妨害したと見ている。
J. F. S.190. Anm.123, 190, 196–197.　M. v. K. II. S.764–765, 768.
H. E. J. Cowdrey, p.164.

(66) H. Zimmermann, S.41.

(67) J. F. S.190.

(68) J. F. S.190.

(69) カウドリーは、グレゴリウスは、彼が首席助祭の時も法王になった時も、ハインリヒを正しい心と生活へと導き、王そして皇帝にふさわしい人物にすることを求めていたと述べている。
H. E. J. Cowdrey, p.158.

おわりに

グレゴリウスの、トリブール会議の前後においての、さらにカノッサやカノッサ後の立場や態度、行動を見ても、彼にとっては条件さえ整えば、ハインリヒとの和が最も重要なものであったことは確実であろう。この点から見ても、カノッサ事件についての従来の一般的な評価は、やはり余りにもはじめから両者の対決を強調し、そこに劇的なものを求めすぎた感が深いのである。これはグレゴリウスに対し、革新的な新しさを求めようとする傾向からも来ているのである。法王自身は、ドイツの王権や皇帝権、さらには一般に世俗権力との関係においては、むしろ保守的な、伝統的な立場の人物であったことをまずしっかりおさえておく必要があるのである。それにしても、カノッサの「屈辱」や「悲劇」といったものは、少なくとも当時の人々の意識にはなかったものであり、法王が王に勝ったといった単純なものではなかったのである。

カノッサは、確かにグレゴリウスの望んだものではなかった。彼にとって、それは本来計画していた平和の実現の場ではなく、この意味で明らかに望ましい形での和解の場ではなかった。しかしもともとハインリヒとの和を考えていた彼にとって、カノッサでは表向き、公にはハインリヒに対しきびしい態度を示しながらも、このカノッサの緊急の異常事態の中でも、トリブール会議以前からの、仲介者たちを通しての王との和への動きに出来るだけ沿って、王との和を実現したのであった。

フリートの新説は、記憶論の観点からも、アルヌルフやドニゾーとともに、とりわけ「断片」の史料価値に改めて本格的に注目し、従来の一般的な諸説に大きな問題点を投げかける画期的なものであった。しかしこのフリートの新説は、真に確実な史料の乏しい中で、様々な前提条件を認めた上でしか成立しえない面も多いのである。特に一月六日説は、注目すべきものだが、必ずしも確実なものとは言えず、やはり問題点を残しているのである。

それでもフリート説は、従来の説と比べて、ハインリヒとグレゴリウスの、特に後者の和解への意欲をより積極的に一貫して示したという点では、やはりカノッサ事件への評価に新たな見方、本格的な転換をもたらしたと言ってもよいのである。これは同時に、ハインリヒに対するグレゴリウス像の転換をもたらすものであろう。グレゴリウスの願いは、ハインリヒを王や皇帝にふさわしい人物にすること、そしてこのハインリヒとの協調による改革の実現と、この世の統治であった。

フリートは、従来のカノッサの歴史像の根本的な構築は、ランペルトの年代記が一五二五年に最初に印刷された時からであるとし、彼のハインリヒへの憎しみから十六世紀にカノッサの基本的な価値付けが生まれ、これが時とともに、革命的な転換期としてのカノッサ像を通用させてきたこと、近代の歴史学も、この評価を大きく変えず、傾向的な判断で条件づけられたランペルトの構想を引きづっていると批判しているのである。(1)

このように見てくると、本章の「はじめに」にも引用したように、カノッサの事件は同時代の人々にも、その直後の人々にも思い出される事件ではなく、歴史がまもなく忘れていくエピソードにすぎず、世界を揺るがせもしなかったし、転換点でもなかったとフリートが評したことは、(2)やはり本質的な点では当を得ていると言えるのである。

注

（1）F. R. S.197.

（2）F. R. S.197.

「付　記」

フリート論への反響については、この論文の発表後まもなく出た既述のドイツの有力新聞三紙の文化欄での肯定的な紹介、論評と、[1] S・パッツォルトとG・アルトホフの批判的な論文が主なものである。[2] この批判に対し、フリート自身がこれに反論する形で、『カノッサ　伝説の暴露　一つの論難書』と題する一冊の著書を刊行している。[3] これは百八十頁と先の論文（六十五頁）の三倍近くの分量になっているほどである。この新著によって最初の論文の主張がさらに詳しく説明され、論旨がより明確にされている。以下少しこの新著を参考にし、フリート論への批判や補足について述べていきたい。

フリート論をめぐる議論には、結局は出発点となるフリート独自の記憶論への評価の問題とともに、彼が史料として新たに評価したアルヌルフやドニゾー、さらに「ケーニヒスベルクの断片」（以下、「断片」）の記述の信憑性とその解釈の問題が中心になるものである。例えばパッツォルトは、アルヌルフはカノッサの時に居合わせず目撃者ではなく、彼の記述は他の人の情報に依存していること、彼の関心はミラノのシスマの歴史であり、彼の日付、時間設定も曖昧と批判している。[4] 同様にアルトホフも、フリートはアルヌルフの助けをもって、他の記述やグレゴリウスの証言を誤りとして無視したと批判している。[5]

パッツォルトはまた、フリートがドニゾーを高く評価していることに疑問を呈し、ドニゾーは一〇七〇年～七二年ごろの生まれで、カノッサの目撃者ではなく、ドニゾーの書物は事件より四十年ほど後の著述として、カノッサについて最も遅く記述したものであり、しかもマティルデへの好意に傾いていると批判している[6]。パッツォルトは、このためフリートのドニゾーを核としているカノッサ論は、時代に近い中心的な記録に暴行を加え、後の誤りのある傾向的なドニゾーの『マティルデ伝』を中心の証言に引き上げ、不安定な弱々しい史料基礎に基づいていると批判しているのである[7]。

しかしフリートの主張では、パッツォルトのいう右の「中心的な記録」自身が、フリートの記憶論から見て問題であるように、これらの史料、記録の価値は、当時の他の史料からの裏付けというよりも、現在の記憶論から論じられており、この意味でフリートの記憶論の正否、適否に掛かっているのであり、フリート論も絶対確実な根拠の上に成り立っているものではないのである[8]。

さらにフリート論への評価については、たとえフリートの重視する上記の新たな史料を用いても、その解釈、利用の問題が残っているのである。例えばパッツォルトは、「断片」についてはその信憑性はともかく、かの問題の日付（一月六日）に関連して、フリートの旅程速度計算への疑問から、ドイツからの使者が来た時に法王がまだローマに居ても、一月六日の会議への招待は可能とし、フリート論のように、この使者が来る前に既に法王がローマから出発していたことにはならないとして、法王の平和会議に向けての積極的な役割に疑問を出している[9]。

同様にアルトホフは、カノッサで王と法王が「同盟」を結んだというのが、フリートの中心的な論と見、アルヌルフの関連の記述について、王が「同盟」の前に、王の臣下らの誓いを確認させ、この誓いは王が裁判に服するという条件の下になされたと解釈している。アルトホフは、この条件に結びつけられた「平和同盟」の性格は何かと問い、フリートはこの条件を無視していると批判している[10]。アルトホフは、アウクスブルクでの全体会議で法王が裁判官となる予定で、この条件を守ることを、王の臣下が誓ったと見、「同盟」ということと、王への法王の裁判権とはどうして一致するのかと疑問を出し、この裁判会議がカノッサ後も法王の関心の全体だったと主張している。[11] パッツォルトも、アルヌルフのいう「pacis federa」は破門解除の和解を指していて、「平和同盟」ではないと批判し、それはカノッサでの「王の誓い」や法王のドイツ諸侯宛の手紙の内容と一致しないと主張している。[12]

これらの批判に対し、フリートは、「同盟」とは言っていないとし、「平和条約」は「同盟」ではないと反論し、王が法王の裁判に従うとは、アルヌルフは何も語っていないと述べている。[13] アルヌルフのいう「平和と正義のための」会議（colloquium）は、裁判を意味しないし、アルヌルフも法王も、裁判ではなく「正義」と言っており、法王は裁判ではなく、王との和を求めたと主張している。[14] 法王の目標は、王の罷免でもなく、新王の選挙でもない。そもそも法王は、赦免とドイツでの王への非難の問題は分けていたし、王への非難、告発は欲せず、計画もしていない。[15] フリートは、王とザクセン人や諸侯との対立が、王の破門をもたらしたものではなく、ミラノ教会の問題などが、王と法王の関係を悪化させたと論じ、[16] このことは本質的にドイツの国内問題とは関係がないと反論している。

このフリートの法王の立場についての反論は正しいのであり、既述のように、[17] 法王の王との対立は、この世の支配をめぐる対立でもなく、王を屈服させる目的での対立でもなかったのである。この点は、ドイツの反王派と法王の立場は、全く違っていたのである。

右の点については、既述のように、[18] 法王には二つの秩序観があったことを見る必要があるのである。即ち「統治の秩序」と「救いの秩序」である。前者は、この世を治めるのに、王権と法王権がお互いに平等に対等の立場で協調して治めるという立場であり、いわば二権論、二剣論、二元主義の立場である。これに対し、「救いの秩序」とは、宗教上の救い手としての法王の立場からすれば、法王は王の上にあり、王を導き救う立場とするものである。

法王は、王に後者の立場から、法王の優位を説いただけで、決してこの世の統治において王の優位を主張したのではない。フリートは、筆者のように二つの秩序とは言っていないが、カノッサで宗教的な面での赦免と、世俗的な平和条約が結ばれたと分けているのは[19]、筆者のいう二つの秩序と関連していると言えよう。

王は、この法王の立場、真意を理解できなかったか、あるいはわざと誤解したかで、法王と対決することになったのである。しかしそれでも、これに対する法王の王への判決で最も重要であったのは破門であった。この破門はまさに「救いの秩序」に関連することなのである。

従来の一般的なカノッサ観は、右の二つの秩序を混同しているのであり、「屈辱」という見方も、赦免の問題と統治権の問題を混同しているのである。こうしてグレゴリウスを余りにも王権、皇帝権と戦う法王権の旗手のように捉え、両者の対立、対決ばかりを強調し、彼の立場、真意を誤解してきたのである。

なおこの破門については、既述のように、これによって王が支持者を急に失い、その立場が崩れたわけではない。王の破門に人々が驚き衝撃を受けたというのも、この破門に必ずしも賛成したことを意味しないのである。むしろこの破門に疑問をもち、反対する人が多くいたのである。この点も従来十分に注意が払われていなかったし、フリートもこの面では同様なのである。フリートはドイツよりイタリアの史料を重視しているため、イタリアの史料からは解明しにくい王の破門からトリブール会議に至るまでのドイツや王の状況について、新たな見方を出しえず、概ね従来の説のままであり、破門によって王の勢力が急速に崩れたかのように見ているのである[20]。この見方はかなり疑問で、王の立場が崩れていなかったからこそ、王は法王と王としての誇りをもって対等に交渉しえたのである。

いずれにせよ従来のカノッサ像は、歴史の中に余りにも劇的なもの、ある種のロマンを求めすぎたのである。こうした研究のあり方に本格的に疑問を出したのが、フリートであった。彼の説にはなお問題はあるものの、従来のカノッサ像に根本的な修正を求めた点は大きい。少なくとも彼の問題提起によって、はじめて学界が本格的に反応したことは、やはり画期的なことなのである。

しかし仮にフリート説が成り立たなくても、第三章でも見たように、彼以前の研究から見ても、カノッサ像の転換は、目立たない中ではあれ、本当はなされていたのである。以前の研究でもカノッサの会見は、粘り強い交渉の結果ともされていたのであり、フリートの「平和条約」という見方に近い論も可能であったのである。しかしこれが学界全体の大きな声とはならず、相変わらずまさにフリートの評するように、「ランペルトの影」が強く今日まで学界を覆っていたのである。[21]

なお、王が追い詰められていないのに、カノッサへ行った理由として、筆者は以前本書の第三章で見るように、皇帝戴冠の問題のみを強調していたが——勿論これも依然として無視できない重要な理由の一つとして考えられるとしても——、現在は本章の第二節で訂正したように、対立王擁立への不安からという理由の方が、より直接的な理由として真実に近いと思っている。

注

（1）本書、「はじめに」、注、（6）、（8）。

（2）S. Patzold, Gregors Hirn. Zu neueren Perspektiven der Forschung zur Salierzeit.（Geschichte für heute, 2, 2011）
G. Althoff, Kein Gang nach Canossa?（Damals, 41 Jahrgang, 5, 2009）
アルトホフは、この論文の前に既にほぼ同趣旨の批判を「古典的な方法論の代りに誤った記憶論」と題して、新聞の読者欄（Leserbrief）に投稿している。　Frankfurter Allgemeine Zeitung.（28. 2. 2009）

（3）J. Fried, Canossa, Entlarvung einer Legende.　Eine Streitschrift.（2012）

（4）S. Patzold, S.12–13.

（5）G. Althoff, S.60.

（6）S. Patzold, S.14.　ドニゾーはマティルデへの好意から、彼女と王の対立が激しくなると、さらに反王的になったようで、カノッサ事件後十五年して起った王のカノッサ城攻撃に際し、ドニゾーは、王がカノッサ事件で受けた「屈辱」に対し、「復讐する機会」が来たと信じたと語っている。この記述から見ると、ドニゾーのような反王派には、やはりカノッサ事件を王の「屈辱」と見る傾向があったことが分かる。しかしドニゾーのカノッサ事件についての描写自体は、むしろ王と法王の和を伝えているのである。

（7）S. Patzold, S.14, 17.
DO.（次章、「はじめに」、注、（1））、一六六～一六七頁。

（8）カノッサ論というより、フリートの記憶論への論評としては、次の論文がある。
M. Müllerburg, Risse im Schleier der Erinnerug.（Zeitschrift für Geschichtswissenschaft. 58. 2010）
W. Paravicini, Die Wahrheit der Historiker.（HZ. Beiheft. 53. 2010）S.9.

（9）S. Patzold, S.11–12.

（10）G. Althoff, S.59–60.

（11）ibid, S.60–61.

（12）S. Patzold, S.13, 15–17.

（13）J. Fried, S.40, 42.　この議論は結局、「pacis federa」の「federa」をどう訳すかに掛かっている。federa-foedus は研究社の『羅和辞典』（旧版、改訂版）では、「同盟、契約、盟約、協約、誓約」などと訳されているが、ドイツ語のラテン語辞典では、Bündnis（同盟）とともに Friedensvertrag（平和条約）という訳語を出している。
Der Neue Georges. Ausführliches Handwörterbuch　Lateinisch- Deutsch.（1913, 2013）

（14）J. Fried, S.45, 53–54, 141.　ここでも、「pacis et iusticie causa」（平和と正義のための）の iustcie-iustitia をどう解釈するかに掛かっている。iustitia は上記の『羅和辞典』では「正義、公正、法」の意味であり、中世ラテン語で、「裁判」の意味も出てくる。　E. Habel/F. Gröbel, Mittellateinisches Glossar.（1989）.
フリートはまた、意見の相違の中での党派的な判断よりも、合意への回帰が法王の実現しようとしたことと見ている。

J. Fried, S.52.

(15) ibid, S.53, 120–121, 124, 126.

フリートは、王の罷免は、ヴォルムス会議からルードルフの対立王の選挙の間の数年において、決して法王の意図ではなかったと述べ、一〇八〇年三月までハインリヒの王権を疑う法王の発言はないと主張している。法王は王を一〇八〇年の再破門まで、王として認めていたと述べ、アルトホフの「そのような同盟が法王の手紙と一致しない」という主張を強く否定している。

(16) ibid, S.120.

(17) 本書、第二章。

(18) 本書、第四章。

(19) J. Fried, S.30. この点について、既述の「南ドイツ新聞」の記事も、フリートの重要な論点として紹介している。(本書、「はじめに」、注、(8)) なおまた、フリートが、救済史には重要で不可欠な王権と法王権の両権の協力の再興を王と法王は求めたと述べているのは、既述の「統治の秩序」に関連していると言える。

ibid, S.150.

(20) ibid. S.31, 34. フリートは、法王に反対し王を支持する司教の戦線の「急激な瓦解」と表現している。

(21) ibid, S.89.

第五章　トスカナ辺境女伯マティルデ

――ドイツ王権（皇帝権）とローマ法王権の間――

はじめに

カノッサ家のトスカナ辺境女伯マティルデといえば、[1] すぐに思い浮かぶのは、かのカノッサ事件に関連して、ドイツ王のハインリヒ四世が彼女に対し跪き懇願している姿の絵であろう。[2] この絵のように彼女はクリュニー修道院長ユーグとともに、カノッサ城でのハインリヒ四世と法王グレゴリウス七世との劇的な会見に大きな役割を果たしたが、この事件はカノッサ家の歴史の頂点をなすものでもあった。[3]『マティルデ伝』の作者ドニゾーも、この会見の日、王と法王が共にいるカノッサ城が、「新しいローマ」になったと感じたのも、これを物語るものであろう。[4]

マティルデは、中世の数少ない女の諸侯としても注目されるが、カノッサ事件や王と法王の関係を考察する際にも、彼女の活動や存在は無視しえず、彼女を通して、これらの問題にも新たな見方が可能になるのである。

彼女は、一般的には法王グレゴリウス七世に近い人物、彼を支える最も有力な人物として、それだけドイツ王ハインリヒ四世には距離をおく人物、いや敵とさえ見られてきた。[5] 彼女の人物像についても、評価は時に正反対のものになり、淫な女から聖人的な生涯純潔な処女に至るまで[6]、あるいは強力で有能な政治家、支配者としての姿、男まさりの戦士の姿、信心深く教会に熱心に仕える姿など、さまざまである[7]。

これらいずれの姿、像が真実に近いかは別として、従来見られがちな白黒の明白な割り切り型の評価、それも「聖人伝」的な讃美型は問題で、最近E・ゲーツも主張しているように、マティルデについてのドニゾーの、私心なく教会のためにのみ考えた人物という信仰上の教化的な描写から離れ、実際的な権力政治家の姿、像をより強く視野に入れねばならないのである[8]。

本章では、カノッサ事件前後のマティルデの考察を中心にするため、彼女と密接な関係のあったグレゴリウス七世の亡くなった一〇八五年までの時期を扱っている。

注

（1）マティルデには、辺境女伯、女大公、女伯（marchionissa, ducatrix, comitissa）と公文書やドニゾーの『マティルデ伝』の中で、自称、他称を含め、さまざまな称号が使われ、そこには何らかの原理は認められない。ドニゾーなど、わずか数行の間に女伯、女大公と両方を使っている。E・ゲーツは、マティルデ自身も、「いろいろな自称をして一定の表現をしなかったことは、彼女の法的立場に原因がある」としているが、既に彼女の母であるベアトリックスには、ドイツ王からの辺境女伯、女大公、女伯への正式の授封は行われておらず、この法的な不安定性が、マティルデにおいてはもっと強く、彼女の支配権は決して国法的に基礎づけられていたものではなかった。それに彼女は、一〇八一年以後は帝国追放令を受け、余計にその感が強いのである。なおドイツの文献では、「トスカナ辺境女伯」の名称がよく使われているので、本章でもそれに従い、「マティルデ」という名前も、彼女のカノッサ家の人々の名前も、便宜上ドイツ語表示に統一しておきたい。

MGH, Die Urkunden und Briefe der Markgräfin Mathilde von Tuszien. hg. v. E. Goez.-W. Goez.（1998）―以下 UK. と略す―

W. Goez, ,,Mathilda Dei gratia si quid est". Die Urkunden-Unterfertigung der Burgherrin von Canossa.（DA. 47, 1991）S.392–393.
Donizonis Vita Mathildis.（MGH. SS. XII. 1968）
同右翻訳、ドニゾー、『カノッサのマティルダ伝』（日本版監修・樺山紘一、辻佐保子、岩波書店、昭和六十一年）―以下 DO と略し、本章での引用はこの翻訳を使う。なお本章では『マティルデ伝』と表示する。―、一四四～一四五頁。
E. Goez, Mathilde von Canossa. –Herrschaft Zwischen Tradition und Neubeginn.（Vom Umbruch zur Erneuerung? hg. v. J. Jarnut-M. Wemhoff. 2006）―以下 E. G. H. と略す―、S.324.

（2）この絵は、ドニゾーの『マティルデ伝』に伝えられた細密画で、カノッサ事件から数十年して作成されたもので、マティルデが腰掛け、その脇にクリュニー修道院長ユーグが立っている。
V. Fumagalli, Mathilde von Canossa.（1998）.―以下 V. F. と略す―、S.31.
右の書の伊語原本は、Matilde di Canossa. Potenza e solitudine di una donna del Medioevo.（1996）であるが、本章では原本を参照しつつ独訳書を引用する。

（3）P. Golinelli, Mathilde und der Gang nach Canossa. Im Herzen des Mittelalters.（1998）―以下 P. G. と略す―、S.32.
同様に右の書の伊語原本は、Matilde e i Canossa nel cuore del Medioevo.（1991）であるが、本章では原本を参照しつつ独訳書を引用する。

ゴリネッリは、このカノッサ事件の時点まで、カノッサ家は時に危機や後退があっても、継続的な発展をしていたが、その後ますます後退し、領地を放棄していく傾向が見られたと述べている。

（4）DO. 一三四～一三五頁。

（5）V. F. S.7, 32.　B. Pferschy-Malleczek, Mathilde von Tuszien.（Frauen des Mittelalters in Lebensbildern. hg. v. K. Schnith. 1997）―以下 B. Pfer. と略す―、S.170.

（6）W. Goez, Gestalten des Hochmittelalters. Personengeschichtliche Essays im allgemeinhistorischen Kontext.（1983）―以下 W. G. と略す―、S.201.
右の書の増補改訂版として Lebensbilder aus dem Mittelalter. Die Zeit der Ottonen, Salier und Staufer.（1998）が出されているが、旧版と異なる所で必要な場合は、W. G. II. として引用する。

H. Zimmermann, Gabt is eine Matildische Epoche.（Annali Canossani. I. 1981）S.5.
ツィマーマンは、マティルデはある人々には聖人、ある人々には魔女と映ったと評している。

（7）本章、第二節参照。マティルデは、教会のために戦った支配者の象徴として、敵味方の中に生き続けたとも評されるが、しかし、やわらかな女性的で愛らしい面については全く知られていない。これは、ダンテの『神曲』の煉獄篇の第二十八歌から第三十三歌にかけて、所々登場する彼女とも想定される人物の中で見られるだけである。
B. Pfer. S.173.　E. Goez, Mathilde von Canossa.（2012）—以下 E. G. と略す—、S.202.

（8）E. G. H. S.339.

一　カノッサ家の歴史

カノッサ家の先祖で、最初に少し知られている人物は、ルッカ伯領出のジークフリートであるが、[1] はっきりしてくるのは彼の子アーダルベルト・アットからである。彼はドイツ王のオットー一世と協力する中で、この王よりモデナ、レッジオ、マントヴァの伯に任ぜられ、[2] レッジオの南西の山中にある近寄り難い険しい岩の上に、同家の最も重要な城となるカノッサ城を建てた。[3] ここからこの家はカノッサ家とも呼ばれるようになるが、しかしこの家は自らをカノッサ家と名のったわけではない。[4]

この彼の子がテーダルトで、マティルデの祖父であり、彼の時、カノッサ家は既に北伊の最も強力な勢力となり、彼の子ボニファツ、即ちマティルデの父の時に、カノッサ家の力は頂点に達した。[5] ボニファツは、カノッサ家の所領を最大にした人物で、同家の最も重要な人物であった。[6] 彼はドイツ王コンラート二世によって一〇三〇年頃にトスカナ辺境伯職を授与され、同家の勢力範囲は一気に倍増した。[7] 彼の権力拡大がドイツ王（皇帝）の支持にも基づいていたように、彼の祖父、父と三代にわたる勢力拡大は、ドイツ王との密接な関係の中で築かれたものであった。[8]
このボニファツに一〇三七年ごろに二度目の妻として、後にマティルデの母となるベアトリックスを与えたのも、コンラート二世であった。[9] コンラートは、イタリアでの自らの主な支えの一つとして、彼らの結婚を求めたのである。[10]
このベアトリックスは、コンラートの妃ギゼラの姪であったが、父が早く亡くなったため、ドイツの宮廷でギゼラによって養女として育てられた。[11] このドイツの王家との深い関係は、後年のベアトリックスやマティルデのハインリヒ四世との関係を考える場合、重要な意味をもってくるのである。[12]
この結婚の時、ボニファツは五十歳をこえており、ベアトリックスはおそらく十五歳前後で、かなりの年齢差があった。[13] しかし二人の間には三人の子(男一人、女二人)が生れ、最後に一〇四六年ごろに生れたのがマティルデで、父は既に六十歳になっていた。[14] 彼女には将来は教会職が予定され、その教育の中心も宗教教育であった。[15] 六歳までは平穏であった彼女の生活も、一〇五二年に父のボニファツが狩りの途中で暗殺され、運命が劇的に変わることになった。[16] そのうえ八歳ごろに兄と姉が亡くなり、[17] 彼女がカノッサ家の後継者となり、生涯の方向が変化したのである。[18]
母のベアトリックスは夫の亡き後、その所領を維持し、三人の子のために支配権を主張するのに成功し、[19] その後二十四年間の支配の中で、広大な領地を最大限マティルデに伝えることが出来たのである。[20] E・ゲーツは、ベアトリックスは、マティルデの影に隠れて不当にもその功績が忘れられているが、マティルデを育て、マティルデの先駆者であったばかりか、彼女自身、中世盛期の最も卓越した女諸侯の一人であったと高く評価している。[21]
しかし彼女はいくら有能であれ、当時の男社会の中での女の統治は容易ではなく、特に後継の息子が亡くなったあと、強力な支えを求めていた。[22] その支えの一つが結婚であり、[23] おそらく法王レオ九世の仲介で、一〇五四年の夏か秋に彼女は、親戚のロートリンゲンのゴットフリートと結婚した。[24]

この結婚は、彼らの主君であるドイツ王のハインリヒ三世の許可なく密かに行われ、しかも王にとって親戚のベアトリックスが、彼の最も手強い敵の一人であるゴットフリートと結びついたため、彼の怒りをもたらした。(25) 彼はこれに対し直に反応し、翌年の三月にイタリアに来たが、ゴットフリートはロートリンゲンへ逃げ、ベアトリックスとマティルデは捕えられ、ドイツへ連行された。(26) この母と娘二人がゴットフリートとともに一〇五七年はじめにイタリアに帰りえたのは、ハインリヒ三世が一〇五六年十月に亡くなったからで、(27) この王の死がベアトリックスにとって決定的な転機を意味していた。(28) しかしこの母と娘にとって、このドイツでの一年半ほどの拘留は、ドイツ王への彼女らの感情に目立って悪影響を及ぼさなかったようである。(29) いずれにせよ、この結婚によって、アルプスの南北にまたがる二つの大きな領地が合わされることになったのである。(30)

ベアトリックスは、自らのもう一つの支えとして、法王庁との関係を求め、これがカノッサ家にとって後に重要な意味をもつことになった。(31) 上述のように既に結婚に際し、レオ九世との関係が見られたが、(32) ハインリヒ三世についで法王ヴィクトル二世も一〇五七年に亡くなると、ゴットフリート（とベアトリックス）は素早く行動し、彼の兄弟をステファヌス九世として改革派の法王に選ばせ、いわゆるロートリンゲン・トスカナ系の法王時代をもたらすことになった。(33) この時から特にベアトリックスは、改革法王庁の最も重要な頼りうる助け手となったのである。(34)

こうした中でマティルデは、非常によい、女子としては異例の教育を受け、ラテン語の読み書きも少しは出来、日常語では伊語とともに独仏語も流暢にしゃべった。(35) 彼女は、本来の教育方針からして、子供の時から宗教の世界に親しんでおり、(36) 母も信心深く、彼女を教会改革の指導者とも知り合わせた。(37) ここからもマティルデには教会の事が、生涯の主な関心事となったようである。(38)

マティルデの生涯にとって次に大きな事件は、義父のゴットフリートが一〇六五年末に亡くなったことである。クノーナウも見るように、この結果、彼女と母の行動ははるかに自由になり、法王庁との関係も一層密接なものとなった[39]。義父は亡くなる少し前に、同名の彼の息子のゴットフリートをマティルデと結婚させた[40]。これはロートリンゲンとトスカナ、ポー平野の二つの支配地の後継を生前に整えるためであったが[41]、この結婚についてはマティルデの対応、行動をめぐりさまざまに論じられてきた。

　マティルデの夫となったゴットフリートに身体的な障害があったため[42]、この結婚は強制的に圧力によってのみ行われたもので、彼女にとって、つらく不幸な結婚と見られてきた[43]。当時の貴族層の結婚がそもそも本人の自由意志ではなく、何らかの圧力によって行われたのが普通であり[44]、彼女の結婚のみを特別視することはないのであるが、一般に、美しい女であるマティルデが、よりによって醜い男と結婚する運命にあったと[45]、はじめから否定的に見られ、彼女の、障害をもつ夫への嫌悪が強調されてきた[46]。これは俗耳に入りやすい見方だが、P・ゴリネッリも見るように、障害が彼女に不快感を起させた真の原因であったのかどうかは分からないのである[47]。確かに彼女は後述の法王への手紙でも、この結婚からの解放を望んでいるが、これが現代人のような自由への意識であったのかは疑問であり[48]、彼女の結婚への拒否的態度についての理由は種々推測されるが、どれも史料の裏付けはないのである[49]。

　夫のゴットフリートは障害者とはいえ、彼に敵対的な年代記者のランペルトでさえ、尊敬していたほど優れた卓越した人物で[50]、ハインリヒ四世の誠実な友であり、忠誠で信頼しうる人物であったと見られている[51]。

　この夫婦の仲がどうであれ、マティルデは一〇七〇年のうちに妊娠し、翌年に子供を産んでいる[52]。しかしこれは非常に難産で健康を害し、この子はまもなく亡くなった[53]。彼女のどの文書にも、この子への供養がなされていないのは、確かに彼女の結婚への気持を見る上で注目されるものである[54]。

　マティルデは健康を回復すると、一〇七一年の秋か末に夫のゴットフリートの所を去り、イタリアの母の所へ帰った[55]。こんな行動は少なくとも表面的に見る限り、当時の女性としては珍しいもので、しかもそれが本当に離婚のためなら[56]、離婚を認めない教会と、信心深い彼女の立場はどう折り合ったのか疑問であろう。

一方、夫のゴットフリートは結婚状態を回復しようと、一〇七二年の秋か末にイタリアに来、翌年の八月まで滞在した[57]。これも当時の王侯級の男子の行動としては、珍しく誠実なものであった[58]。しかし彼女は夫に一度も会わず和解を拒み、彼の努力は失敗したらしい[59]。

ここで注目されるのが、マティルデが信頼する法王グレゴリウスの、彼女やゴットフリートへの対応である。ゴットフリートが上述のイタリアに滞在中に、グレゴリウスは法王になったが、ゴットフリートはグレゴリウスの法王就任を祝福し、同時にグレゴリウスに結婚上の困難に助けを求め、グレゴリウスは五月六日の手紙で、ゴットフリートにこの問題を引き受ける約束をしている[60]。翌年一〇七四年初めの法王のマティルデ宛の二通の手紙は、彼女の結婚生活の悩みを訴える二通の手紙に対し、この問題を解決する意図で、おそらく書かれたものであった[61]。法王の二通目の手紙は、曖昧な言葉遣いで明確ではないが、E・ゲーツは、ここで法王は彼女の結婚解消への願いに応ぜず、むしろ夫にやさしくするように忠告し、離婚に反対していると解釈している[62]。

母のベアトリックスも娘の離婚に強く反対する中で、法王はこの母の願いに反して行動したくなかったばかりか[63]、彼はゴットフリートをなお長く頼りうる同盟者として確保したかったため、彼にとって夫婦の和解は重要であった[64]。しかしこの彼や母の願いに対し、マティルデは頑固で、夫との和解をしなかった[65]。

さらにその後、王ハインリヒに忠実なゴットフリートと、法王側にしっかりと付いているベアトリックスとマティルデの間の溝は深まっていった[66]。ゴットフリートはますます強く王の方へ近づき[67]、ゴットフリートと法王の関係もおかしくなった[68]。ゴットフリートは今や法王から離れ、一〇七六年一月に王が召集したヴォルムス会議において、法王への断罪の中で、マティルデと法王の関係を問題にした一人でもあった[69]。

このヴォルムス会議から一ヶ月後の二月に、このゴットフリートが暗殺されたのである。誰が犯人か明らかではないが[70]、夫のゴットフリートが亡くなったことは、マティルデの結婚問題を思わぬ形で解決した[71]。この知らせは彼女への解放のように働き[72]、彼女は夫のことを悼まず、彼の魂の救いのために寄進もしていない、と一般に見られている[73]。確かに多くの寄進文書のどれにも、夫のための祈りの願いを示すものはないが[74]、彼女はしかし、法王に夫の魂のための祈りを、はっきりと求めていたのである[75]。

それに夫が亡くなったあと、マティルデはまもなく自らを何度も、「大公ゴットフリートの未亡人」と名のっていたのである[76]。さらに彼女は、結婚によって属することになった夫のサリー法に、夫の没後も属していること（lege vivere Salicha〔Saliga, Sallica〕）を一生述べており、二通の公文書でも夫について語っている[77]。同様に彼女は、亡夫の遺産への要求を出し、その一部を獲得しているのである[78]。

このような経過を見ると、やはりこの夫婦の関係は、単純に現代風の男女の好き嫌いの感覚では捉えられないのである。そもそも個人の意志に関係のない政略結婚が、当り前であった当時において、マティルデが結婚生活というものに現代人のような思いや期待をもっていたとは到底考えられないのである[79]。

注

（1）この家の起源ははっきりしないが、レッジオ・エミリアの司教の臣下であったようで、ジークフリートは、パルマ周辺やアペニン山地の北において権力と所領を得た。DO. 五十二～五十三頁。　B. Pfer. S.155.　E. G. S.9–10. Lexikon des Mittelalters. —以下 LM. と略す—、Bd. II.（1983）. Sp. 1440.

（2）彼が後にオットーの妃となるアーデルハイトを助けたことから、カノッサ家の上昇が始まる。彼は複数の伯領の支配者となり、実質的に辺境伯となった。

（3）A. Overmann, Gräfin Mathilde von Tuscien.（1895, 1965）―以下 A. O. と略す―、S.4.
B. Pfer. S.155.　E. G. S.16, 19.　DO. 五十九、六十七頁。
V・フマガッリ、「ドニゾーの詩―Vat. lat. 4922」、DO. 二十二頁。

E・ゲーツは、彼の下でこの家が最終的にはアペニン山中での定着に成功し、それゆえに彼はカノッサ家の祖と見なされると見ている。
W. G. S.177–178.　E. G. S.10–11.

（4）「カノッサ家」という呼称は、後世の歴史家によって付けられただけで、この呼称は一般に現代のものとされている。ただ十一世後半の公文書で一度だけ、先祖のアーダルベルト・アットにのみ「de Canossii」が付けられている。
LM. Bd. II. Sp. 1440.
E. Goez, Beatrix von Canossa und Tuszien. Eine Untersuchung zur Geschichte des 11. Jahrhunderts.（1995）―以下 E. G. Be. と略す―、S.9, 9. Anm.2.
ドニゾーは、『マティルデ伝』の中で、「カノッサ家の君主たち」（de principibus Canusinis）の称号の中に、初めて「カノッサ家」を、その本拠の城によって名付けている。領国内で最も名高い城の名を借りて、「カノッサ家」と呼んだ最初の歴史家は、このドニゾーである。
DO. 四十八～四十九頁。　E. G. H. S.333.　V. F. S.25.

（5）テーダルトは、既に「大公にして辺境伯」（dux et marchio）の新しい称号で署名している。
DO. 七十二～七十三頁。　W. G. S.178.　B. Pfer. S.156.　E. G. S.21.

（6）B. Pfer. S.155–156.　E. G. Be. S.10.

（7）DO. 一〇〇～一〇一頁。　B. Pfer. S.156.　W. G. S.178.
A. O. S.4.　E. G. S.33.　LM. Bd. II. Sp.423, 1440.
この授与の年ははっきりせず、一〇二七年から一〇三二年の間とされ、これでもって同家の勢力は、北はアルプス南麓のガルダ湖から南はローマの郊外にまで達した。ボニファツは、この広大な領地の中心を本拠のカノッサ城からマントヴァに移した。ドニゾーは、ボニファツを「大公にして辺境伯」と呼び、ベアトリックスの公文書でも同様に表示されている。

（8）V. F. S.17.　P. G. S.60.　DO. 八十二～八十三頁。　UK. Nr. 9. S.56,　Nr. 11. S.62.
B. Pfer. S.156.　A. O. S.40.
H. E. J. Cowdrey, Pope Gregory VII 1073–1085.（1998）―以下 H. E. J. と略す―、p.296.
オーバーマンは、カノッサ家の「伝統的に皇帝に忠実な政策」と表現し、カウドリーも、カノッサ家は、ドイツ王に多くのお蔭を受けていると見ている。

（9）W. G. S.178.　E. G. S.38–39.　E. G. Be. S.10.　A. O. S.123.　H. E. J. p.296.　P. G. S.72–73.
もっともドニゾーは、ボニファツ自身が、ベアトリックスを妻に求めたかのように記述している。
DO. 九十六～九十七頁。

（10）W. G. S.178.　E. G. Be. S.13, 15.
この結婚でコンラートは、イタリアで最も重要な臣下であるボニファツを、さらに密接にドイツに結びつけるのに成功した。

（11）W. G. S.178.　B. Pfer. S.156.
ベアトリックスの父は、上ロートリンゲン大公フリードリヒで、母はシュヴァーベン大公の娘であり、ベアトリックスは生れからしてドイツ人であった。ギゼラは、ベアトリックスの母と姉妹であるが、ベアトリックスは、父が一〇三三年に亡くなり、ドイツの宮廷に引きとられた。しかしベアトリックスが、年齢的に近いハインリヒ三世と一緒に育てられた可能性は、極めて少ないと見られている。

（12）P. G. S.73.　V. F. S.17.　E. G. Be. S.10–12.
ドニゾーは、ハインリヒ三世を「ベアトリックスとマティルデの主君であり、縁戚者でもある」と表現している。

DO. 一一四～一一五頁。

E・ゲーツは、王家とつながるベアトリックスのこの出自が、カノッサ家にヨーロッパ的な地位、名声をもたらしたと見ている。ドニゾーが、ベアトリックスを「王の家系から生まれた」と記述しているのは誤りであるが、ドニゾーもやはりドイツ王家とのつながりを重視していたことを示している。
E. G. Be. S.15, 193.　DO. 九十二～九十三頁。

（13）結婚は、一〇三七年七月と一〇三八年八月の間に行われた。ボニファツは、九八五年ごろの生れで、ベアトリックスの生年ははっきりせず、一〇一三年から一〇二六年の間とされているので、彼女は二十四、五歳から十一、二歳の間であった。
E. G. Be. S.10, 13, 15–16.　P. G. S.73.

(14) W. G. S.179.　マティルデの生年ははっきりしていないが、ドニゾーが一一一五年に彼女が六十九歳で亡くなったと語っていることから逆算して、一〇四六年ごろと推定されている。
DO. 二一〇～二一一頁。　A. O. S.123.　E. G. Be. S.29.　E. G. S.57.

(15) B. Pfer. S.158.　P. G. S.112.

(16) P. G. S.112.　A. O. S.123.　E. G. S.61.　B. Pfer. S.157.
E・ゲーツは、父の暗殺ですべてが変わったと表現しているが、ボニファツはおそらく臣下の一人に殺された。彼ら臣下は、高位貴族の支配に反抗し始めていたのである。

(17) 姉は一〇五三年に、兄は一〇五五年に亡くなったという説もあるが、E・ゲーツは、姉は兄より少し前で、両者は一〇五三年十二月十七日からしばらく後に亡くなったと見ている。
A. O. S.123–124.　E. G. S.62.　E. G. Be. S.21.

(18) B. Pfer. S.158.

(19) B. Pfer. S.157.　E. G. Be. S.72.
ドニゾーは、ベアトリックスは、栄誉ある地位を保ち、所領を「うまく保ち治めた」と語っているが、E・ゲーツはまた、ボニファツが殺され、その後のきびしい危機とともに、カノッサ家の衰退が始まったとも見ている。実際、ボニファツの暗殺後、反乱もあった。
DO. 一一四～一一五頁。　E. G. Be. S.192.　E. G. S.61.

(20) E. G. Be. S.194.　これには、ベアトリックスが、統治への有能な才能をもっていたことや、信頼できる助け手を選びえた幸運によって、はじめて可能であった、とE・ゲーツは見ている。

(21) E. G. Be. S.194.

(22) E. G. Be. S.10.　E. G. S.62.　P. G. S.118.　B. Pfer. S.157.
W. Mohr, Geschichte des Herzogtums Lothringen. Teil II.（1976）S.25.

(23) E. G. Be. S.21, 30.　P. G. S.118.

(24) P. G. S.118.　V. F. S.17, 19.　レオ九世とベアトリックスは親戚であり、E・ゲーツは、ベアトリックスとゴットフリートの両者は、お互いに子供のころから知っていたと見ている。　P. G. S.113.　E. G. S.62–63.

(25) E. G. S.63.　W. Mohr, S.25, 28.
E. Steindorff, Jahrbücher des Deutschen Reichs unter Heinrich III. (1874, 1969) Bd. III. S.273.
E・ゲーツは、王の許可を得ないこの結婚は、当時の人々にとって、公然たる裏切りのように思われたと評している。
E. G. Be. S.23.　B. Pfer. S.157.
ゴットフリートは当時、ハインリヒ三世によって上ロートリンゲンの大公位を罷免され追放されていた。
E. G. Be. S.10, 21.　H. E. J. p.296.

(26) E. G. S.63–64.　E. G. Be. S.23.　A. O. S.123–124.　V. F. S.18.　E. Steindorff, S.304.
モーアは、この捕縛の理由として結婚以外のものを見ている。　W. Mohr, S.29.

(27) V. F. S.18.　E・ゲーツは、王の在世中は、彼らと和解はなく、ゴットフリートも、王が亡くなって一夜のうちに、追放されていた者から、最も強力な大公になったと表現している。
E. G. S.63, 65.　W. Mohr, S.31.

(28) E. G. Be. S.10, 25.　E・ゲーツは、ゴットフリートとベアトリックスの、このまさに絶望的と思われた状況の中で、彼らを救ったのは、王の突然の死であったとも表現している。E・ゲーツは、王とゴットフリートの和は、王の在世中はありえないと見ているが(前注)、オーバーマンやモーアは、両者の和は既に一〇五五年または一〇五六年に成立していたと見ている。
A. O. S.124.　W. Mohr, S.30.　W. G. S.180.

(29) ドニゾーは、ハインリヒ三世に対し常に好意的で讃えていたが、これがカノッサ家のドイツの王家への気持を反映していたと見るなら、この拘留自体は、余り影響しなかったようである。むしろベアトリックスにとっては、王の許可を受けなかったことへの罪意識もあったのかもしれない。ただこの拘留について、ドニゾーが全く何もふれていないことは、この件が彼女らにとって、よい経験ではなかったことを窺わせるのである。ちなみにこの件に言及しているのは、ボニゾーのみである。
DO. 一〇〇～一〇一、一〇六～一〇七、一一四～一一五頁。　A. O. S.124.

（30）Bonizo von Sutri, Liber ad amicum.（P. Jaffé, ed, Monumenta Gregoriana）V. S.63.
The Papal Reform of the Eleventh Century.（tr. & an. by I. S. Robinson）（2004）p.195.
P. G. S.120.　W. G. S.181.　B. Pfer. S.157.　E. G. Be. S.27.
アルプスの南ではベアトリックスが、ゴットフリート以上に強く諸件を決定していた。ゴットフリートがアルプスの北を支配し、ベアトリックスが南部でゴットフリートを代理していた。ベアトリックスは、ゴットフリートの留守の時は、完全に独立して支配権を行使した。E・ゲーツは、ベアトリックスは、「異例の独立性」をもって活動したと見ている。

（31）P. G. S.113.

（32）レオ九世との関係には、ベアトリックスが彼と親戚であったことも、この関係樹立を容易にした。　P. G. S.113.

（33）W. G. S.181.　P. G. S.124.

（34）E. G. Be. S.193.

（35）E. G. S.59–60, 123.　B. Pfer. S.163.　H. Zimmermann, S.6.　DO. 一三〇～一三一、一九六～一九七頁。
ヴァインフルターは、マティルデを「とびぬけて教養ある女性」と評している。
S. Weinfurter, Canossa. Die Entzauberung der Welt.（2006）S.15.

（36）E. G. S.60.　B. Pfer. S.161–162.

（37）W. G. S.182.　B. Pfer. S.162.

（38）W. G. S.182.

（39）G. Meyer von Knonau, Jahrbücher des deutschen Reiches unter Heinrich IV. und Heinrich V.（1894, 1964）―以下 M. v. K. と略す―、Bd. I. S.635.
クノーナウは、一方で彼女らの方は、法王庁に頼ることが強くなり、他方で法王庁の方は、カノッサ家の権力手段をますます利用できるようになったと見ている。

（40）P. G. S.147.　A. O. S.242.　E. G. Be. S.30.　M. v. K. I. S.638.　W. Mohr, S.48.
結婚は、十一月末か十二月に行われた。

（41）P. G. S.147.　H. E. J. p.297.

(42) ゴットフリートは、ドイツ語で「Gottfried der Bucklige」(「せむし」のゴットフリート)と言われるように、背骨に障害があった。

(43) W. G. S.182.　H. E. J. p.97, 297.　E. G. Be. S.30.　E. G. S.79.
この結婚は、さらに最初から破綻、失敗していたとか、それどころか、見せかけの結婚で、現実にはなされなかったという見方さえある。しかしこの後者の説については、オーバーマンもクノーナウも否定している。ドニゾーは、そもそもこの結婚について全くふれず、マティルデは処女を守ったかのように語っている。
A. O. S. VI, 129, 243.　M. v. K. II. S.656. Anm.58.　DO. 四十八～四十九、二一七頁。

(44) E. G. S.78.　E・ゲーツも言うように、高位の貴族では、結婚は権力や利害の視点から結ばれた。

(45) V. F. S.19.　マティルデの墓の調査からは、彼女が薄い赤いブロンドの髪で、白いきれいな歯並びの美しい女性であったと見られている。ドニゾーなどは、「ディアナの星が輝くほどに明るく光っていた」と、月の女神ディアナのように美しいと讃えている。
P. G. S.74.　B. Pfer. S.163.　H. Zimmermann, S.5.
DO. 一二八～一二九頁。

(46) P. G. S.156.

(47) P. G. S.148, 156–157.　E. G. S.83.　W. Mohr, S.52, 58.
E・ゲーツも、これについて詮索するのは無意味と述べているが、W・モーアはこの点について全くふれず、両者の不和の始まりを、まずドイツとイタリアでの支配者としての立場の違いから見、さらに彼女の夫への嫌悪も、夫の人物に対してのものと見るべきではなく、余りにも近い親戚関係のゆえの不安と見ている。即ち彼女には、義父の息子の妻であるという考えに耐えられなかったのである。モーアのこの冷静、客観的な観察は、もっと注目されていいものであろう。

(48) W・ゲーツが、これは彼女に押しつけられた最も深く嫌悪する夫から離れたいという叫び声のように思われたと、まるで現代人の反応のように解釈しているのは疑問であろう。　W. G. S.184–185.
この手紙は現存せず、以下の法王の返信からその内容が知られる。　Das Register Gregors VII. hg. v. E. Caspar.（MGH, Epp. sel. 1920）―以下 Reg. と略す―、I. 40, 47.

（49）後注、（61）、（62）、参照。
B. Pfer. S.160.　オーバーマンは、難産のゆえにもはや夫と関係をもちたくなかったとも見ているが、彼女は相手が誰であれ、そもそも結婚というものを忌避していたという見方もある。オーバーマンは、グレゴリウス七世の考えにすっかり満たされていた彼女にとって、結婚は死に値する罪と思われたと見ている。プフェルシ-マレツェックは、彼女が義父のゴットフリートを憎んでいたことから、その義父の息子との結婚を最初から不快に思っていたとも見ている。
A. O. S.244.　B. Pfer. S.160.

（50）P. G. S.156.　E. G. S.79.　B. Pfer. S.159–160.　M. v. K. II. S.654.
Lampert von Hersfeld, Lamperti monachi Hersfeldensis Annales.（Ausgewählte Quellen zur deutschen Geschichte des Mittelalters. Bd. XIII. 1973.　—以下 AQ. と略す—）—以下 LA. と略す—、S.348–349.
彼は、精神面や政治面で才能があり、一般に尊敬されていた人物で、クノーナウは、彼は珍しいほど一致した意見で、諸侯の中ではるかに卓越した人物として認められていたと述べている。

（51）W. G. S.183.　M. v. K. II. S.650.　E. G. S.79.
E・ゲーツは、これについてマティルデは、夫のこの長所を見ず、障害に不快感をもったのかどうか、このようなよき性質が幸福な結婚に十分であったのかどうか、と問題提起のみをしている。それにしても、当時「幸福な結婚」というものが、どれほど存在したのかも問題であろう。

（52）A. O. S.125–126, 194, 243–244.　P. G. S.148–150.　E. G. S.79.
E. G. Be. S.30.　M. v. K. II. S.656, 656. Anm 58.　H. E. J. p.297.
E. Boshof, Die Salier.（1987）S.213.
この子が男か女かは、はっきりしないものの、以前の研究では一般に証言なしに男としていることが多いが、E・ゲーツは、母のベアトリックスの一〇七一年八月のフラッシノーロ修道院への寄進文書（E. G. Be. S.215）から、女子の可能性が高いと見ている。しかもこの子の名前は、ベアトリックスであったとも言われている。

（53）P. G. S.148–150.　W. G. S.182–183.　E. G. S.80.　A. O. S.125–126, 244.
この難産のため、母のベアトリックスは、マティルデの健康のために、フラッシノーロ修道院に十二の村（荘園）を寄進している(前注参照)。

(54) W. G. S.182.　E. G. S.80.

W・ゲーツはこの点について、それは彼女の身に起ったことを忘れようとするかのようであったと述べ、E・ゲーツは、生れた子が女であった場合はかなりの失望であって、この誕生とこの子が早く亡くなったことは、彼女の結婚に伴う錯乱、動揺を余りにもはっきりさせたようである、と評している。

(55) W. G. S.183.　E. G. Be. S.30, 194.　E. G. S.80.

P. G. S.151.　A. O. S.126, 242, 244.

彼女は、「帰った」というより、「逃げた」のであり、しかも密かに夫から去った。E・ゲーツは、彼女の絶望がいかに大きかったかは、困難な冬の旅をあえてしたことからも、考えられると見ている。結婚の継続は、彼女には全く考えられなかった。

(56) モーアは、マティルデが求めたのは、本来の離婚ではなく、ただ修道院に入ることでもって、結婚を事実上終らせたかったと見ている。　W. Mohr, S.58.

(57) P. G. S.154–155.　A. O. S.127–128.　B. Pfer. S.160.

E. G. Be. S.31.　W. Mohr, S.52, 187. Anm.339.

モーアは、この時点ではゴットフリートとマティルデの関係はまだ決裂はしておらず、まずまずの関係で、マティルデは母とともに夫を出迎えに行ったと見ている。

(58) E・ゲーツは、マティルデによって独断的になされた離別を、ゴットフリートは受け入れることは出来なかったと評しているが、ゴリネッリは、彼のまじめな努力を認めねばならないと見ている。　E. G. S.81.　P. G. S.156.

(59) W. G. S.183.　E. G. S.81, 89.　E. G. Be. S.32.

P. G. S.155.　A. O. S.129.　W. Mohr, S.53.

もっともモーアは既述のように、マティルデは夫を出迎えたと見ているし(前注、(57)、参照)、オーバーマンも、一〇七三年八月にマティルデが、母と「私の夫ゴットフリートの同意をもって」、パルマの修道院に寄進している例を挙げ(UK. Nr.9. S.56)、この母と娘が、ドイツへ帰るゴットフリートをアルプスの麓まで同伴したと見ている。さらにオーバーマンは、この夫婦の間には少なくとも外面的には、どうにかこうにかの関係があったらしいと推測している。モーアも、ゴットフリートが帰ったのは、結婚上の問題ではなく、ドイツでの事情のゆえであったと見、ベアトリックスとマティルデが、ゴットフリートをヴェローナまで見送った可能性を見ている。いずれにせよ、ゴットフリートはドイツに帰っても、マティルデとの関係修復の試みをあきらめなかったのである。

(60) P. G. S.154. H. E. J. p.298. A. O. S.128.
M. v. K. II. S.215, 216. Anm 49. E. G. S.82. W. Mohr, S.52, 187. Anm.343.
Reg. I. 9.
もっとも、この手紙で法王は、結婚問題を依頼されたことをはっきりと明示していないため、この点をオーバーマンやクノーナウ、モーアは否定するが、E・ゲーツはこの手紙の文言——「私は、あなたが私の同様に変わらぬ愛と、あなたの名誉(権利)に対する最も積極的な私の好意を決して疑わないように願っています」——は、結婚問題の仲介への申し出以外には考えられないと主張している。

(61) Reg. I. 40, 47. P. G. S.155. E. G. S.82–83. W. G. S.184–185.
最初の手紙は、一月三日のもので、直接マティルデと結婚の件で話すために彼女がローマに来ることを願い、二通目の二月十六日の手紙で、「罪を犯す願いをやめなさい」、と彼の心配や気持を示していると見られている。

(62) A. O. S.132. E. G. S.83. E. G. Be. S.32, 171. P. G. S.156. W. Mohr, S.57.
モーアは、この手紙をマティルデの修道院への希望のみに関連させているが、オーバーマンは、マティルデが法王に結婚解消の願いを出していたと見ている。

(63) E. G. Be. S.32. A. O. S.132.

(64) A. O. S.132. P. G. S.156. E. G. Be. S.32, 171. W. Mohr, S.57–58, 61. Reg. I. 46, III. 5.
法王は一〇七四年二月の手紙から見ても、ゴットフリートをベアトリックスやマティルデとともに、法王の計画の協力者として、この時点でもゴットフリートとマティルデに夫婦の関係があると見ているし、モーアも、一〇七五年九月ごろでも、法王の手紙から見て、ゴットフリートとマティルデの関係が切れていなかったと見ている。

(65) P. G. S.156–157. E. G. S.83, 217.

E・ゲーツは、マティルデの唯一確実に知られる性格として、この強固な頑固さを挙げている。

(66) B. Pfer. S.161.　A. O. S.244.
オーバーマンも、政治上の異なった立場によって、夫婦の関係はますます悪化したと見ている。

(67) P. G. S.157.　V. F. S.44.
ゴットフリートは、マティルデの権力地位への妬みや、彼女と親しい法王への妬みから法王の敵になり、王をヴォルムス会議の決定へと動かしたとも見られている。

(68) P. G. S.157.　E. G. S.84.　W. Mohr, S.61–62.
一〇七五年九月の法王のベアトリックスとマティルデ宛の手紙（Reg. III. 5）から見て、法王もゴットフリートから離れたと見られている。

(69) P. G. S.157.　E. G. S.84.　B. Pfer. S.161.

(70) P. G. S.152–153, 157–158.　A. O. S.132, 137, 195. Anm.1.　W. G. S.187.　E. G. S.84.
M. v. K. II. S.650–651, 652. Anm 54.　W. Mohr, S.63.　LA. S.348–349.
Landulfus Senior, Historia Mediolanensis.（Landulphi senioris Mediolanensis Historiae）（L. A. Muratori, Raccolta degli storici italini. t. IV, 1942）p.124.
ランペルトは、彼がフランドル伯の教唆によって殺されたと伝えているが、W・ゲーツなどは、おそらく敵対的なフリース人たちが買収した彼の部下によって殺されたと見ている。ただランドルフのみ、マティルデが夫を密かに殺させたと伝えているが、この記述はしかし一般に悪意ある作り話として信用しがたいものとされている。

(71) E. G. Be. S.31.

(72) W. G. S.187.　E. G. S.84.　M. v. K. II. S.655.
E・ゲーツも、これが彼女を結婚のいやな鎖から解放したと述べ、クノーナウも、彼女とベアトリックスにこの知らせは本質的に安堵感を与えるものとして受け取られたと見ている。

(73) A. O. S.244.　P. G. S.158.　B. Pfer. S.161.

(74) W. G. S.188.

（75）B. Pfer. S.161.　M. v. K. II. S.656–657.　A. O. S.138.
法王は、一〇七六年八月のメッツ司教ヘルマン宛の手紙で、しばしば祈りでゴットフリートのことを思い出していること、マティルデの願いに動かされ、ゴットフリートの魂の救いを願っていると語っている。クノーナウは、法王が彼のための祈りに対し、より穏やかな気持を示していたと評し、オーバーマンも、法王は彼の敵対的行為にほとんど動かされず、彼のためにしばしば祈っていたと見ている。
Reg. IV. 2.

（76）W. G. S.188.　M. v. K. II. S.657, 659. Anm.57.　P. G. S.158.
この表現（relicta bone memorie Gottefredi ducis）を、彼女はなお数年一〇七八、七九年にもしている。またゴリネッリなどは、彼女は公文書の中で常に「ボニファツの娘」と名のり、「ゴットフリートの妻」と自らを名のっていないとも見ているが、一〇七三年八月や一〇七九年九月の文書では、ゴットフリートを「私の夫」（viro meo）と表現している。
UK. Nr.9. S.56,　Nr.26. S.98,　Nr.28. S.105.

（77）A. O. S.244.　UK. Nr.40. S.133,　Nr.76. S.223,　Nr.151. S.384.　前注、（76）、参照。
但し、Nr.151. は偽書と見られている。

（78）B. Pfer. S.165.　A. O. S.138, 194–196, 244.　E. G. S.101.　W. G. S.188.
これについてE・ゲーツは、夫への克服しがたい嫌悪にも拘らず、彼女の事業家的な精神は、夫の遺産を全力で守ることに何の問題ももたなかった、と評している。

（79）A. O. S.244.　B. Pfer. S.161.
例えば、彼女が結婚のことを「思い出したくなかった」とか、「不愉快であった」と感じていたと評される時、どこか現代人と同じような感覚を彼女に見ているのである。

二　マティルデと法王庁

カノッサ家と改革法王庁との関係は、既にレオ九世の時から始まっているが[1]、特にグレゴリウス七世の時代は、この関係が従来にない密接かつ個人的なものになった[2]。グレゴリウスは、早くも一〇七三年四月に自らの法王就任をベアトリックスに伝え[3]、さらに六月の彼女とマティルデへの手紙では、普通以上に親密な調子を出していた[4]。一方彼女らも、同年末に二度法王に手紙を出し、熱烈な忠誠を約束した[5]。彼女らは、法王の最も信頼する人物となった[6]。特にマティルデは、夫との関係の悪い中で、全く献身的に法王に向かっていき、両者の関係は年ごとに密接になり[7]、法王は彼の多くの手紙の中で、初めて彼女には自らの「口述」の言葉で語りかけるほどであった[8]。

マティルデのグレゴリウスへの接近には、宗教的信仰的な面があるとはいえ、やはりこの異常に親密な関係は悪い噂を生み、いかがわしい愛の関係が想定された[9]。実際この関係への告発が、既述のようにヴォルムス会議での法王への退任要求に際し出され、一つの役割を果たしたのである[10]。

マティルデは、一〇七六年二月に夫が、ついで四月には母が亡くなって全く一人となり、グレゴリウスへの関係は一層深くなった[11]。両者の関係が実際はどうであれ[12]、ゴリネッリも見るように、彼女が法王とは改革思想の支持者としてのみならず、深い好意とお互いに支える必要性によって、結びつけられていたことは確かであろう[13]。ゴリネッリは、両者の関係は二人の孤独な人間のつながりであったとも見るが[14]、両者がともに孤独であったことは確かで、グレゴリウスが信頼できたのは、マティルデやハインリヒ四世の母アグネスだけであり[15]、マティルデも今や全く孤独であり、いくら強い女性であれ、信仰心だけでは無理で、現実には支えを求めており、それがグレゴリウスであり、後にはアンセルムスであった[16]。

マティルデの信仰心といえば、彼女は早くから俗世を離れ修道院に入る希望をもち、この願いは時に強く現れ、彼女の生涯の根本動機であったとも見られている。[17] しかしこの願いに対し、グレゴリウスは反対し、[18] 母も反対し、家の権力の維持を願っていた。[19]

マティルデには強い信仰心があっても、この修道院の問題のように、彼女はグレゴリウスや改革派と常に意見が一致するとは限らなかった。彼女には法王への確固たる忠誠心はあっても、[20] しばしばお互いに不平や不満があった。[21] 確かに彼女は、教会改革の推進者ではあったが、しかし改革の幾つかの主な事柄に、自ら明白に背いていたのである。[22] 母のベアトリックスは、法王や改革を支持したが、マティルデと違って家の利益を忘れなかったと評されるが、[23] この点ではマティルデも、程度の差こそあれ、本質的には母と変わらなかったのである。[24] E・ゲーツが的確に指摘しているように、マティルデを法王庁の無我の援助者として描こうとするドニゾーの修道士的禁欲的な理想は、彼女の権力政治的な面を意識的に隠しているのである。[25]

それにマティルデが、修道女への憧れをもつ人物だからといって、一般に修道女という存在から想像される控え目な感じの女性ではなかったことも、彼女の人物を考える上で重要であろう。ツィマーマンも、彼女の信心は、彼女の支配欲と目立って対照をなすもので、[26] この支配欲を当時の年代記の多くが、彼女について咎めており、臣下もこれを時に怖れたと述べている。実際、彼女は行動的な人物で、戦士的な一面があり、力づくで領地の秩序を維持した。[27] 彼女は若い時から戦いに参加し、自ら軍を指揮し、兵士の頂点で長く馬に乗ることに慣れていた。[28] 彼女が戦争も男以上にうまく指導したことは、女性としては異常に思われたのである。[29]

年代記者のボニゾーも、マティルデを法王側にいる戦士の模範とし、ペテロの真の娘と讃えた。[30] この戦士的な一面を彼女の意志に反したものと弁護する見方もあるが、[31] 彼女が強い家門的意識をもった主君でもあったことは確かであろう。[32] マティルデは、生涯の大部分を領内を巡る中で過ごし、[33] それも誇り高く自負心をもって行動し、多くの従者を従え、馬上高くきらびやかな服装で国中を巡ることを好んだのである[34]。こんな彼女の支配者的意識や強い誇り、自尊心は、上述の戦場での姿にも一脈通じるものがあるのである。

この支配者的意識や信仰心とも関連して注目されるのが、マティルデが、「もし私が何者かであるなら、神の恵みによるマティルデ」と公文書に署名し、自らの地位を条件付とはいえ、王権神授（「神の恵みによる王―rex gratia Dei」）と同様に、神授と見たことである[35]。この署名は従来一般に、謙遜の仕草、表現とか、信仰心の証拠とも解されたが[36]、W・ゲーツは、これは単に中世の謙遜の表現ではなく、彼女の行使している支配権を示すと見、彼女が王から正式に授封されていない中、さらに後には追放の身の中で、王からではなく神から任命されていると考え、この署名を使ったと解釈した[37]。この解釈からも、彼女の強い支配者的意識が見られるのである。

最後にもう一つ、マティルデとグレゴリウスとの関係について見ておけば、かの悪い噂やヴォルムス会議での告発に、両者が影響を受けたのかどうかはともかく、両者はその後は言動に慎重になり、もはや嘲笑や噂話への口実を与えなかった[38]。特にカノッサ事件後は、両者の手紙の交換は少なくなり、その調子も私的個人的なものから、普通の官房の表現に近くなり、簡潔で事務的なものとなったのである[39]。

この状況の変化には、次の事情も考えられる。カウドリーも見るようにカノッサ事件後、状況は変わり、ベアトリックスは既に亡くなっており、やがてアグネスも世を去った。グレゴリウスは、ハインリヒを皇帝位にふさわしい人物にもはや育てることも考えなかった[40]。マティルデらかの三人の女性がたとえ全員生存していても、彼女らは法王の計画の中で、もはや以前のような役割を演じなかった[41]。この面から逆に考えると、グレゴリウスの以前の彼女らへの異例の親密さや期待も、単なる男女間の問題ではなく、グレゴリウスのハインリヒへの希望から、彼女らの王への影響力への期待から出てきた面があったのである[42]。カノッサ事件後、法王は王への以前の希望や期待を失っていったのである。

カノッサ事件以前のハインリヒとグレゴリウスの対立は、法王からの王の改心、改善への期待の中での対立だったが、カノッサ事件後、特に一〇八〇年後は、そのような期待が消えた中での単なる対立となったのである。結局は力だけの軍事的な対立となり、この中でマティルデは以前以上に軍事面で法王のために働くことになった。同時にカノッサ事件までは、彼女らの王への親族的な親しみの中で、王と法王の対立にも人間的な情や暖かさがあったが、これも法王と彼女らとの関係も変わる中で、以後の時期には消えていくのである。以前の時期の対立に、人間的な面を与えていたのは、彼女ら、特にマティルデの存在であったと言えるのである。(43)

注

（1）E. G. Be. S.146, 171.　A. O. S.40.
ベアトリックスは、レオの時から法王庁との協力に努力したが、オーバーマンも見るように、カノッサ家と法王庁の協力は、事実上このベアトリックスの時から始まる。

（2）E. G. Be. S.146.

（3）E. G. Be. S.165.　Reg. I. 4.　ベアトリックスは、グレゴリウスが自らの法王就任の通知を出した数少ない人物の一人であった。

（4）E. G. Be. S.165.　Reg. I. 11.　彼は、彼女らを「ペテロの最愛の娘」とか「最も愛する婦人たち」と呼んでいる。

（5）W. G. S.185.　この手紙は残っていないが、法王のマティルデ宛の手紙（Reg. I. 40）の中で言及されている。

（6）E. G. Be. S.165–166.　W. G. S.186–187.　B. Pfer. S.163.
E. G. S.96.　A. O. S.134–135, 197.　E. Boshof, S.213.
T. Struve, Mathilde von Tuszien-Canossa und Heinrich IV. Der Wandel ihrer Beziehungen vor dem Hintergrund des Investiturstreites.

（HJ. 115, 1995）S.42.
Reg. I. 9, I. 50.　法王は、すべての諸侯の中で彼女らほどしっかりと信じている者はいないと述べ、二人は彼の唯一信頼する者で、アグネスとともに最も親しく最も活動的な助け手であった。

（7）A. O. S.197, 244.

（8）A. O. S.197.　H. E. J. p.299.
Reg. I. 47.　法王はこの手紙では、公的に使う一人称複数（「我々」）ではなく、一人称単数（「私」）で語っている。

（9）E. G. S.94.　P. G. S.164, 166, 234–235.　V. F. S.51.
W. G. S.186.　E. G. Be. S.165.

（10）H. Zimmermann, S.5.　P. G. S.157.　B. Pfer. S.161.

（11）P. G. S.163–164.

（12）P. G. S.164.　ゴリネッリは、両者の性的関係は、マティルデの宗教的な熱意や法王の聖人的な生活が、これを否定していると見るが、これはそう簡単に断定できないであろう。

（13）P. G. S.183.

（14）P. G. S.235.

（15）前注、（6）、参照。

（16）V. F. S.19.　T. Struve, S.82.　P. G. S.208.
シュトルーヴェも見るように、マティルデの側に、法王やアンセルムスへの関係において表された父親的な人物への強い依存の必要があったことも忘れてはならない。この法王やアンセルムスは、マティルデに彼女の安全性、確信を与え、単独で統治して以来、支えとなってきた。

（17）E. G. S.216.　V. F. S.16, 33, 49.　P. G. S.276.

（18）Reg. I. 47.　W. G. S.187.　B. Pfer. S.161–162.　H. E. J. p.673.
法王は、彼女に世話、保護を必要とする臣下を見捨ててはならない、と主君の義務を強調したが、法王の反対の理由には、政治的なところがあり、彼女が修道院に入ると、法王にとって非常に危険な政治的な状況が出てくる可能性があったのである。

(19) B. Pfer. S.160–161.

(20) T. Struve, S.82.　E. G. Be. S.34.　A. O. S.244.
DO. 十六、一二六～一二七頁。
ドニゾーは、彼女やベアトリックスは、法王への忠誠で「岩のように」不動のままだったと語っている。

(21) H. E. J. p.97.　E. G. Be. S.167–168, 192.　Reg. I. 79.
この点は、母のベアトリックスにしても同様であった。

(22) W. G. S.175, 199.　E. G. Be. S.192.　E. G. S.72, 175–176.
W・ゲーツは、マティルデは晩年にも司教の叙任を自ら行い、こうして法王庁は他では非難することを、彼女には見逃していたと見ている。

(23) B. Pfer. S.161–162.　E. G. Be. S.146, 167, 171–172, 193.

(24) E. G. S.101.　彼女も、自身の所領をしっかりと保持するのに非常に努力したのである。

(25) E. G. H. S.331.

(26) H. Zimmermann, S.7–8.
この信心深さと支配欲の強さは、決して矛盾したものではないことは、筆者がこれまで何度も述べてきたことである。

拙著、『中世盛期の皇帝権と法王権』、（平成二十四年）、五十、五十六～五十八、六十六～六十八頁。

(27) V. F. S.15, 17.　E. G. H. S.332, 339.　DO. 二十七、一八〇～一八一、一八八～一八九頁。
ドニゾーでさえ、マティルデが、「力ある敵を制圧するのを常の慣しとしていた」ことや、「三十年の間、ひるむことなく国の騒乱を鎮めつつ、夜に昼に戦い続けた」ことを語っているように、「領国内からの蚕食のあらゆる企てにたいして断固として闘う女封建領主」というイメージを与えているのである。

(28) V. F. S.9, 39–40.　B. Pfer. S.167.　P. G. S.276.
マティルデは、特に後年において、政治的、軍事的な対決の中で、自らを示さねばならなかったが、前注、(27)、でも見たように、ドニゾーは、彼女が「勇んで進軍し」、「激しい戦いを…力強く押し進め」、「逆らう者すべてを打ち破った」と、彼女の「勇敢な」、「力あふれる」姿を讃えている。DO. 一五四～一五五、一六二～一六三、一八六～一八九、二〇六～二〇七頁。

(29) B. Pfer. S.163.

(30) Bonizo, S.653, 689.（英訳本ではp.47, 216, 261.）ボニゾーは、マティルデについて、「男の精神をもって」とも表現している。

(31) P. G. S.276.　E. G. H. S.334.　V. F. S.33, 40.
もっともフマグッリも見るように、マティルデに敵対的な年代記も、彼女を好戦的な女としてのみ語っていないことは、確かであろう。

(32) W. G. S.177, 187, 195.　E. G. H. S.332.　B. Pfer. S.170.
W・ゲーツはまた、彼女は生れながらの支配者の当然さをもって、遺産への支配を引きついだと述べ、プフェルシ－マレッツェックも、同時代の多くの人々には、彼女は女王に見えたと評している。

(33) V. F. S.105.

(34) W. G. S.188.　E. G. H. S.337.
E・ゲーツは、彼女はまた常に権力の誇示の努力の中で、公文書の作成にも価値を置いていた、中世盛期の女諸侯の中で、彼女ほど多くの公文書を残した者はない、現在まで一〇三の公文書が残っている、と述べている。

(35) UK. Nr.21. S.85.　W. Goez, Matilda, S.383, 387.　W. G. S.187–188.　W. G. II. S.243.
これは一〇七七年六月二十一日の文書に「si」を欠いた形であるが、最初に出てくるもので、一〇八〇年以後はほとんどの文書に常に出てくる。但し、「si quid sum」の代わりに「si quid est」と、主語を一人称の「私」ではなく、三人称で「もし彼女が何者かであるなら」としている場合の方が多い。

(36) W. Goez, Matilda, S.392.　H. Zimmermann, S.5.
この信仰心については、いつでもどこでも信じられたわけではないので、彼女の人物への評価は分れる、とツィマーマンは見ている。

(37) W. Goez, Matilda, S.393.

(38) W. G. S.187. H. E. J. p.166, 301.
W・ゲーツは、影響なしと見、カウドリーは影響ありと見ている。次注、(39)、に見るように、カウドリーは、その後の手紙の減少は、悪い噂をさけることを計算していたのかもしれないと見ている。
(39) Reg. VI. 32. W. G. S.187. H. E. J. p.166–167, 301. E. G. S.108.
手紙の交換は、一〇七九年三月のもの一度だけであり、法王の他の人物への手紙でもマティルデへの言及は少なくなり、もはや個人的な親しみのある手紙を書いていない。実際、噂は減り、一〇八〇年のブリクセンの会議では、両者の関係への言及はなかった。
(40) H. E. J. p.301.
(41) H. E. J. p.166.
(42) A. O. S.197–198. オーバーマンは、法王は彼の政策において、決して彼女らへの友情に動かされなかった、冷静な計算の上での援助であったと見ている。
(43) 法王自身にも彼の手紙に見るように、王に対し父親的な気持があったことは確かである。
Reg. I. 9, I. 11, I. 24.

三　マティルデとカノッサ事件

カノッサ事件の前年の一〇七六年は、王と法王の対立の始まる年であり、W・ゲーツは、法王がマティルデの助けを必要とするようになる劇的な年一〇七六年が始まったと述べている。[1] マティルデにとっても、この年は夫や母を失い、今や三十歳で独立し、一人で広大な領地を統治していかねばならない劇的な年であり、[2] ドニゾーの『マティルデ伝』も、この年から第二巻を始めている。[3] 王と法王の対立の激化の中で、マティルデは彼女には親戚でもあり、主君

でもある王と、法王の間に立つことになった。(4)

そもそもグレゴリウスの法王としての最初の目標は、前法王のアレクサンダー二世時代の王ハインリヒ四世との決裂を激化させるのではなく、これを修復し、王と和解することであった。グレゴリウスは、改革の推進のためにも、王の協力を強く求めていたのである。(5)

グレゴリウスは法王就任初期において、ベアトリックスやマティルデに改革の武装する腕として働くより、ハインリヒとの和解のために、まさに女性としての彼女らの役割において、そして王の親戚としての役割において働くことを、ずっと重要なものとして願っていた。(6) 法王がこの二人にこれを期待したのは、彼女らが王に好意的であることを知っていたからであろう。(7)

実際一〇七三年から彼女らは、王と法王の仲介に絶えず尽力した。(8) ベアトリックスなど、最後まで王と法王の決裂を防ぐために努力し、一〇七四年末には冬の季節にも拘らず、自ら王との交渉のためにドイツへ行ったのである。(9) 彼女らのこの献身的な仲介行動への本質的な推進力は、法王との密接な関係だけではなく、親戚関係から来る王や帝国(王国)への責任感情であった。(10) 彼女らにとって法王への忠誠は確かにしても、王への関係は別で、対立していなかったのである。(11) いやグレゴリウス自身が、王に本心では敵対していなかったことも、(12) 彼女らの王への親しみを増すものであったろう。

彼女ら、さらにアグネスやユーグらの仲介活動が、王の行動に影響していたことは確実であり、(13) 最近のJ・フリートの画期的な研究からも明らかなように、カノッサ事件の前段階とも言うべき一〇七六年十月のトリブール会議の前に、既に王とこれら仲介者との交渉が始まっていた。(14) E・ゲーツも、このフリート論を踏まえて、アルヌルフの記述から、マティルデらが王に働きかけ、トリブール会議の決定に、王に有利になるように影響を与えたと見ている。(15)

この結果ドイツで予定された王との和に向けての全体会議への出席のために、グレゴリウスはドイツへの旅を準備したが[16]、周囲の多くの者がこれに反対する中で、マティルデのみが支持したのである[17]。

グレゴリウスは実際、翌年の一月八日にマントヴァに着き、ドイツからの護衛を待ったが、ここでハインリヒの来訪の知らせに接し、カノッサ城に入ったのである[18]。王と法王の両派は、お互いの軍事的な準備を強化する中で、和平の交渉を行った[19]。王はマティルデやユーグと会い、この交渉の中でカノッサ城での悔悛の儀式が、細部まで話し合われた[20]。マティルデが交渉を積極的に行い[21]、この彼女の決然たる行動が、王と法王の和への前提を作ったのである[22]。彼女は、王を彼女の城ビアネッロに泊めることに何の躊躇もしていないし[23]、カノッサ城の門を王のために開けたのも彼女であり、彼女は王を法王と同様に、彼女の客と見ていたのである[24]。

マティルデのこれらの対応や態度はやはり注目すべきで、彼女にとってカノッサに至る王の行動は、ある程度は予想、計算していた範囲のものであったろう。E・ゲーツが、もし彼女が王の行動によって全く不意打ちを食らったのなら、カノッサ城での貯えでは多数の客を数日間まかなうことは、十分ではなかったであろうと考察するように、彼女はカノッサの会見のために、予め準備さえしていたと言えるのである[25]。E・ゲーツはこれらのことからも、フリート説を受けて、法王は王が北伊に来て全く不意打ちを食らったという、法王についての従来の像は崩れたとし、多くの事柄が、カノッサ事件が偶発的でも予想外のものでもなかったことを示していると論じている[26]。

カノッサでは王への赦免で和解が成立したが、この時もマティルデの仲介で王の保証の誓いの文書が作成され、彼女はユーグらとともにこの文書を確認し、これを保証した[27]。カノッサでの王と法王の会見の結果は、これまでの流れからして、追い詰められた王の無条件の屈服や屈辱ではなく、十分な交渉の上での和解であり平和条約であった[28]。この条約の実現のために王と法王は、カノッサでの会見後の二月三日にもう一度会ったが、これもマティルデによって実現したもので、彼女もここに同席した[29]。こうした経過から見ても、E・ゲーツが評するように、マティルデがカノッサの会見の背後の推進力であり、この会見実現への責任者でもあったことが分かるのである[30]。

しかしこの平和条約の実現は、王と法王双方の支持者の反対の中で難しく[31]、母のアグネスも二月半ばにピアチェンツァで王に会い、最後の和解の試みをした[32]。この間三月にはドイツでは反王派が、カノッサの和を認めず、彼ら独自に対立王のルードルフを選んだが[33]、法王はこれを認めることは出来なかった。これはやはり彼の平和への努力を無にするものであった[34]。この時もマティルデは一度、王と対立王の仲介を試みたが、うまくいかなかったのである[35]。

法王はその後もなおドイツへの旅を願い、マティルデの近くに留まり、夏の終りごろ漸くローマに帰った。この時も彼女は同伴した[36]。彼女はハインリヒとはもはや一度も会っていないが[37]、それでも彼女は引き続き、王と法王の最終的な和、平和条約の実現のために努力したのである。一〇七九年二月まで彼女のそのような活動は証言されている[38]。彼女と法王は、一〇七八、七九年においても、ドイツ問題の解決に努力したが[39]、結局うまくいかず、法王には王への二度目の破門と、対立王の承認以外の道は残っていなかった[40]。一〇八〇年の王への再破門と、これに対する同年の王によるグイベルトゥスの対立法王への擁立が、マティルデの和解への活動を困難にしたのである[41]。

それでもハインリヒの方はもう一度、妥協と和解の道を試み、マティルデと交渉したが、彼女は対立法王を認めず、うまくいかなかった[42]。王は皇帝戴冠と法王権の問題解決のために再びイタリアに来た[43]。王はマティルデとなお交渉する中で[44]、ローマに到着したが、市内に入れず、法王との和が最終的に不可能と判明してはじめて、王はマティルデと対決することになったのである[45]。

こうしてハインリヒは一〇八一年七月にルッカで、マティルデへの帝国追放令を発し、彼女の公職や財産を奪った[46]。このため彼女は支配権の大半を失い、彼女に残ったのは、マントヴァとアペニン山中の城だけとなった[47]。彼女には法王への援助のためにも、王との軍事的な対決が残るだけとなった[48]。しかし王の方は、追放令後の戦いの中でもなお、マティルデの譲歩に期待し、和の可能性を残していたのは、注目すべきことであろう[49]。

この追放令のころにマティルデがなしたと考えられる重要な行為は、彼女の財産すべてを教会に寄進したことであった[50]。この寄進時期については議論はあるが[51]、おそらく彼女は、王が追放令で財産を取り上げようとする時に、むしろその前に、財産を自発的に放棄し寄進したと見るのが最も妥当なようである[52]。

このようにハインリヒとマティルデの関係は悪化していくが、これは結局はハインリヒとグレゴリウスの関係の変化から来るものであった[53]。シュトルーヴェも見るように、法王が改革の実行のために王の支持を期待している限りは、王とマティルデの関係も、友好的家族的なものであったが、王と法王の関係が決裂する中で、はじめて対立が出てきたのであり[54]、本来はごく自然な親族的な親しみがあり、彼女は出来れば、いつまでも良好な関係を求めていたのである[55]。この王への彼女の親しみは、親族的なものとともに、年齢的にも王より四歳上で、孤独な彼女は、王とは姉弟のように感じていたのかもしれない。これがかなりの年齢差であれば、彼女も王にあれほどの親しみを示さなかったであろう。この親しみが既述のように、索漠たる対立に人間的な情感をもたらしていたのである。いずれにせよ彼女にとって王との対立は、本来望んでいなかった心苦しいものであった。この意味では王と彼女の関係は、両者にとっては悲劇的なものに終ってしまったのである。

注

（1） W. G. S.186.
（2） P. G. S.183.　E. G. S.85.
（3） DO. 一二六～一二九頁。　B. Pfer. S.161.
ドニゾーは、ベアトリックスが亡くなったことをもって、第一巻を終えている。
（4） P. G. S.183.

（5）P. G. S.162.　E. G. Be. S.170.　H. E. J. p.96.
G. Althoff, Heinrich IV.（2006）S.123.

（6）P. G. S.170.　E. G. S.97.　E. G. Be. S.170.　T. Struve, S.42.　Reg. I. 19.
E・ゲーツは、グレゴリウスが法王就任後まもなく、シュヴァーベン大公ルードルフ宛の手紙の中で、ベアトリックスらの、王権と法王権の両権の調和への努力を強調していると見ている。

（7）E. G. S.92.　Reg. I. 85, II. 30.
法王の手紙からも明らかなように、彼女らは王の母アグネスを特に尊敬していた。ここからも間接的に彼女らの王への親しみが感じられるのみならず、法王は王宛の手紙で、王に「最も忠実なベアトリックスとマティルデ」と表現している。

（8）V. F. S.21.　B. Pfer. S.164.　P. G. S.162, 164.　A. O. S.199.　E. G. Be. S.170.　W. Mohr, S.59–61.　Reg. I. 26.
DO. 一一八〜一一九、一二六〜一二七頁。
Die Briefe Heinrichs IV. übersetzt von F.-J. Schmale.（AQ. Bd. XII. Quellen zur Geschichte Kaiser Heinrichs IV. 1974.）—以下 BH と略す—、Nr.5. S.55–57.
ドニゾーも、王と法王の「二人の知友であるマティルダの母は、両者の間にあって…平和…があらんことを欲し」と語り、彼女ら「二人は調停者であり、王の友人であった」と語っているが、彼女らは時に王と法王が仲介を頼む唯一の者となった。法王は、王からの異例の献身的な彼女宛の手紙を、彼女らの仲介のお蔭としている。

（9）E. G. Be. S.170.　E. G. S.93, 97.　B. Pfer. S.164.
A. O. S.135.　W. Mohr, S.59.　UK. Dep.18. S.402.
なおこのドイツへの旅について、モーアのようにその事実を否定する見解もある。

（10）T. Struve, S.41, 43, 82.　A. O. S.202.　DO. 一三一〜一三三頁。
ドニゾーも、マティルデを王の「いとこ」（親戚）と表現しているが、オーバーマンも、何がマティルデを王のために活動させたのかについて、第一に王との親戚関係であったとし、これは例外なくどの年代記も強調しているとする。オーバーマンは、これにはマティルデの家の伝統、特にベアトリックスの手本があったとし、ベアトリックスは皇帝の姪として、どんなに法王に献身的であっても、皇帝家の親戚の権威への生き生きとした感情をもっていたと見ている。

(11) この点は、ドニゾーのハインリヒ四世観とは違っていたようである。ドニゾーは、その言葉遣いからすると、決定的に反王的であった。ハインリヒについて、彼は「蛇のように苛酷な」とか、「邪悪な王」で「多くの悪事を働いた」などと語っている。もっともドニゾーの記述には、王の態度を評価している所も見られる。DO. 一一六～一一九、一二二～一二三頁。

(12) Reg. IV. 1. The Epistolae vagantes of Pope Gregory VII. ed. & tr. H. E. J. Cowdrey, 1972. ―以下 EP. と略す―、No.14. 王を破門したあとの、法王の一〇七六年夏のドイツの支持者への二通の手紙に、この気持がよく現れている。

(13) P. G. S.165.　E. G. S.97.　T. Struve, S.43–44. シュトルーヴェは、王が法王との関係で、特にマティルデへの親族的な関係におそらく意識的に掛け、既にドイツからマティルデへ助けの依頼を出した可能性があると見ている。

(14) 本書、第四章、一一九～一二〇頁。J. Fried, Der Pakt von Canossa. Schritte zur Wirklichkeit durch Erinnerungs-analyse.（Die Faszination der Papstgeschichte, hg. v. W. Hartmann und K. Herbers. 2008）

(15) E. G. S.101–102.　A. O. S.138–139, 201.　P. G. S.184, 188. V. F. S.31.　Do. 一三二～一三三、一三八～一三九頁。ドニゾーは、王がマティルデに仲介を頼んだと語り、一〇七六年のマティルデと王の交渉を伝えているが、E・ゲーツは、マティルデがロートリンゲンに行った時に、王と接触した可能性を見、このような彼女の旅が、来るべき諸事件への彼女のよき準備を説明するであろうと見ている。なお既にオーバーマンも、アルヌルフの記述に注目し、アグネスやユーグとともに、マティルデの仲介が、トリブール会議の決定に重要な影響を与え、王のために比較的有利な結果をもたらしたと見ていたことは、改めて注目すべきことである。Arnulf von Mailand, Liber gestorum recentium. hg. v. C. Zey. 1994. ―以下 AR. と略す―、S.228.

(16) 本書、第四章、一二一頁。

(17) DO. 一三二～一三三頁。　P. G. S.185.　T. Struve, S.44.

A. O. S.139, 201.　E. G. S.102.　AR. S.228.
ドニゾーは、法王が彼女の「懇願に接して」と語っているが、シュトルーヴェも、彼女は法王のドイツへ行く計画を無条件に支持したと見、オーバーマンも、アルヌルフの記述などから、法王の旅を促し、その決心を強めたのは、第一に彼女であったと述べている。

(18) この間の経過については、本書、第四章、第三節、第四節、参照。
E. G. S.103.　E・ゲーツは、法王がカノッサ城に入ったのは、避難のためなのか、それともマティルデの指示で、妨害されずに王と交渉するためであったのか、はっきりしないが、後者の可能性の方が大きいと見ている。

(19) P. G. S.190, 192.　B. Pfer. S.165.　S. Weinfurter, S.17.
王は、最後まで彼の軍を法王への圧力手段として使った、カノッサは集中的な平和の努力の中心となり、同時にしかし、ありうる軍事的衝突のための強化をされた準備の中心ともなったと見られている。

(20) E. G. S.107.　DO. 一三四～一三五頁。
ドニゾーは、彼らが「平和のために談義しつづけた」と語っている。

(21) E. G. S.103–104.　E・ゲーツは、ユーグはこの交渉の間、常に彼女の周辺にいたと見ている。

(22) T. Struve, S.44.　A. O. S.140, 203.

(23) T. Struve, S.44.

(24) H. Zimmermann, S.7.　DO. 一三〇～一三一頁。
ドニゾーも、王と法王がカノッサ城で、彼女から「いかに歓待された」かを語っている。

(25) E. G. S.103–104, 106.　B. Pfer. S.165.　DO. 一三四～一三五頁。
法王だけでも多くの人々を連れてきているのであり、彼にふさわしく宿泊させるにはきびしい問題に直面した、とE・ゲーツは見ている。それにカノッサ城には、エステ辺境伯やその他の重要なイタリアやドイツの諸侯、ユーグや王の義母のアーデルハイトら多くの人がいたのである。

(26) E. G. S.102–103.

(27) Reg. IV. 12, 12 a.　V. F. S.31.　T. Struve, S.45.　DO. 一三四～一三五頁。

(28) 本書、第四章、一六三〜一六四頁。

(29) 本書、第四章、一六四〜一六六頁。

DO. 一三六〜一三七頁。　P. G. S.197.　A. O. S.141.

I. S. Robinson, Henry IV of Germany. 1056–1106.（1999）p.165.

これは、王を支持し法王に反対する北伊の司教の問題で、王がこの北伊の司教の会議の開催のために協議したものであった。

(30) E. G. S.102.

(31) 本書、第四章、一六六頁。

(32) P. G. S.198.

(33) S. Weinfurter, S.147–148.

(34) P. G. S.201.

(35) W. G. S.189.　彼女は、親戚の上ロートリンゲン大公を通して仲介しようとした。

(36) E. G. S.108.　I. S. Robinson, p.165.　A. O. S.142.

DO. 一三八〜一三九、一四〇〜一四一頁。

(37) DO. 一三六〜一三七頁。　W. G. S.189.

ドニゾーは、王は二月三日に法王やマティルデと会って以来、「その後二度と会うことはなかった」と語っているが、W・ゲーツは、カノッサ後も王とマティルデは何度も会ったと見ている。

(38) T. Struve, S.45.　E. G. S.114–115, 176.　A. O. S.145, 235.

オーバーマンは、一〇七九年三月三日以前、マティルデは、王と法王の和解への熱心な希望を法王に出したと述べている。

(39) P. G. S.209.

(40) P. G. S.210.

(41) T. Struve, S.46.　B. Pfer. S.164.

シュトルーヴェは、王への破門によって、彼女によってなされた和解への見込みが突然消えたと見、プフェルシーマレツェックは、対立法王の擁立が、はじめて彼女と王の決裂をもたらしたと見ている。

(42) P. G. S.218, 224.　T. Struve, S.46.　DO. 一六二～一六三頁。
この対立法王の存在こそ、王と彼女の交渉を困難にし、彼女には対立法王への戦いにおいての重要な役割が出てきた。
(43) G. Althoff, S.178–180.　I. S. Robinson, p.211–213.
(44) P. G. S.219.　A. O. S.235–236.　T. Struve, S.50.
王はマティルデには少なくとも中立を守るよう求め、さらに彼女への生命を奪う脅しにも拘らず、彼女はローマへの進軍中の王に何の援助もしなかった。シュトルーヴェは、王は当時、法王との和解の可能性をなお捨てていなかったと見ている。
(45) T. Struve, S.51.　A. O. S.236.　P. G. S.221.
但し、ゴリネッリは、ベンツォの記述を「王は今やマティルデを滅ぼすことに取りかかった」と訳しているが、これは王の部下の一人がマティルデの領地を荒らそうと提案しただけであり、王の意図であったのかどうかは分からないである。
Benzo von Alba, Ad Heinricum IV. imperatorem libri VII.（MGH. SS. XI. 1963）S.658.
(46) P. G. S.223.　E. G. S.119.　A. O. S.149, 235, 238.
I. S. Robinson, p.215.
(47) A. O. S.149.　B. Pfer. S.167.
(48) A. O. S.149–150.
(49) B. Pfer. S.166.　A. O. S.237–238.　T. Struve, S.54.
王はこの追放令から完全な結論を引き出さず、トスカナへの新しい辺境伯を任命しなかったし、彼女への強制処置も比較的僅かであった。一〇九二年においても、王は彼女に和の提案をしていた。王の主な条件は、やはり彼女が対立法王を認めることであった。
(50) P. G. S.224–225.　A. O. S.239.　B. Pfer. S.166.　DO. 一三八～一三九頁。
彼女は、その他かなりの量の金や宝石を贈った。ドニゾーは、彼女は「自分の全財産をペテロに委ね…」と語っている。彼女は、自身の自由所有地を贈ったが、完全な自由処分権は自らに留保し、引き続き自由に支配した。
(51) DO. 一三八～一三九頁。　E. G. S.108.　H. E. J. p.301.
I. S. Robinson, p.212.　A. O. S.143–144.　P. G. S.235.　UK. Dep.37. S.415.

ドニゾーは、一〇七七年のこととし、E・ゲーツは一〇七七年までと見るが、さらに早くは、一〇七四、七五年、遅くは一〇八〇年十月から一〇八一年夏の間の時期とする説などさまざまである。

(52) P. G. S.224–225.　H. E. J. p.648.　H. Zimmermann, S.7.　B. Pfer. S.166.
この寄進の動機には同時に根本においては、自分自身と一族の魂の救いのために、ペテロの保護を最大限にすることがあった。

(53) T. Struve, S.81.　B. Pfer. S.164.

(54) T. Struve, S.82.

(55) E. G. S.176.　E・ゲーツも、王が亡くなった時、ドニゾーはこの知らせを聞いて喜んだが、マティルデが同様な感想をもったかは疑問とし、むしろありえないであろうと論じているのは、大変的確な評価といえよう。

「追　補」

マティルデのカノッサ事件後、特にグレゴリウス七世後の後半生を簡単に見ると、主な事柄としては、一〇八九年から一〇九五年までのヴェルフ五世との再婚、一〇九二年十月のカノッサ城をめぐる攻防でのハインリヒ四世への勝利、一〇九三年にはこのハインリヒに背いた彼の子コンラートへの支援、一〇九九年にフィレンツェの伯グイドーを養子にしたこと、最後はハインリヒ四世没後の一一一〇年から一一一一年に、彼の子ハインリヒ五世と和解したことが挙げられる。

これらの事例から見ても、彼女の後半生は以前以上に、ハインリヒ四世との戦いや、自らの領国内での諸勢力―諸侯や都市―との戦いの中で、自己の地位を守り維持するために、外部世界の動きに積極的に係わり、また係わらざるを得なかった時期であった。外面的には一見華々しく活動し、彼女の闘争心は最後まで破られず、[1]「戦う女性」として自らを証明した時期でもあったが、[2]同時に、時に法王政策の道具に濫用されえたり、失敗や幻滅、敗北や、臣下や同盟者の裏切りなどに見舞われたりと、[3]時代の流れに翻弄された時期でもあった。上記の事例を見ても、カノッサ城の攻防だけは、濃霧に助けられて勝利を得たが、ヴェルフとの再婚も、グイドーの養子も失敗に終わり、コンラートとの関係も結局うまくいかず、ハインリヒ五世との和解も、結局は長い闘争に疲れて、静かな余生を求めた感じであった。[4]法王庁との関係も、もはやグレゴリウスの時のような個人的な親密なつながりはなくなった。[5]この後半期には、その他、彼女と新しい都市のコムーネ運動との関係が見られるが、これは評価の分かれるにしろ、どちらかと言えば、これに対して抑圧的であり、彼女は全く農村的な世界、古い世界に結びついていた。[6]

マティルデは、最後はカノッサ家の最も大きな修道院ポリローネの近くにある荘園ボンデーノで亡くなった。[7]彼女はこの修道院の近くに住むことによって、今や修道院生活への昔からの夢を実現したとも見られるが、[8]慣れ親しんだカノッサ城やマントヴァから離れ、さまざまな戦いからも身を退き、いわば隠棲し孤独な中で最後を迎えた感じである。実際マティルデの人生は、外面的な輝きとは裏腹に、苦しみ多く、驚くほど不幸で、大変孤独であったとも評され、[9]当時描かれた彼女の絵も、穏やかな表情の中に悲しみが読み取れるとも見られているのである。[10]

こんな人生、特に後半生から見ると、マティルデにとって最も輝いていた栄光の時代は、やはり結局は、グレゴリウス七世の時代、特にカノッサ事件の時であったと言えるのである。[11]このころは、彼女は三十歳前半で肉体的にも最後の活力をもっていた時期であり、彼女がその本心にそって主役として活躍しえた場が、カノッサの時であり、カノッサへ至る道であった。だからこそドニゾーも、カノッサの会見の時に、カノッサ城を「新しいローマ」と感じたのであり、[12]彼の『マティルデ伝』に、かのカノッサの絵が添えられたのもこれを物語っている。

しかしマティルデの後半生は、ハインリヒ四世との戦いが中心になるが、この王との対立、戦いは、主に王の擁立した法王(対立法王)のゆえであり、[13] 彼女にとってはつらい選択であった。[14] この意味でも後半生は、彼女にとって本来の気持に反する苦しい時代であった。

一般的に言って後述のアグネスに見るように、当時の男社会の中で女性が君主的な立場を守ることは、大変きびしい時代であったが、マティルデがともかくも最後まで自己の地位を守りえたことは、彼女がアグネス以上に注目すべき女性であったことを示している。[15] 彼女に特に顕著に現れている男まさりの、雄々しく華々しく活躍した一面と、修道院への憧れをもつ、いわゆる敬虔な女性の一面、この両面は筆者が何度も述べているように、決して矛盾するものではなく、そこには現世であれ来世であれ、自己の地位を守ろうとする強い意識、執着、利己心が共通に見られるのであり、この点から見れば、マティルデは中世人の典型の一人でもあったのである。

注

(1) E. G. S.193.
(2) P. G. S.302.
(3) T. Struve, S.82.　V. F. S.86.
(4) P. G. S.296.　E. G. S.180.
(5) M. v. k. VI. S.334.
(6) V. F. S.20–21, 28.　E. G. S.173, 175.
T. Struve, S.68.　B. Pfer. S.171.
(7) P. G. S.11.
(8) V. F. S.56–57.

（9）W. G. S.175.　V. F. S.56, 69.
P. G. S.224.　E. G. S.153.

（10）V. F. S.52, 54.

（11）P. G. S.302. 参照。

（12）DO. 一三四～一三五頁。

（13）A. O. S. 245.

（14）E・ゲーツは、マティルデの王への嫌悪は、長い戦いやきびしい損失のあとで、巨大なものであったと評しているが、むしろ彼女の本当の願いは、王との和であったと見るべきであろう。
E. G. S.145.

（15）E. G. S.169.　P. G. S.302.
M. v. k. V. S.150.　T. Struve, S.58.

第六章　アグネスと改革法王庁

はじめに

「ドイツ史において、これほど不幸な王妃はなかった。不幸であったのは、彼女が単に最もきびしいことを経験しなければならなかったゆえだけではなく、彼女自身が、その悪い運命を引き寄せたがゆえにそうであった」とA・ハウクが評している[1]アグネスという女性は、ドイツ王ハインリヒ三世の妃として歴史に登場し、王の死後は幼い息子ハインリヒ四世の摂政として、さらには摂政失脚後は、ローマ教会とハインリヒ四世の仲介のために活動するといった目まぐるしい運命をたどることになった。特に彼女にとって、ハインリヒ三世の死は、最も大きな人生の転機になるものであった。

このハインリヒの死はまた、彼によってローマ貴族の手より解放され、当時ようやく盛んになりつつあった教会改革運動の中心的存在として出現しはじめたローマ法王庁にとっても、運命の大きな岐路をなすものであった。当時、新たな歩みを始めたばかりの改革法王庁は、まだその基礎は十分ではなく、これまでハインリヒ三世という個性豊かな人物の保護の下にその改革政策を進めてきたのである。当時の法王庁は、ハインリヒ三世の個性を強く反映していたものであった。

注

（1）A. Hauck, Kirchengeschichte Deutschlands.（1954）Bd. I. S.666.
アグネスについての近年のまとまった論文としては、M. L. Bulst-Thiele, Kaiserin Agnes.（1933, 1972）がある。その他、E. Steindorff, と G. Meyer von Knonau の後述の書物は、今日個々の点については異論は出されているものの、やはり基本的な文献と言えよう。

一　アグネス——幼少期から結婚へ

アグネスは、おそらく一〇二五年ごろ、当時フランスにおける最強の人物と言われたアキテーヌ公ギョーム五世の娘として誕生した。このギョーム五世は、クリュニー修道院の建立者であるギョーム一世の子孫であった(1)。

この当時ギョーム五世ほど、偉大な王侯的な徳や政治上の活発な活動を当時の宗教的な考えに結びつけ得た者はいなかった。若いころから彼は、ほとんど毎年ローマに巡礼し、それが不可能な場合でも、近くのコンポステラに巡礼したのであった。クリュニー院長オディロとも深い関係をもっていた。また彼ほど読書を好む俗人は、いなかったと言われている(2)。

一方、アグネスの母（同名でアグネス）はカロリング家の血を引くブルグント伯家の出身であった。彼女は政治的野心の強い人物と言われるが、他面、修道院を四つ建立し、それらを改革修道院としてローマの直接の保護の下に置くなど、やはり当時の宗教的傾向を代表していたのである。(3)

アグネスは五歳の時、父を失い、異母兄のギョームの宮廷で育てられ、ここで一時修道院で過ごしたこともあった。その後、彼女はハインリヒ三世と結婚する数年前、フランシュ・コンテの母方のおじライナルトのもとに預けられた。このライナルト時代の彼女の生活は、全く伝えられていないが、おそらく当時の相争う世俗世界から離れた、やや隠遁的な生活をしていたらしい。(4)

従って、彼女の両親の信仰深さや、幼年・少女時代の一時的な修道院生活から考えても、彼女は早くから教会生活に親しむ環境の中に育ち、修道女的な生活に心の慰めを見出すような傾向を養われたと言えよう。

彼女が一〇四三年ハインリヒ三世と結婚した時、せいぜい十八歳、他方ハインリヒは二十五歳であった。彼女は後にハインリヒが神学、宗教方面に示した活発な関心を完全に分かち合うのに十分な精神面での教養を持っていた。(5)

しかし、彼らの結婚には血統上の近さのゆえに、教会法に反するとの異議が、ゴルツェ修道院長ジークフリートを中心に、ロートリンゲンの改革派グループから出ていたのである。(6) ハインリヒは、このような反対を全く無視したわけではないにしても、(7) この結婚計画を放棄することはなかった。ハインリヒにとって、この結婚に期待するものは十分にあった。それはアグネスを通して、南仏に強力な同盟者を確保するだけでなく、アグネスが母方を通じてブルグント、イタリア方面にも親戚を持っていたため、カペー家に対するハインリヒの立場を強化しうるものであったからである。(8)

アグネスは、結婚後においても、やはり世俗のことに無関心で隠遁を好み、世間的交際といっても、彼女の礼拝堂付司祭とのものくらいであった。(9) また、ハインリヒ三世自身も、かつてコンラート二世がその妃ギゼラにしたようには、アグネスに政治面に参画させることはなかった。彼女はこのため行政の経験を持つこともなかったし、世態人情に通じる知識も持ちえなかった[10]。

それゆえ、ハインリヒ三世存命中、アグネスの役割は全く表立ったものはなかったと言ってもいいであろう。とりわけハインリヒが協力者をほとんど持たず独裁的に行動し、彼個人の力量を強く表面に押し出していたことを考え合わせると、なおさらアグネスの役割は目立たなかったと言えよう[11]。

このような控え目な生活の中で、アグネスは次々と六人の子を生むことになるが、後継者となるべき男子の誕生は、結婚後七年目にしてようやく実現したのであった。これが一〇五〇年に第四子として誕生したハインリヒ四世であった。この時、ハインリヒ三世が特に信頼しお互いに文通していたクリュニー院長ユーグが、洗礼代父として選ばれた[12]。ハインリヒ三世死後の波瀾に満ちたドイツとローマ教会との関係の中で、重要な役割を果すことになるユーグの運命が、すでにここに予示されていたのである。

注

（1）M. L. Bulst-Thiele, S.1–6.

（2）E. Sackur, Die Cluniacenser.（1894, 1971.）, Bd. II. S.59–60.

（3）*ibid.*, S.67.　M. L. Bulst-Thiele, S.7–8.

（4）M. L. Bulst-Thiele, S.9–11.

（5）E. Steindorff, Jahrbücher des deutschen Reichs unter Heinrich III.（1881, 1969）, Bd. I. S.154.

（6）*ibid.*, Bd. I. S.157,　188–189.　H. Thomas, Zur Kritik an der Ehe Heinrichs III. mit Agnes von Poitou.（Festschrift Für Helmut Beumann 1977）S.225.　H・トーマスによると、王の結婚に反対したのは、ジークフリートだけではなく、宮廷に非常に近いライヘナウ修道院長ベルンのような人物もいた。　*ibid.,* S.235.

（7）このため王は、系図上のことについて、ライヘナウ修道院長ベルンに判定を求めたらしい。　*ibid.,* S.233.

（8）M. L. Bulst-Thiele, S.17–18.

G. Meyer von Knonau, Jahrbücher des deutschen Reiches unter Heinrich IV. und Heinrich V.（1894, 1964.）Bd. I. S.2.

アグネスの結婚のころは、母のアグネスはアンジュ伯ゴドフロワと結婚していた。このゴドフロワは、妻の名においてアキテーヌにも大きな勢力をもち、西フランスの広大な領土を支配していた。このゴドフロワにとっても、義理の娘となったアグネスのドイツ王との結婚は、彼の家門的野心に好都合なものであった。

E. Steindorff, Bd. I. S.156–157.　Handbuch der europäischen Geschichte, hg. v. T. Schieder.（1979）Bd. I. S.762.

（9）M. L. Bulst-Thiele, S.22.

（10）A. Hauck, S.666.

確かにハインリヒ三世は、一〇五六年にコンラートの死によって空位となったバイエルン大公職をアグネスに委ねている。この理由は、明らかに当時の不安定な状勢への配慮であった。　E. Steindorff, Bd. II. S.348.

従って、これは積極的な意味で行政を委ねたと見るべきではない。

（11）M. L. Bulst-Thiele, S.32.

（12）E. Steindorff, Bd. II. S.118.

二　ハインリヒ三世没後のドイツ

アグネスが真の意味で歴史に登場してくるのは、ハインリヒ三世没後のことである。ハインリヒは、一〇五六年十月三十九歳の若さで亡くなった。彼の死は、中世ドイツの経験した最大の災いの一つであったろう。確かにハインリヒの晩年は、ハンガリー問題などの失敗で、その統治の破綻があらわれてきたが、彼がもし生きていれば克服しえないほどのものではなかった[1]。

ハインリヒのあとに残されたのは、アグネスと僅か六歳のハインリヒ四世であった。このため、アグネスは摂政として幼い息子を補佐することになり、これまでの隠遁的な生活から、一気に政治の中心へと引き出されることになった[2]。夫の死後まもなくアグネスは、クリュニー院長ユーグに手紙を送っている。この中で彼女は深い悲しみの中で、夫の魂の救いを求めると同時に、息子の王位継承を心配し、ドイツのクリュニーに近い地域で不穏なことが起る場合、助言と援助をしてくれるように求めたのであった[3]。

このような不安な気持を持っていた彼女であったが、その摂政職就任は平穏に行われ、諸侯たちに直ちに承認された[4]。ランペルトの年代記もこのことを、「なされるべきあらゆるものの最高の管理(統治)が、アグネスの手に留まった。彼女は非常に巧みに危険な国の状態を保全した。このため、新しい事態はそこでは何も不穏や敵意をもたらさないほどであった[5]」、と伝えている。

アグネスには、A・ニチュケが、ハインリヒ三世に認めたような十世紀の支配者の条件——つまり戦場での卓越した英雄的行為や、恩恵行為によって臣下の注意を引く[6]——は、当然欠けていたであろう。それではアグネスに摂政位を可能にしていたものは何であろうか。それには少なくとも次の三つの事情が考えられる。

一つは、王位継承における血統権と、ドイツに特に顕著な選挙権の関係である。この二つの権利の混合は、以前から存在したもので、一方が他を圧することは例外的なことであった。選挙権が比較的自由に行使された中世盛期においても、血統権は決定的な影響力を維持していた[7]。従ってアグネスの場合も、この根強い血統権の支えがあったと言えよう。

二つめは、オットー朝以来のいわゆる帝国教会体制という基盤の問題である。というのは、特に高位の教会人たちのオットー時代以来築かれてきた伝統的な王権への密接なつながりは、国の統一と秩序への堅固な支えとして役立っていたからである。特に重大な危機の時に、その効力がよく発揮された。しかも、ハインリヒ三世の時代には、後のハインリヒ四世の時代に現れてくるドイツの教会人を法王派と王派に二分するようなローマ教会側からの働きかけは、漸く緒に就いたばかりであった[8]。従って、アグネスの摂政就任当時、なおこのオットー的教会体制が、支えになっていたことは十分に考えられることである。

三つめの問題は、当時の誓約、聖別、戴冠といった儀式のもつ意味の重さである。というのは、ハインリヒ三世はその存命中に、諸侯たちに機会あるごとに、ハインリヒ四世への忠誠を誓わせているからである[9]。一〇五四年には、ハインリヒ四世の聖別、戴冠をアーヘンで行わせている[10]。ハインリヒ三世は、こうして空位という王朝の被りやすい最大の危険を息子を王と認めさせ、塗油させることによって避けたのである[11]。このようにハインリヒ三世が、何度も誓約をはじめ、さまざまな儀式を繰り返したこと自体、これらの儀式の持つ宗教的な拘束力を、十分承知していたゆえであろうと思われる。中世におけるこのような宗教的儀式の重要性については、既にW・ウルマンが述べている[12]。実際、後にグレゴリウス七世が、ハインリヒ四世からその統治権を取り上げようとした時、この忠誠の誓約を宗教的権威をもって無効としなければならなかったのである[13]。

さて、こうして始まったアグネスの摂政時代をその国内問題について考察していくことも重要であるが、ここでは特にローマ法王庁との関係を中心に、アグネスの行動を見ていきたい。

ハインリヒ三世が亡くなった時、法王位にあったのはヴィクトル二世であった。彼をドイツのアイヒシュテットの司教から法王にしたのは、他ならぬハインリヒ三世であり、彼は王のよき友、忠告者であった。ヴィクトルの時代（一〇五五年四月〜一〇五七年七月）は、レオ九世の時代のそのままの忠実な連続であり、ドイツに対するずっと強い従順さによって、特徴づけられたものであった[14]。ハインリヒ三世は、ヴィクトルにスポレト大公職、フェルモ辺境伯職を委ねて、イタリアでのトスカナ辺境伯に対するドイツの立場を効果的に維持しようとしたほどであった[15]。

この信頼するヴィクトルにハインリヒはその死に際し、息子のハインリヒ四世への保護と支持を委ねたのであった[16]。事実、アグネスの摂政直後の困難な時期をよく支えたのは、まさにこのヴィクトルであった。彼はハインリヒ四世を王座に登らせ、ハインリヒ三世によって始められていた平和政策を推進して、国の安定に努力したのである。彼は、特に王に敵対的であった下ロートリンゲン大公ゴットフリートとその兄弟フリードリヒとの和解を進め、ノルマン人とも和に達したのである。ヴィクトルの時代の主な特徴は、教会統治の新しい展開ではなく、右のような勢力に対する立場の変化にあった[17]。

アグネスの統治が混乱なく始められたのも、ヴィクトルの示した思慮と行動力のお蔭であった[18]。ヴィクトルが生きている限り、ハインリヒ三世によって新たに強化された法王庁は、帝国にとって危険になるどころか、むしろその権威によって、ドイツの安定に重要な役割を果したのである[19]。ヴィクトルの時代は、ドイツと法王庁が最も密接な調和の中に統一されていたのであった[20]。

このヴィクトルが、アグネスの摂政就任から僅か一年ほどで亡くなったことは、彼女にとって夫の死につづく大きな衝撃であったにちがいない。彼女にはクリュニー院長ユーグのような魂の助言者はいたものの、政治の面では彼女の好意を求めようとする利己的な教会諸侯たち、特にアウクスブルク司教ハインリヒのような人物が、擡頭してきたのである[21]。もはや真にドイツと法王庁のことを思う人物は、彼女の周りにはいなくなった。今や彼女自身で、大きな困難の前に立ち向かわねばならなかったのである。

注

(1) Z. N. Brooke, Germany under Henry IV and Henry V.（The Cambridge Medieval History, vol. V. 1968）p.112.
G. Meyer von Knonau, —以下 M. v. Knonau と略す—，Bd. I. S.95.

(2) M. L. Bulst-Thiele, S.33–34.

(3) E. Steindorff, Bd. II. S.358.

(4) M. L. Bulst-Thiele, S.34.　M. v. Knonau, Bd. I. S.14.
アグネスに摂政が委ねられただけでなく、諸侯たちの誓いによって、息子が彼女より先に死んだ場合には、後継者の選挙への関与権が彼女に与えられた。この誓いは、グレゴリウス七世の一〇七六年九月三日の手紙（Reg. IV. 3.）に示されている。
M. L. Bulst-Thiele, S.34.　M. v. Knonau, Bd. I. S.15.

(5) Lamperti Monachi Hersfeldensis Annales（Ausgewählte Quellen zur deutschen Geschichte des Mittelalters. hg. v. R. Buchner. Bd. XIII. 1973）S.58.

(6) A. Nitschke, Die Ziele Heinrichs IV.（Wissenschaft Wirtschaft und Technik. 1969）S.53, 55.

(7) F. Kern, Gottesgnadentum und Widerstandsrecht im früheren Mittelalter.（1954, 1973）S.16, 22.
ドイツにおいては、グレゴリウス七世の時代まで、選ばれるべき者の前の王との血統的な関係が考慮されないような王の選挙は行われなかった。　*ibid.*, S.22.
ある血統の中の誰が実際に王になるかは、不確かなものであったとしても、その血統の王権への所有権は、一般には確固たるものがあった。　*ibid.*, S.17–18.

(8) E. Steindorff, Bd. II. S.365–366.

(9) 最初の誓いは、一〇五〇年十二月ハインリヒ四世の洗礼前であり、忠誠と服従の誓いをさせた。
一〇五三年はじめには、ハインリヒ四世を王として選ばしめ、これに服従を誓わせた。

最後にハインリヒ三世は、その死の病床において息子の選挙を繰り返させ、これを認めさせた。
E. Steindorff, Bd. II. S.118, 227–228, 354–355.

(10) *ibid.*, S.279.　M. v. Knonau, Bd. I. S.9.

(11) Z. N. Brooke, p.112.
(12) W. Ullmann, A History of Political Thought : The Middle Ages.（1965）p.56, 87–88.
(13) Das Register Gregors VII. hg. v. E. Caspar.（MGH, Epp. sel., 1920） III. 10. a.（以下 Reg. と略す）
(14) A. Fliche, La Réforme Grégorienne,（1924–1937, 1978）t. I. p.164–165.
テレンバッハも、レオ九世とヴィクトル二世の教会政策は本質的に同じものであり、両人ともドイツ王との密接な協調の下に、教会改革を進めたと述べている。 G. Tellenbach, Church State and Christian Society, tr. by. R. E. Bennett.（1970）p.180.
(15) M. v. Knonau, Bd. I. S.11. G. Tellenbach, p.181.
J. P. Whitney, The Reform of the Church.（The Cambridge Medieval History, vol. V. 1968）p.31.
(16) Reg. I. 19.
M. v. Knonau. Bd. I. S.11.
E. Steindorff, Bd. II. S.355.
(17) A. Hauck, Bd. III. S.668.
M. v. Knonau, Bd. I. S.17–18.
G. Tellenbach, p.180–181.
ゴットフリートの兄弟フリードリヒに対し、ヴィクトルは、彼を一〇五七年にモンテ・カシーノ修道院長に、その後さらにサン・グリソゴーノの枢機卿司祭に任じている。
R. Hüls, Kardinäle, Klerus und Kirchen Roms 1049–1130.（1977）S.168.
(18) ドイツの史料からは、ヴィクトルが一〇五七年二月にイタリアへ帰任するまでの功績は、多かれ少なかれ讃美されている。
M. v. Knonau, Bd. I. S.33–34.
(19) H-G. Krause, Das Papstwahldekret von 1059 und seine Rolle im Investiturstreit.（Studi Gregoriani, VII. 1960）S.57.
(20) Z. N. Brooke, p.112.
(21) *ibid.*, p.112.
M. L. Bulst-Thiele, S.36.

三　アグネスと法王庁

ローマ教会の改革派は、ハインリヒとヴィクトルの死によって、ドイツのイタリアへの影響力が弱まったことから、ローマ貴族や教会領を脅かしつつあったノルマン人の敵対的行動に対し、彼らの立場を支えうる他の力を求めねばならなくなった。[1] ハインリヒの死とともに、法王庁は長い間待ち望んでいた自由に達したと言うよりも、最も重要な支えを失ったのであり、[2] ヴィクトルの死は、法王庁を再び擡頭してきたローマ貴族の支配に対し、如何に自己の立場を守るかの問題の前に立たせたのであった。[3] このためローマの改革派にとって監視しなければならないのは、ドイツの宮廷ではなく、ローマ貴族であった。[4]

実際、このことはヴィクトルの死(七月二十八日)後、僅か四日目(八月二日)に次の法王ステファヌス九世の選挙が行われた経過の迅速さからも推測しうることである。しかもヴィクトルが亡くなったのは、ローマではなくトスカナのアレッツオであり、彼の死の知らせがローマに着いたのは、七月三十一日であった。従って、わずか二日で事は決せられたのである。改革派の中にはアレッツオに法王とともに滞在していたヒルデブランドゥス(後のグレゴリウス七世)の帰還を待つように提案する者もいたが、如何なる猶予も許されないという意見が大勢を占めたのである。こうして、偶々ローマにいたモンテ・カシーノの修道院長フリードリヒが法王に選ばれたのであった。[5] まさにこれは、ローマの改革派が、ローマ貴族の機先を制するための行動であったと言えよう。[6] このため、この選挙は、ドイツ王(この場合実質上アグネス)に知らされることなく(rege ignorante)実施されたと言っても、法王選挙におけるドイツ王の権利を排除する意図からなされたものではなかったのである。[7]

従って、選挙経過において、一〇四六年にハインリヒ三世に約束された法王選挙でのドイツ王の権利が無視され、[8]

レオ九世やヴィクトル二世の選挙とは如何なる点においても異っていても、[9] 事態の緊急性から考えて、このことを余り重要視すべきではないのである。

むしろ問題なのは、フリードリヒという人物が、選ばれたことである。彼は既述のように、ゴットフリート大公の兄弟であった。この大公はベアトリックスとの婚姻を通じ、トスカナ辺境伯として、北・中部イタリアにおける最強の支配者となっていたのである。[10] ステファヌスの法王庁は、こうしてその唯一の支えとして、このトスカナ辺境伯家に頼ることになったのである。

改革派がゴットフリートの支持を期待して、彼の兄弟を法王に選んだのかどうかは、[11] 既述の事態の緊急性から考えて速断できないとしても、結果的にはステファヌスの後の二人の法王も、トスカナ家に近い人物が選ばれた。[12] このいわゆるロートリンゲン・トスカナ系の三人の法王の出現が、法王庁におけるトスカナ家の影響力を大きくしていったことは否定しえない。改革派が欲したかどうかはともかく、アグネスの弱体な摂政政府は、トスカナ家にあらゆる発展の可能性を与えたのである。[13] 事実、これまでクレメンス二世以来法王選挙の準備は、ドイツの宮廷で行われていたのに、ステファヌス以後は、イタリアで行われることになった。[14]

このような点から見ると、ステファヌスとともに、ドイツと法王庁の関係は、根本的に変化したのである。ドイツとローマの間に、トスカナ家が文字通り立ちはだかり、ハインリヒ三世時代のようなイタリア出兵は、もはやアグネスには不可能であったことは明白である。

このような現実の変化はあったものの、改革派はさりとてドイツ宮廷との関係を絶つ意図は、持っていなかったようである。というのも、一〇五七年十二月にアグネスのところにヒルデブランドゥスとルッカ司教アンセルムス(後の法王アレクサンダー二世)が法王使節として現れ、新法王の就任を伝え、承認を求めたからである。[15] この承認が与えられたことは疑いないが、[16] アグネスがこれ以前にローマでの事態に不満を示さなかったわけではないようである。

というのは、クラウゼが、この使節が二度目の使節でありうると推論していることが正しいなら[17]、アグネスの抗議の可能性は、十分ありうるのである。いずれにしても、アグネスが新法王を承認したことによって、幼いハインリヒ四世の法王選挙での権利を犠牲にしたというハウクの見方は[18]、後述のニコラウス二世の法王選挙令の結果からも[19]、またアレクサンダーとホノリウス(カダルス)のシスマの経過からも否定されうることである。従って、この時承認されたのは、事態の緊急性であって、将来にわたってのこのような法王選挙方式ではなかったと言えよう。

ステファヌスの時代は、僅か八ヶ月の短いものであったが、彼自身が修道士であり、当時のさまざまな修道院運動に好意的姿勢を示し、教会と法王庁の改革の昂揚をもたらしたのであった。この改革は、従って修道院運動からその力を得ていた[20]。彼は改革に熱心であったが、しかし彼について、その選出過程と同様、教会内への世俗権力のあらゆる干渉に反対するいわゆるロートリンゲン的傾向を持っていたといった、余りに反ドイツ王的な性格付けは問題であろう[21]。既述のアグネスへの使節派遣、隠修士でフォンテ・アヴェラナ修道院長ペトルス・ダミアニをオスティアの枢機卿司教に任命したこと[22]、さらにクリュニー院長ユーグを長く側におき、臨終の時には彼から大きな慰めを与えられたこと[23]、これらいずれもステファヌスの立場を単純に反ドイツ王的となしえないものである。このダミアニやユーグは、皇帝権と法王権の調和を求める代表的な人物であったし[24]、とりわけユーグは既述の如く、アグネスの有力な助言者であった。しかも、このユーグとのつながりに関して言えば、ステファヌスは既にモンテ・カシーノの修道士にも拘らず、ユーグの手においてクリュニー修道士になる誓いをしているのである[25]。このことから、彼の時代にクリュニーの影響が強くあったことが推論されるのである。要するに、ステファヌスの時代は、少なくとも意識においては、ドイツとの協調を考える立場にあったと理解してもいいのである[26]。

また、改革派やトスカナ家が、ドイツから離反する気持をたとえ持っていたとしても、ローマ市を完全に掌握しているわけではなく、その意図を実現することは不可能であったであろう。このことはステファヌスの死後の混乱が雄弁に物語るのである。

ステファヌスが、フィレンツェで一〇五八年三月二十九日に亡くなると、ローマでは今や貴族たちが、この機会を捉え、ヴェレトリ司教ヨハネスを早くも四月五日に法王ベネディクトゥス十世として選んだのである。これに対し改革派はローマを追われ、独力で事態を切り開く力はなかった。それにステファヌスは、アグネスのところからヒルデブランドゥスが帰るまで、後継者の選出を延期する約束をローマの教会人や俗人にさせていた。[27] ともかく、こうして後手に回った改革派の法王選挙については、しかし史料上問題が多い。[28] このため、法王庁とドイツとの関係が如何なるものであったかを明確になしえないのである。

この選出経過ではっきりしている事実は、聖霊降臨祭の時にドイツのアウクスブルクでの帝国会議に改革派の使節が現れ、フィレンツェ司教ゲルハルトを候補者に推薦したこと、[29] そしてシエナでゲルハルトの正式の選挙が行われ、ニコラウス二世となったことである。[30] この場合、シエナの選挙が、いつ行われたのか確認されない。それゆえ、シエナの選挙が、アウクスブルクでの交渉の前か後かによって、アグネスの法王選出過程における役割が異なってこよう。前だとすると、アグネスへの報告は、全く事後的な承認にすぎず、先のステファヌス選出の時と同じことになってしまう。[31] 後であると、アグネス側でのある程度の決定権が、留保されたことになり、選出時におけるドイツ王の権利が少なくとも形の上では、再び確保されたことになる。但し、この場合でも法王選出の主導権が、法王庁側に移っていたことは明らかであろう。[32]

それでは、この選出の指導権は、誰がとったのであろうか。先のステファヌスへのローマの教会人や俗人の約束からして、ヒルデブランドゥスの役割が大きかったことはある程度推測される。[33] このことはモンテ・カシーノのレオの年代記からも理解しうることである。[34] この年代記には、ゴットフリート大公が加わっていることも、はっきりと記されている。この二人にローマの改革派が、加わっていたのである。[35] この三者のうち、候補者がフィレンツェ司教であったことからして、ゴットフリートの発言力が、最も強かったと推測するのが妥当であろう[36]。しかし、ヴォラッシュのように、ステファヌス時代のクリュニー修道院との接近を重視し、ゲルハルト自身も、クリュニー修道士であったことも手伝って、ゲルハルトの選出にクリュニーの人々の参加を想定し、さらにステファヌス自身が、ゲルハルトを推薦し、これがヒルデブランドゥスや改革者によって同意されたと考える立場もある[37]。ただ、もしこの説が正しいとするなら、クリュニー派の皇帝権に対する考え方があらためて問題になってこよう。

さて、このニコラウス二世の治世で、アグネスの政府との関係から問題になってくるのは、一〇五九年の法王選挙令と対ノルマン人政策の転換であろう。この場合も、この二つの事件を如何に解釈するかによって、ローマ・ドイツ関係の評価は異なってくる[38]。つまり、一方ではフリシュのように、この選挙令を教会の解放、改革の実現への最初の段階を画するものとして捉える立場がある。この場合、ノルマン人との同盟は、選挙令によるドイツとの不和を想定したものと理解し、これらの反ドイツ的な色彩が強調されることになる。フリシュは、さらにフランスへの法王の接近は、これらの反ドイツ的な動きを完成するものと考えた[39]。

これに対し、クラウゼのように、選挙令は当時のシスマの状況を反映したものであり、ニコラウスの就任を事後的に正当化しようとしたに過ぎないと考える立場がある。この場合、改革理念の遠大な計画というよりも、当時の諸現実が、この選挙令の性格を決定していると考えるのである。従って、法王選出におけるドイツ王の慣習権は、守られているのであり、法的にはハインリヒ三世以来、何も変っていないと考えられることになる[40]。またこの場合、この法令が原理的に都市ローマ人とのつながりを排除したことは、いずれにしても事実であり[41]、それゆえノルマン人との提携も、ローマ人に対する支えとして見ることになり、ドイツ王への対決の準備と見るべきでないことになる[42]。

この二つの見解のうち、ニコラウス以後の法王庁の現実の動きを見れば、やはり後者の方がより妥当なように思われる。つまり、ニコラウスの時代も、意識においてハインリヒ三世の時代と変っていないということになろう。

ただ、意図はどうあれ、ノルマン人への接近は南イタリアにおけるドイツの権利を侵害したことは事実である。[43] しかしまた、このことがドイツ側の反ローマ感情を煽ることになったというのは、史料のどこにも確認されえないものである。[44] このノルマン人との封建関係樹立は、一〇五九年八月のことであるが、翌一〇六〇年一月に法王使節としてルッカ司教アンセルムスが、アグネスによるマインツ大司教の叙任に参列しているし、[45] 同年四月のラテラノ教会会議にドイツの代表として、イタリア官房長グィベルトゥスが参加しているのである。[46] この点から考えると、少なくともノルマン人への接近後八ヶ月経過した時点でも、ローマとドイツは格別不和になったとは考えられない。[47] 従って、ノルマン人政策が、両者の対立の直接の原因にはならなかったと考えるのが妥当であろう。

しかし、ニコラウスの死の直前一〇六一年夏に、ドイツの宮廷の指導者たちが司教たちと教会会議を開き、ニコラウスのすべての教令を無効とし、法王への非難を決議している。[48] この原因はやはりノルマン人政策ではない。時間的にノルマン人への接近から二年も経過しているし、[49] それにノルマン人政策のような政治的な問題が、教会会議の判決の理由にはならないからである。[50] 問題はニコラウス二世のドイツ司教に対する一連の厳しい態度にあったのである。[51]

このようなドイツの反ローマ的な動きに対し、ローマがどのように反応したかは確認されないが、[52] 枢機卿ステファヌスが、ドイツ宮廷に派遣されている。この使節がニコラウス死後の二ヶ月の空位の時期にあたると考えると、[53] この目的が次の法王選出に係わっていることは、十分ありうることであろう。[54] もしこれが正しいとすると、ローマは宮廷とのつながりを絶つことを考えていなかったことになろう。しかしこの使節は、アグネスに面会することもなく、帰らねばならなかった。先のドイツの教会会議と同様、この場合もアグネスが、どの程度自主的に関与していたのか明らかではない。[55] おそらく後のアグネスの行動から考えて、宮廷の指導者の意のままになっていたと考えた方がよいようである。ともかく、ここにはじめてローマは、ドイツ宮廷から完全に離れて法王選挙を行うことになった。

即ち、ニコラウス死後二ヶ月ほどして、一〇六一年九月三十日に改革派は、ヒルデブランドゥスを中心にして、ルッカ司教アンセルムスをアレクサンダー二世として選出した。この時彼らはノルマン人のカプア侯リカルドゥスの保護の下に、この選挙を行いえたのであった[56]。このように選出過程は宮廷から独立して行われたが、このアンセルムスは何度もドイツに法王使節として行った人物であり、アグネスにもよく知られていたし、ペトルス・ダミアニの古い友であり、ドイツの宮廷を無視しようとする人物ではなかった[57]。それゆえ、ここでもアンセルムスが選ばれたこと自体、改革派の宮廷への和解的姿勢を示すものであったと言えるし[58]、先のステファヌス派遣が法王選挙に係わるものであったとの推測を強めるものである。

一方、ローマ貴族は、ノルマン人と法王庁の同盟からして、独力で行動することを不利と考え、アグネスそして彼女を通して、ドイツ諸侯を味方に引き入れようとしたのである[59]。この場合、彼らは先のニコラウスとドイツとの不和を利用しようとしたのであるが、ともかくローマ貴族がドイツ王に協力を求めたことは、ハインリヒ三世時代の政策を考えると、全く隔世の感のあるものであった。このことはまた、これまでの法王庁の対ローマ貴族政策が、如何に彼らにとって痛手であったかを物語るものであった[60]。

ロンバルディアにおいても、改革への反対勢力が結集し、イタリア官房長グィベルトゥスを中心に、彼らもアグネスに使節を派遣した。このローマ貴族とロンバルディア人の要求に対し、十月末にバーゼルで教会会議が開かれ、パルマ司教カダルスが、対立法王ホノリウス二世として擁立された。こうしてドイツ宮廷は、一ヶ月前になされた改革派の選挙をはっきりと拒否したのである[61]。

アグネス自身は、教会改革に好意的であったが、ローマ貴族やロンバルディア人に引っぱられるままになり、全く気持に反して対立法王の擁立に同意したと言えよう[62]。この後の彼女の行動は、この決定への消極的抗議と考えてもいいものであろう。というのも彼女は、ホノリウス(カダルス)に法王としての承認をもたらすための努力を何もしなかったのである。このための前提条件は、ローマでの戴冠であり、それゆえローマの奪還であった。しかしアグネスはローマ進撃の為の軍の召集を全くホノリウス自身に任せたのであった。それに、ドイツの司教がホノリウスに従うための努力を何もしなかった[63]。実際、ドイツ司教の中には、ホノリウス擁立に最初から反対する者がかなりいた[64]。バーゼル会議に誰が参加したかは、確認されていないが、指導者的な司教たちは、参加しなかったようである[65]。

アグネスはバーゼル会議の数週間後、突然修道女用のヴェールを着用するようになった。この動機は知られていないが、一つはやはり先の決定への不満であったろう[66]。また当時現れつつあった彼女を失脚させようとする動きに、自ら先手を打ったとも考えられよう[67]。勿論、彼女は夫を亡くして以来、修道女の生活に憧れていたことからも、このような人生に対する態度が、底流としてあったことは否定できない[68]。それゆえ、彼女がヴェールを着用したといっても、修道院に入ったのではなく、また完全に政治の世界から離れたわけではなかったとしても[69]、そこには明白に諦めの感情が、読み取れるのであり、政治のことにはますます重い気持で係わることになり、次第に政治の世界から離れていくことになった[70]。

こうして、一人の婦人が、それも修道士的になった婦人が、世俗の最高の統治を引き受けているのはふさわしくないという感情をいよいよ煽ることになったのも当然であろう[71]。

注

（1） T. Schmidt, Alexander II. und die römische Reformgruppe seiner Zeit.（Päpste und Papsttum. Bd. II. 1977）S.55.
（2） H-G. Krause, S.58.
（3） F. Kempf, Die gregorianische Reform.（1046–1124）.（Handbuch der Kirchengeschichte. 1973. Bd. III/1）S.412.
（4） H-G. Krause, S.58.

（5）この間の事情の主な史料は、モンテ・カシーノのレオ（Leo casinensis）の年代記である。
Pontificnm Romanorum Vitae. ed. J. M. Watterich. t. I.（1862, 1966）S.193–194.
A. Hauck, S.669.
なお、このステファヌス選出過程でヒルデブランドゥスのことが言及されている点は、彼が既にこの時点で、かなり重要な立場にあったことを示唆しているように思われる。

（6）H-G. Krause, S.59.

（7）‘rege ignorante’ と伝えているのは、ニーダーアルタイヒの年代記である。
Annales Altahenses majores. a. 1057. MGH. SS. XX. S.809.
H-G. Krause. S.59.　G. Tellenbach, p.182.
この点、既に我国では野口洋二氏が認めておられる。『グレゴリウス改革の研究』（昭和五十三年）九十一頁。

（8）A. Hauck, S.670.

（9）A. Fliche, t. I. p.168.

（10）A. Overmann, Gräfin Mathilde von Tuscien.（1895, 1965.）S.123.
E. Steindorff, Bd. II. S.172–173.

（11）F. Kempf, S.412.

（12）*ibid.*, S.412.

（13）T. Schmidt, S.72.
なお、ロートリンゲン・トスカナ系の法王（ステファヌス九世、ニコラウス二世、アレクサンダー二世）といっても、彼らはいずれもトスカナの出身ではないし、十一世はじめから既に教会改革運動を行ったトスカナの高位貴族との系譜的なつながりも持っていない。

（14）W. Goez, Reformpapsttum, Adel und monastische Erneuerung in der Toscana.（Investitursteit und Reichsverfassung. 1973）S.208.
この点、シュミットが、ステファヌス以後法王選挙はトスカナにおいて、ゴットフリートの支配地域において行われるようになると述べているのは必ずしも正確ではない。

T. Schmidt, S.80.

(15) M. v. Knonau, Bd. I. S.52.

H-G. Krause, S.61.　Lampert v Hersfeld, S.62.　野口洋二、前掲書、四五七頁。

(16) この承認を明らかにしているのは、前注、（7）で挙げたニーダーアルタイヒの年代記が「rege ignorante」のあと「Postea tamen comprobante」と述べている所である。

M. v. Knonau, Bd. I. S.53.

(17) H-G. Krause, S.61.

(18) A. Hauck, Bd. III. S.672.

(19) H-G. Krause, S.62.

(20) J. Wollasch, Die Wahl des Papstes Nikolaus II.（Adel und Kirche. 1968）S.207–208.

ステファヌス時代の教会改革については、A. Fliche, t. I. p.171–172. 参照。

(21) A. Fliche, t. I. p.170.

(22) このオスティアの枢機卿司教職は、枢機卿司教の第一に位するものであり、法王を聖別する機能を持つ重要な官職であった。

M. v. Knonau, Bd. I. S.54–55.

R. Hüls, S.3.

(23) J. Wollasch, S.216.

(24) H-G. Krause, S.54.

野口洋二、前掲書、五十七～六十三頁、参照。

(25) J. Wollasch, S.216.

(26) テレンバッハも、ステファヌスはペトルス・ダミアニの支持者以上の存在であったとしても、ヒルデブランドゥスやフンベルトゥスと同一ではなく、もし彼が生きていたら彼の政策は、グレゴリウス七世よりもヴィクトル三世に近かったであろうと述べている。ヴィクトル三世は、クリュニー修道士ではないが、テレンバッハは、この表現によってステファヌス時代のドイツ王との和解的な傾向を示唆している。

(27) G. Tellenbach, p.182.
これはペトルス・ダミアニのラヴェンナ大司教ハインリヒへの手紙に伝えられている。
J.-P. Migne, PL. 144, col. 292.　H-G. Krause, S.61–62.
野口洋二、前掲書、四五七頁。

(28) J. Wollasch, S.205.

(29) Annales Altahenses majores. a.1058. S.809.
ランペルトも重要な史料であるが、聖霊降臨祭という日時とアウクスブルクという場所を明示していない。
Lampert v Hersfeld, S.64–66.

(30) Bonithonis Liber ad amicum（Monumenta Gregoriana. ed. P. Jaffé. 1865, 1964）S.642.

(31) H-G. Krause, S.67.

(32) クラウゼは、シエナの選挙を早くて七月、最もありうるものとしてハウクの主張した十二月六日説に傾いている。
A. Hauck, Bd. III. S.681.
H-G. Krause, S.67–69.
フリシュの六月説をクラウゼは否定している。
A. Fliche, t. I. p.312.

(33) M. v. Knonau, Bd. I. S.79.
野口洋二、前掲書、四五七頁。

クラウゼはこの点、この約束は法王選挙におけるヒルデブランドゥスの不可欠の役割を指しているというよりも、当時ドイツにいたヒルデブランドゥスとドイツ宮廷との交渉の結果を待つべきことを示唆していると述べている。しかしクラウゼの主張にしても、ヒルデブランドゥスが単なるローマの意志の伝達者にすぎないのか、それとも全権委任的な使節なのかによってヒルデブランドゥスへの評価は異ってこよう。　H-G. Krause, S.62

(34) Leo Casinensis, S.214.

(35) ランペルトに出てくる「Romani Principes」、ニーダーアルタイヒの年代記の「Cum principibus non placeret」、モンテ・カシーノのレオにおける Romanorum meriores これらいずれの表現も、ローマの貴族を指すと言うより、ローマの改革派それも枢機卿司教のような有力者を指すと考えるべきであろう。ちなみに、ハウクはこれをローマ貴族としている。

H-G. Krause, S.65. 参照。　A. Hauck, Bd. III. S.680.

ボリーノは、枢機卿司教としている。

G. B. Borino, L'archidiaconato di Ildebrando.（Studi Gregoriani III. 1948.）p.495.

（36）このゲルハルトは、一〇四六年からリェージュの司教座教会参事会員であったが、おそらくゴットフリート大公によってフィレンツェに招かれ、大公家と最もよい関係にあった。

H-G. Krause, S.64.

（37）J. Wollasch, S.219.

（38）この点、野口洋二、前掲書、九十二～九十三、一〇五～一〇六頁、参照。

（39）A. Fliche, t. I. p.323–324, 326, 330, 333.

（40）H-G. Krause, S.141–142.

（41）F. Kempf, S.414–415.

（42）T. Schmidt, S.77.

T. Schieffer, Das Zeitalter der Salier.（Deutsche Geschichte im Überblick, 1973）S.141.

（43）M. v. Knonau, Bd. I. S.179.

（44）H-G. Krause, S.139.

（45）*ibid.*, S.128.　M. v. Knonau. Bd. I. S.172.

（46）M. v. Knonau, S.179.

（47）H-G. Krause, S.128.

（48）主な史料は、ペトルス・ダミアニの「Disceptatio synodalis.」（MGH. Lib. de lite. I. 87.）

この会議については、時期・場所に関して明らかではない。例えば、ブルストーティーレは、一〇六〇年夏、ハウクは、一〇六一年はじめとしている。

M. L. Bulst-Thiele, S.128–132.　A. Hauck, Bd. III. S.700.
本章ではクラウゼ説に依った。　H-G. Krause. S.128–132.

（49）H-G. Krause, S.134.

（50）*ibid.*, S.139–140.

（51）*ibid.*, S.137–138.　特にケルン大司教アンノを中心人物としている。ハウクはこの原因を先の選挙令としているが、しかしまた、ケルンやマインツの大司教が法王より侮辱されたように、ドイツ司教たちが法王の処置に怒っていたことをも挙げている。　A. Hauck, Bd. III. S.700.　M. v. Knonau., Bd. I. S.180.

（52）A. Hauck, Bb. III. S.702.

（53）H-G. Krause, S.132.
フリシュは、一〇五九年としている。　A. Fliche., t. I. p.325.
野口氏は、クラウゼ説（一〇六一年）を是とされている。野口洋二、前掲書、一二四頁。

（54）H-G. Krause, S.132.

（55）この使節へのドイツ側の門前払いを伝えているペトルス・ダミアニの「Disceptatio synodalis」（前注、（48）、参照）は、この責任を、幾人かの宮廷の指導者に帰している。　M. L. Bulst-Thiele, S.73. 参照。

（56）F. Kempf, S.417.

（57）A. Fliche, t. I. p.343.
アンセルムスは、一〇五六年にハインリヒ三世により、ルッカ司教に任命された。また彼はヴィクトル二世とともにハインリヒ三世のシュパイアーでの埋葬式、アーヘンでのハインリヒ四世の戴冠式にも参加したと推定される。
T. Schmidt, S.55–56.

（58）T. Schmidt, S.218.

（59）M. v. Knonau, Bd. I. S.217.

（60）T. Schmidt, S.105.

（61）M. v. Knonau, Bd. I. S.224–227.

（62）K. Hampe, Herrschergestalten des deutschen Mittelalters.（1958, 1978.）S.103.

（63）A. Hauck, Bd. III. S.706–707.

（64）A. Fliche, t. I. p.343.
M. L. Bulst-Thiele, S.77.

（65）M. v. Knonau, Bd. I. S.225.
ドイツ側からはアグネスに近いアウクスブルク司教ハインリヒの出席のみ証明されるとクノーナウは述べている。ブルストーティーレは、アグネスはこのハインリヒやマインツ大司教ジークフリート、それにグィベルトゥスの助言に従ったとしている。　M. L. Bulst-Thiele, S.77.
先のドイツ司教会議の中心となったケルン大司教アンノは、後の行動から考えて出席していなかったと考えるべきであろう。従って、先の司教会議とバーゼル会議は、必ずしも同一線上にあるものではないと言えよう。

（66）M. L. Bulst-Thiele, S.77.
あるいはアグネスには、先のドイツ司教会議とバーゼル会議との間に、一貫性がないことへの不満があったのかもしれない。

（67）M. v. Knonau, Bd. I. S.231.

（68）*ibid.*, S.231.
H. Zimmermann, Das Mittelalter. Von den Anfängen bis zum Ende des Investiturstreites.（1975）S.211.
A. Hauck, Bd. III. S.667.

（69）M. L. Bulst-Thiele, S.78.

（70）H. Zimmermann, S.211.
M. v. Knonau, Bd. I. S.269.

（71）*ibid.*, S.231.

四　クーデター後のアグネスと法王庁

一〇六二年四月、ライン下流カイザースヴェルトにおいて、ケルン大司教アンノがバイエルン大公オットー・フォン・ノルトハイムやマインツ大司教ジークフリートらと謀り、アグネスから十一歳のハインリヒ四世を拉致する事件が発生した[1]。この一種のクーデターに対し、アグネスは息子を取り戻そうともせず、自ら身を退いてしまった。こうして彼女は摂政位を捨て、簒奪者のいる宮廷には近づこうとはしなかった[2]。先の対立法王の擁立、アグネスがヴェールを着用したこと、さらに側近のアウクスブルク司教への諸侯の不満が、この事件の背景にあったと言えよう[3]。

しかしこの事件は、ある意味で彼女の望んだものであった。既に前年に表明していた政治世界への諦めを実行しうる時でもあった。この事件によって遂に彼女から重荷が取られたのである。この数年、ローマとの関係において最も苦労し、つらく感じていたアグネスにとって、今やあらゆる制約がなくなり、自らの本心にそって行動しうる時がやってきたのであった[4]。事件後まもなくアグネスは、イタリアにあるフルトゥアリア修道院の院長及び修道士に宛てた手紙では、「私の良心はあらゆる亡霊やあらゆる妄想よりもたち悪く私を驚かす。そのため私はこの恐怖の出現をおそれて避難所を求め、聖人たちのところを巡っています」と述べて、このころの彼女の気持をよく伝えている[5]。

この手紙の出された時、アグネスはまだドイツにいた。しかし、イタリアの修道士の祈りを自らのために求めていたことなどは、彼女のイタリアへの早る心を示している。とりわけローマにおいて、「良心」という恐ろしいものへの慰めを得ようと欲していたのであった。この「恐ろしいもの」はおそらく、先のホノリウス擁立への悔であったろう。これまでの行動に対する神の罰を息子との離別の中に見なければならなくなった時、彼女には今や悔悛を行って、教会の赦しを得る道が残っているだけであった[6]。

こうして、一〇六三年はじめアグネスはローマに行き、これまでの行動、特にホノリウス擁立の罪を懺悔し赦免を求めたのであった。(7) 彼女がローマに入った時、黒い羊毛製の着物を着、頭にはヴェールをかぶり、ろばのようなみすぼらしい馬に乗っていた。(8) まさに悔悛者の姿をしてローマに入ったのである。アグネスがローマに来ると、ホノリウスへの最もきびしい敵対者であったペトルス・ダミアニが、彼女にとって良心の忠告者となった。(9) 彼女は今やはっきり改革派に移り、ローマ教会のために活躍することになったのである。

アグネスがこのような大きな変化を経験しつつある時、アレクサンダーとホノリウスのシスマも、転機を迎えつつあった。これまで事態を静観していたトスカナのゴットフリートが、再び重要な役割を果すことになったのである。彼は、一〇六二年五月にシスマに介入し、相対峙する二人の法王にドイツ王の最終決定を待つように指示し、彼らを各々元の司教区に帰らせたのである。(10) このような行動にゴットフリートが動きえたのは、ドイツ国内の変化を知っていたからであった。先のカイザースヴェルトでの事件によって、アレクサンダーに好意的なケルン大司教アンノが実権を握ったため、ドイツ王の決定が改革派に有利に下されることが予想されたのである。(11) 確かにこの場合ゴットフリートは、シスマの最終決定権を王に与えることによって、王権の利益において行動していた。(12) しかし他方、彼が基本的にトスカナのルッカから出た法王の背後に立っていたことは明らかである。実際、アレクサンダーはゴットフリートに伴われてルッカに帰っているし、(13) マントヴァの会議に至るまでのドイツでの会議においても、ゴットフリートはアレクサンダー支持の立場を示していた。(14)

とはいえ、アレクサンダーがこの指示を受け入れたことは、これまで三代にわたり主導権をもって獲得していた法王位を、再びドイツ王の主導権の下に返すことを意味していたのである。フリシュは、アレクサンダーは外交的勝利のために改革の根本的原理を犠牲にし、一〇四六年以来獲得された諸成果を無にしてしまったと述べているが、(15) 大公の命令によって改革法王庁が、みじめな状態に置かれたことは事実であろう。既に半年前に就任していた法王が、ペテロの座を一応去らねばならなかったからである。[16] しかし他方、このアレクサンダーの妥協を余り重大視するのも問題であろう。これまで既に見てきたように、ステファヌス時代以来の法王庁の達成してきた成果というものも、意識的な運動の結果というより、諸状況のゆえに已むを得ず行動してきた感が強いのである。従って改革派は、ハインリヒ三世時代と意識において変わっていないと言った方がいいのである。[17] この意味ではアレクサンダーが大公の指示に素直に従ったことは、何ら不思議なことではないのである。事実、彼は反ドイツ王的な意識はもっていないし、レオ九世のように、王権と協調して教会を改革していく路線を取っていくことになったのである。[18]

いずれにしても、一〇六四年五月に北イタリアのマントヴァで、アンノが主催した教会会議においてアレクサンダー二世は、ドイツ王の認める正式の法王と宣言された。[19]

このような法王の下において、アグネスはローマとドイツとの関係の調停のために、新たな役割を与えられることになった。既に一〇六四年はじめに彼女は法王よりドイツに派遣された。これは右のマントヴァでの教会会議の準備と関係があった。彼女の仕事は、おそらくドイツ政府におけるアレクサンダー承認のための最後の詰めをすることであった。[20] アグネスがカイザースヴェルト事件の主謀者のアンノへの嫌悪にも拘らず、この使節を引き受けたことは、彼女の自主性を放棄した弱さを示しているのかもしれないが、[21] 他面、私情を捨てて法王庁のために尽そうとする姿勢の現れであった。彼女が全く政治の世界から退いたと言っても、当時なおハインリヒ四世に影響力を持っていたことは、一〇六五年にパサウ司教の後任に彼女の礼拝堂付司祭アルトマンを任命させたことからも窺えることである。[22]

一〇六六年から六七年の冬にかけて、アグネスは再び法王の依頼においてドイツへ赴いている。この時はローマに迫ってきたノルマン人のカプア侯リカルドゥスに対し、ドイツ王の援助を求めるためであった。[23] この要請が如何に緊急なものであったかは、すでに何度も使節や文書を通して援助が要請されていたにも拘らず、冬の厳しい寒さの中で、アグネスにこの任務が与えられたことからも推測しうるのである。法王はアグネスの影響力でもって、彼の願いを実現しようとしたのである。[24]

ハインリヒ四世が成長し、次第にローマ・ドイツ関係が緊張していくアレクサンダー晩年においては、アグネスの役割は、この両者の決裂を避けることであった。一〇六五年に成年式を終えたハインリヒ四世は、急速に実質的な支配者になっていき、これまでの彼の後見人とちがって、法王庁に対する譲歩へと動かされなくなっていたのである。このためアグネスの任務は、ハインリヒを法王により密接に結び付け、法王の影響下におくという重要なものであった。[25] 一〇七二年に行われた三度目のドイツ訪問のきっかけは、ハインリヒと彼のかつての義兄弟であり法王の友であったシュヴァーベン大公ルードルフとの不和を調停することであった。[26] 彼女がこの二人を和解させたことは、たとえハインリヒが意識しなくとも、彼が法王の意志に従ったことを示していたのである。王の母であったことが、アグネスにこの成功をもたらした。[27] これによって内戦の危険が避けられたし、この内戦によって起りうるハインリヒと法王の不和も避けられたのである。

アグネスは一〇六七年にドイツより帰って以来、体力の限界を越えるような厳しい修行の生活を送っていた。しかし、今回の旅のように世俗事に関与することは、彼女の現在の信仰生活の目的に決して無縁ではないと考え、息子への影響力を揮うことは、彼女の義務であると考えていた。[28]

アレクサンダーの最晩年の一〇七三年二月〜三月の四旬節会議において、ミラノの問題で対立することになった王への厳しい処置として、王の顧問官が破門された時、[29] この処置への刺激を与えたのは、他ならぬアグネスであった。[30] この四旬節会議への出席は、またアグネスの教会政策への関与を示しているものであった。[31]

ローマとドイツの緊張が始まろうとした時、アレクサンダーが亡くなり、ヒルデブランドゥスがグレゴリウス七世として登場してきた。前年一〇七二年には、皇帝権と法王権の調和を理想としていたペトルス・ダミアニが既に亡くなっており、ますますアグネスの調停者としての役割は重くなってきたのである。実際、アグネスはこれまで以上に、王と法王との和解のために、大きな役割を果すことになった。グレゴリウス自身も、従来以上にアグネスを法王庁のために使うようになっていくことになった。[32]

注

（1）この事件を詳しく伝えているのはランペルトである。
Lampert v. Hersfeld, S.72–74.　M. v. Knonau, Bd. I. S.278–279.

（2）M. v. Knonau. S.280.
M. L. Bulst-Thiele, S.81.

（3）*ibid.*, S.79.
T. Schieffer, S.142.

（4）M. v. Knonau, Bd. I. S.282.

（5）*ibid.*, S.283.

（6）*ibid.*, S.283–284.

（7）M. L. Bulst-Thiele, S.86.

（8）この彼女のローマ入城の姿を伝えているのは、ペトルス・ダミアニである。
J.-P. Migne, PL. 145, col. 807 f.　M. L. Bulst-Thiele, S.88.

（9）M. v. Knonau, Bd. I. S.320.

（10）*ibid.*, S.262–263.
野口洋二、前掲書、一〇七頁。

（11）A. Hauck, Bd. III. S.710.

M. v. Knonau, Bd. I. S.264.
ゴットフリートがこの行動を知っていたというよりも、むしろこの事件の主謀者たちと既に協定していた可能性がある。
ibid., S.277–278.　Z. N. Brooke, p.115.

(12) T. Schmidt, S.117.
ゴットフリートが表面上中立の態度を取った理由には、アレクサンダーへの支援にも拘らず、これまでの改革法王庁の動きに、必ずしも満足していない点もあった。例えば、ニコラウス二世時代にノルマン人と法王庁が結びついたことは、ゴットフリートにとって利益になるものではなかった。このことがまた、アレクサンダーの対ノルマン人政策の変更につながるのかもしれない。さらに、中部イタリアにおいて、ヴィクトル二世の所有していたスポレト大公権をゴットフリートが獲得したことも、両者の利害が一致していないことを示している。

野口洋二、前掲書、一〇八頁、参照。　A. Hauck, Bd. III. S.710.

(13) T. Schmidt, S.117.

(14) *ibid.*, S.119.

(15) A. Fliche, t. I. p.346.

(16) H-G. Krause, S.151–152.

(17) 例えば、クラウゼのように、これをもってオットー一世やハインリヒ三世の時代が戻ったと評するのは、やや大袈裟であろう。
ibid., S.152.　この点でフリシュの評価も、クラウゼと同じである。　A. Fliche, t. I. p.347.

(18) T. Schmidt, S.218.
ただしアレクサンダーは、ミラノのパタリア問題の処理において、ドイツ王と対立していくことになる。

野口洋二、前掲書、二一一頁。なおアレクサンダー時代の教会政策については、同書、一〇六〜一一六頁、参照。

(19) F. Kempf, S.417.

(20) M. v. Knonau, Bd. I. S.369.
M. L. Bulst-Thiele, S.90.

(21) M. v. Knonau, Bd. I. S.369.
(22) M. L. Bulst-Thiele, S.91.
Lampert v. Hersfeld, S.104.
同じランペルトの伝えるところによると、一〇六五年にハインリヒ四世がはじめて剣を帯びた際、その剣を彼の嫌っていたケルン大司教アンノに向けようとした時、アグネスに制止されている。 *ibid.*, S.94.
(23) M. L. Bulst-Thiele, S.92.
(24) M. v. Knonau, Bd. I. S.547.
(25) M. L. Bulst-Thiele, S.93.
(26) M. v. Knonau, Bd. II. S.161.
この三度目の訪問については、ランペルトが詳しく伝えている。 Lampert v. Hersfeld, S.160–162.
(27) M. L. Bulst-Thiele, S.93.
(28) Lampert v. Hersfeld, S.162.
(29) 野口洋二、前掲書、一一二頁。
(30) Bonithonis Liber ad amicum, S.655.
P. Jaffé, Regesta Pontificum Romanorum.（1885, 1956）t. I. S.592.
(31) M. L. Bulst-Thiele, S.97.
(32) *ibid.*, S.97.

五　グレゴリウス時代のアグネス

グレゴリウス七世が、彼の法王就任をモンテ・カシーノ修道院長デシデリウスに伝える手紙において[1]、彼は目前にある重い任務について、「主なる皇太后アグネスとコモ司教ライナルトに私の方から挨拶を送って下さい。彼らが私に対してどんな愛情を持っているか、今示してくれるように、私に代って誠実にお願いして下さい」と述べて、早くもアグネスの援助を求めていたのである。当時、彼女はモンテ・カシーノにいた。[2]

この手紙からも推測しうるように、既に一〇七三年四月の段階で、アグネスへの期待がこれほど大きかったことは、如何にアグネスがアレクサンダー時代に、法王庁のために活躍していたかを想像させるものである。アレクサンダー時代、グレゴリウスが、事実上法王庁を指導していたことを考えると、[3] なおさらアレクサンダー時代のアグネスの貢献が、グレゴリウスに及ぼしていた影響を先の言葉からも推測しうるのである。アグネスにこのように期待していたことは、また逆にグレゴリウスがその就任初期、如何にドイツと平和を望んでいたかを示すものであった。当時ローマとドイツの関係は、既述のように、ハインリヒの顧問官の破門によって緊張したものになっていた。フリシュも述べているように、一〇七三年においては、グレゴリウスの気持は、俗権との協調の下に改革を進める方向に向かっていたのであった。グレゴリウスは、政策においてはフンベルトゥスのような非妥協的な人物ではなく、ペトルス・ダミアニのような穏和な人物であったのである。[4]

グレゴリウスは王との和解を実現するために、あらゆる方面からの援助を求めていたのである。このアグネスをはじめ、トスカナのベアトリックスとマティルデ、シュヴァーベン大公ルードルフ、コモ司教ライナルト等、要するにハインリヒに影響を与えうる人、しかも正しい方向に彼を導きうるすべての人々から援助を求めたのである。[5] このような願いが、九月一日に出された一連の手紙の中に、さまざまな形で表明されているのである。これらの手紙の中ではまた、アグネスへの高い期待を確認することが出来るのである。

グレゴリウスの真実の気持を明らかにしたものと言われるシュヴァーベン大公ルードルフ宛ての手紙において、彼は「教会と帝国のかの協調が偽りもなく、純粋なもの以外何も含むべきでないゆえに、あなたが私の願いをよく認識し、もし私の考えが正しいと認められるなら、私と一致するために、これらのことについて、まずあなたや皇太后アグネス、女伯ベアトリックス、コモ司教ライナルト、さらに神を畏れるその他の人々と協議することが、全く必要なことのように思われます」と語っている。(6)

つまり、グレゴリウスは、王との協調への願いを強調し、この協調が偽りでないために、ルードルフにアグネス等に会いに来るように命じたのであった。

同じ九月一日のコモ司教ライナルト宛の手紙においては、彼は、「あなたが王について書かれたことについては次のように理解して下さい。あなたと私の最愛の娘である皇太后アグネス――彼女が彼(王)とローマ教会そしてローマ教会のゆえに私を如何に愛しているか、ずっと以前から私は知っている――は、私が王についてどのように考え、何を望んでいるか他の誰よりもよく知っています」と述べている。(7)

ここでもアグネスが既に以前よりグレゴリウスによって信頼されていることが確認される。ここで特に注目すべきことは、彼女が全く改革派に移ってしまって王を蔑ろにするよりも、むしろ母として王に結びついている事実をグレゴリウスによって評価されている点であろう。

やはり九月一日のルッカ司教に選ばれたアンセルムス二世に宛てた手紙では、(8)アグネスをはじめとした上述の人々の役割が、「……王が破門された者（アレクサンダー二世によって破門された顧問官）との交際に関して、神に償いをして事を整え、我々と平和を結びうるまで、王の手より司教叙任を受けてはなりません。次の人々がこの仕事を完成しようと努めています。特に、私の最愛の娘アグネス皇太后、それに高名なベアトリックスとその娘マティルデ、シュヴァーベン大公ルードルフです。彼らの信仰深い意見を蔑ろに出来ませんし、すべきではありません」とはっきりと示されている。

このようなグレゴリウスの願いが、アグネスを一〇七四年にドイツへの最後の旅に赴かせることになった。(9)当時ハインリヒ自身も、母のアグネスを強く信頼していたことは、彼が、「母上は、私が母上に抱いている完全な信頼のゆえに、私の立場が以前から望んでいる結果を得るように、神に熱心に願って下さい。母上が私に願われたことは、母上の欲し命じられた条件で得られるでしょうし、私が愛する母上になし得るものなら何でも得られるでしょう」と語っているアグネス宛の手紙に示されている。(10) ボリーノは、この手紙を、一〇七三年のザクセン戦争中に、王に敵対した四人の司教への恩赦をアグネスが求めた手紙への答えであったと考えている。(11)

おそらく一〇七五年七月に出されたであろうグレゴリウス七世宛の手紙においても、(12) ハインリヒは、「あなたに知ってもらいたいことですが、私は私の王国のほとんどすべての諸侯が、我々のお互いの平和よりも、不和を望んでいると感じていますので、あなたに密かに使節を送ります。……私が伝えるこのことをあなたと私の母そしておばのベアトリックスとその娘マティルデ以外に誰にも知られないことを望んでいます」と述べて、アグネスがトスカナの女伯たちとともに、彼の信頼するわずかな人物の一人であることを示している。

ランペルトによると、(13) ハインリヒは一〇七四年春に、ニュルンベルクに来て、ここで法王使節と会見している。そこへ母アグネスとともに、法王使節としてオスティアとパレストリーナの枢機卿司教が来たのである。この使節たちの第一の仕事は、王とローマ教会の和解をもたらすことであった。もう一つの任務は、ドイツで教会会議を召集して、シモニアによる司教や修道院長の任命について討議することであった。この後者の提案は、司教たちの反対にあって実現しなかった。(14) しかし、前者の仕事に関しては、王はアレクサンダーによって破門された顧問官とのつながりを絶たないゆえに、グレゴリウスより破門と同罪と見做されていたため、罪の告白と改善の誓い及びローマ教会への服従の約束が必要であった。これらのことをハインリヒは、使節の前で行ったのである。この時ハインリヒはさらに、シモニアを除き、法王にシモニア排除への援助を与え、さらに教会人における独身戒律への軽視と闘うことを約束した。グレゴリウスはこの点において、ハインリヒが教会共同体の中に連れ戻され、同時にドイツの国は共通の危険から解放されたと認めうると考えたのである[15]。こうして王と法王庁との和解が成立したのである[16]。あるいは、王は法王に屈服したと言ってもいいであろう[17]。これはグレゴリウスの最も大切にしていた希望が、実現されたかのようであった。この喜びが、「私は神に対し欣喜雀躍しています。というのも、あなたの活動の光が私のところまで輝き、あなたの努力の果実が、たとえあなたの願い通りには、完全に熟していなくとも、神にとっては讃美と栄光に、私には歓喜に、あなたにとっては完全な報償という栄冠になるほどに成長したのですから」と語っている一〇七四年六月十五日のアグネス宛のグレゴリウスの手紙に溢れている[18]。それはあたかも放蕩息子が帰ってきたかのような喜びに満ちていたものであった[19]。

このようにグレゴリウスは彼女の仲介に感謝し、この和解を特に彼女の功績とした。実際アグネスは、ハインリヒの母として、単なる法王使節よりもよりよく法王庁との和解を可能にしたと言えよう[20]。このことをグレゴリウスは、「これら（教会と帝国を愛のきずなで結びつけうるすべてのもの）のうち、愛の一致に最もつながっている最大のものをあなたは既に得られました。即ち、あなたの息子ハインリヒ王が、教会に戻され、彼の王国が共通の危険から解放されたことです」「……あなたの助言や行動が、あなたの息子にとって大いに役立ったことを全くの確信をもってお知らせし……あなたがこのような聖なる努力を続けられるように励まさざるを得ません」と、表現している。

しかしアグネスは、単にグレゴリウスの意のままになっていたのではない。時にはグレゴリウスの行動に、さまざまな面で影響を与えていたことは次の数例から推測出来よう。

一〇七四年十二月のハインリヒ王宛の手紙において[21]、グレゴリウスはこの手紙を書く気持になったのは、「彼女ら（ベアトリックスとマティルデ女伯）の意見と最愛のあなたの尊厳なる母の説得」によってであることを明らかにしているのである。

一〇七四年九月にグレゴリウスが、アグネスの兄弟アキテーヌ公ギョーム六世に宛てた手紙には[22]、アグネスがグレゴリウスに対する彼女の影響力をかなり確信して行動していることを匂わしている。ボリーノによると、ハインリヒのもとを去ったあと、アグネスは八月にポワチェに行っている。そこで彼女は、兄弟のギョームを説得して、彼の教会法上違反した結婚を解消することに同意させたが、次のローマの教会会議の決定まで、この離婚すべき婦人を彼のもとに留めておくことを認めたのである。この条件をグレゴリウスに承認させようとして送った彼女の手紙への返答が、このギョーム宛のグレゴリウスの手紙であった[23]。そこで彼は、「私が母として愛しているあなたの姉妹が私に申し込んできているにも拘らず、あなたがかの婦人をあなたのもとに次の教会会議まで留めておくことに敢えて同意することは出来ません」と述べて、結局アグネスの願いは聞かれなかったが、しかしこの手紙で近親結婚の災いを諄々と説いている点や、この引用文からしてアグネスのグレゴリウスへの影響力が読み取れるであろう。

一〇七五年一月にグレゴリウスは、アグネスの娘であるハンガリー王妃ユディートへの手紙を出しているが[24]、これもグレゴリウスが、娘を助け慰めを与えてくれるようにとのアグネスの願いに答えたものであった[25]。

この中でグレゴリウスは、「……第二に、あなたの父であった最も輝かしい皇帝ハインリヒとあなたの母で今や人間から生まれたというより神の慈悲により天から生まれたような尊厳のある皇太后は、私を知って以来、その地位にふさわしく、ローマ教会の他の息子にまして、私に栄誉と愛を与えました。そして特にあなたの母であり主である人（アグネス）は、世俗のことや栄誉をあとにして、使徒たちの墓を全き献身と尊敬をもって世話しています。そして彼女が居ることは、この世のむなしい混乱の中で、私に好ましい慰めをもたらしてくれます」と語って、アグネスへの強い信頼感をあらためて強調している。

アグネスの存在が、グレゴリウスにとってなくてはならぬものに感じられていたことを最もよく示しているのが、一〇七四年に具体化してきた東方遠征計画に、アグネスを連れていこうとしたことである。彼は一〇七四年十二月にトスカナのマティルデに、「私は多くの兵たちが、この仕事において私に援助をしてくれることと信じています。私の皇太后アグネスも彼の地に私とともに行き、あなたを彼女とともに連れていく気になっています。……私はこのような姉妹に囲まれ、私の生命をもし必要なら、あなた方とともにキリストに捧げるために喜んで海を渡るでしょう」と、語っている[26]。

このような親密な関係は、一〇七五年末から一〇七六年にかけて、グレゴリウスがハインリヒと決定的に対立するようになってからも、変わらなかったようである。しかし彼女にはもはや、この両者の決裂を阻止することは出来なかった。彼女は一〇七六年の四旬節会議に出席して、息子の破門宣言を聞かねばならなかったのである[27]。三年前の四旬節会議の時は、ハインリヒに反省を求めようとして、彼女自らハインリヒの顧問の破門を要求したが、今回はもはや彼女の力で、事態を制御出来るようなものではなかった。彼女はハインリヒに対する弁護はしなかったが[28]、深い悲しみに満されていたことは、彼女がパサウ司教アルトマンの求めに応じて、会議の経過を知らせている手紙――「教会に最大の危険が迫り、息子が愚かな人々の言葉を余りにも信じやすいのを見ていると、私の心は非常に苦しみます」――に示されている[29]。

一〇七六年九月にグレゴリウスは、ドイツのキリスト教信仰の擁護者すべてに送った手紙においても、「あなた方のところで、彼女の息子から王権を剥奪することが確実となり、完全に決められたあと、王国の統治のために見出される人物に関して、彼女と私の意見が求められることが、称讃すべきことのように思われます」と述べて、アグネスの重要性が示されている[30]。

確かにこの場合グレゴリウスは、この引用文の少し前に、「もし彼女の息子が、彼女よりも先に死ぬ場合、私の最愛の娘アグネス皇太后になされた誓いについて今でも疑う必要はない」と述べているように、アグネスの摂政開始期に彼女に諸侯からなされた誓いを基にして、このような主張を出したのである[31]。しかし、既にハインリヒになされた諸侯の忠誠の誓いを解除しているのに反し、この誓いのみをなお有効としていたことは、やはりアグネスへの信頼ないし、彼女の地位の重さに対し、敬意を表明していると考えられよう。

ただ、この同じ手紙で注目すべきことは、グレゴリウスが「もし彼女が息子への余りの慈愛のゆえに正義に反するなら、あるいは正義を支持してハインリヒが王権より遠ざけられることに同意するなら、これから何をなすべきかは、あなた方自身が理解しています」と述べている点である。

グレゴリウスは今まで以上に、アグネスにハインリヒの母としての力を必要としていたが、他面この手紙に見られるように、彼女の母としての行動に一種の不安を感じていたのである。この点ではグレゴリウスは、アグネスを無制限に信頼しているわけではなかったと言えよう。(32)

ハインリヒの破門後、アグネスはグレゴリウスに対してのみならず、ハインリヒに反抗していたドイツ諸侯に対しても、依然としてその重要性を失わなかったようである。というのも、もしミラノの年代記者アルヌルフの記述が正しいのなら、トリブール会議のころに、クリュニー院長ユーグ、アグネス、トスカナのマティルデの意見によって、諸侯たちと王と法王の間での平和のための全体会議が決定されたと考えられるからである。(33)

このようにアグネスに期待されていたにも拘らず、アグネスはカノッサ事件の時はローマに居り、事件には直接関与する立場にはもはやいなかった。(34) しかし彼女はカノッサ事件後、全く表舞台から退いてしまったのではなかった。ボニゾーの記述によると、アグネスはカノッサ事件後、ピアチェンツァでハインリヒと会見している。この時ハインリヒは、昼はロンバルディアの司教から離れていたが、夜には彼らの「邪悪な」意見に耳を傾けており、母がピアチェンツァに居ることを非常に恐れていたと伝えている。(35)

またベルトルトによると、カノッサ後、フォルヒハイムの諸侯会議の前に、反王諸侯の中心人物シュヴァーベン大公ルードルフは、ハインリヒに対して法王なりアグネスを先にドイツに派遣して、彼らがハインリヒにふさわしい穏やかな受け入れの準備をするまで帰ってはならないと要求したのである。(36) これによって、ルードルフは既述の九月の手紙で、グレゴリウスが条件とした二人の承認を確保しようとしていたのかもしれないが[37]、いずれにしても、カノッサ後もアグネスへの期待があったことを示していよう。

しかし、アグネスの行動に関して知られているのは、先のハインリヒとのピアチェンツァの会見が最後であった[38]。彼女は最後の数ヶ月をローマの修道院に入り、カノッサ事件と同じ年の十二月にアグネスは亡くなった[39]。

注

（1）Reg. I. 1. S.4.

（2）当時アグネスは、ドイツ訪問のあとモンテ・カシーノに行き、そこから四旬節会議に出席したあと、再びモンテ・カシーノに戻っていた。　M. v. Knonau, Bb. II. S.211.

（3）T. Schmidt, S.196.
野口洋二、前掲書、四五九〜四六〇頁。

（4）A. Fliche, t. I. p.383–384.

（5）Z. N. Brooke, p.59.

（6）Reg. I.19. S.32.　A. Fliche, t. II. p.123.

（7）Reg. I.20. S.33.

（8）Reg. I.21. S.35.

（9）M. L. Bulst-Thiele, S.98.

（10）Die Briefe Heinrichs IV. hg. v. C. Erdmann.（1937）Nr.15. S.22.
原文の「tu」（あなた）を「母上」としている。

（11） G. B. Borino, La lettera di Enrico IV alla madre Agnese imperatrice.（1074).（Studi Gregoriani. IV. 1959–1961）p.297, 309.
（12） Die Briefe Heinrichs IV. Nr.7. S.10–11.
（13） Lampert v. Hersfeld, S.250.
（14） G. B. Borino, La lettera, p.298–299.
（15） M. v. Knonau, Bd. II. S.377–378.
（16） A. Hauck, Bd. III. S.771.
（17） M. L. Bulst-Thiele, S.100.
（18） Reg. I.85. S.121.
（19） A. Fliche, t. II. p.151, 153.
（20） M. L. Bulst-Thiele S.100.
（21） Reg. II.30. S.164.
（22） Res. II.3. S.127.
（23） G. B. Borino, La lettera, p.304
（24） Reg. II. 44. S.181.
（25） M. L. Bulst-Thiele, S.101.
（26） Gregorii VII epistolae collectae.（Monumenta Gregoriana. ed. P. Jaffé. 1865, 1964）Nr.11. S.533.
（27） M. L. Bulst-Thiele, S.101.
（28） *ibid.*, S.101.
（29） M. v. Knonau, Bd. II. S.641.
（30） Reg. IV.3. S.299.
（31） 本章、第二節、注、（4）、参照。
（32） M. L. Bulst-Thiele, S.103.
（33） Arnulfus Mediolanensis（MGH. SS. VIII. 30） この記事に関してクノーナウは、このような重要な人物の介入について、他のドイツの史料が全く沈黙していることからして、その信憑性を否定している。

ブルストーティーレは、後述のベルトルトの記述によって、証拠付けられていると見ている。

オーバーマンも、この記述をトリブール会議に関係するものとして採用している。
M. v. Knonau, Bb. II. S.892.
M. L. Bulst-Thiele, S.102–103.
A. Overmann, S.199–200.
(34) A. Overmann, S.200.
M. L. Bulst-Thiele, S.103.
(35) Bonithonis Liber ad amicum, S.673.
(36) Bertholdi Annales（MGH SS. V. 291） M. v. Knonau, Bd. II. S.777.
(37) H. Beumann, Tribur, Rom und Canossa.（Investiturstreit und Reichsverfassung. 1973）S.57.
(38) M. L. Bulst-Thiele, S.104.
(39) M. v. Knonau, Bd. III. S.93.

おわりに

これまでアグネスの一生をその法王庁との関連の中で概観してきたが、ここでその一生を次の四つの時期に分けてまとめておきたいと思う。第一は誕生からハインリヒ三世との死別までの時期、第二は摂政時代、第三は摂政失脚後の法王アレクサンダー時代、そして最後は法王グレゴリウス時代である。

第一の時期は、彼女の表立った行動の殆ど見られないころである。第二の時期は、特にヴィクトル二世死後、彼女にとって試練の時期となる。この時代にロートリンゲン・トスカナ系の法王が出てくるが、これは第一に彼女の非力が招いたものであった。つまり、ハインリヒ三世時代のように、ローマを十分に保護しえないという事実から生まれてきたものであった。従って、法王側もアグネスに対し、意識的に反抗する意図はなかったと見るべき時代である。またアグネスにしても、一〇六一年のニコラウス二世への非難決議、そしてバーゼル会議というように、おそらく彼女の気持にそぐわないようなことに関与せざるを得なかった。国内の動きにすら彼女の意向は、反映されなかったのであるから、ましてローマに対し彼女の力が、ハインリヒ三世の時のように通じるはずがなかった。このような事情は、摂政初期にも変らなかったであろう。ステファヌスやニコラウスの承認も、このような事情の中にあったろうし、彼女も自らの非力を認めての行動であったと言えよう。

このように見てくると、摂政時代はアグネスにとって、自らの意志を十分に発揮しえない時代であったのみならず、法王側にしても少なくとも対ドイツ問題は、意識的に処理していったというより、周囲の情勢に動かされたと言えるのであり、この意味で両者ともに主体性に乏しい時代であったと考えられる。

アグネスはむしろ失脚後に、その影響力を増したと言ってもよいであろう。それは教会改革のために働くことが、彼女自身の気持に合っていたこと、それに法王の後楯があったことも、重要な要素になっていよう。しかしもう一つ忘れてはならないのは、ハインリヒ四世が成長してきたことである。彼の成長によって、これまで宮廷を牛耳っていた人々の影が、相対的に薄くなっていったのである。このような中でアグネスは、むしろハインリヒの母として、政治への影響力を増していったと言えよう。アレクサンダー時代の後半、二度のドイツ訪問は、このような意味でのアグネスの力を示したものであった。アレクサンダーの時代は、法王自身も世俗権との協調の上で改革を進める立場であったため、余計にアグネスも、その本領を発揮しえたのであろう。一〇七三年の四旬節会議において、ハインリヒの顧問の破門を促したことは、アグネスの志向を端的に示すものであった。つまり、ハインリヒを単純に否定するのではなく、彼の悔悛を促すことによって、改革の実現のために彼の力を借りようとする立場であった。

このような考え方をグレゴリウス七世も、持っていたと言ってもいいであろう。この点で初期グレゴリウス時代は、アグネスにとってアレクサンダー時代の続きであったし、ある意味でその充実、完成であった。グレゴリウス自身も、アレクサンダー以上にアグネスに近づき、彼女は彼にとって単にドイツ問題だけに止まらない、ずっと一般的な点においても不可欠の存在になっていったのである。彼女自身も、グレゴリウスにさまざまな影響を与えていくように、積極的に活動していく時期であった。彼らの関係が頂点に達するのは、一〇七四年にハインリヒの教会復帰を実現したことと東方遠征計画であったと言えよう。

このような皇帝権と法王権の協調理念も、やがてアグネスやグレゴリウス、そしてハインリヒといった当事者たちの必ずしも意のままにならぬような事態の中で、維持しえなくなっていく。このような中で、彼女は次第に背後に退いていくことになる。そして今度こそ全く世間から離れて、文字通りの修道女の生活を送って、一生を終えることになるのである。

このようにまとめてみると、彼女の一生は、さらに二つに大別されることがわかるであろう。つまり、隠遁的ないし受動的な時期と、積極的に活動する時期である。誕生から摂政失脚後二年間、及び最晩年の数ヶ月、これらは前者にあたり、残りが後者の時期と言えよう。彼女が歴史に登場してきた摂政期以後を考えてみると、前者の時期がほぼ八年余り、後者の時期がほぼ十三年弱ということになろう。とすると意外と、彼女は表に活動している時期の方が多いのである。

このように見てくると、本章の冒頭に引用したハウクのアグネス評は、必ずしも当を得ていないように思われる。確かに彼女は夫に早く先立たれ、意の如くならぬ摂政期を経験し、息子のハインリヒ四世とも幾度か、教会改革のことで意見を異にしなければならなかった。この点で彼女は不幸であったかもしれない。しかし彼女の活動期においては、彼女の改革への信念にそって、ある意味で華々しく活躍しえたのであった。彼女は幼年期から少女期そして結婚後も、世俗から遠ざかる宗教的な生活に傾き勝ちであった。ここで培われた宗教的な信条こそ、活動期において花咲くことになった。それはペトルス・ダミアニが隠修士から教会改革の一方の旗頭として活躍した経過と、ある点では似ているものであった。二人ともその活動のきっかけは、自発的というよりは他からの強制であった。しかし両人ともその活動期は、彼らの気持に反するものではなかったはずである。アグネスが、ダミアニの仕事（王権との和解に関して）を引き継いだと言われるが、[1] ある意味では彼女の生活全体が、まさにダミアニと軌を一にしたものであった。ダミアニが決して単なる隠修士にのみ終らなかったように、彼女も隠遁的な女性に終らず、十一世紀において活発に動いた人物の一人となったと言えよう。[2] しかも中世史上最大の事件の一つである叙任権闘争期に、それを左右するような働きをしたのであるから、この意味で彼女は中世史の中で、最も幸運な活躍の場を与えられた女性の一人と言ってもいいのである。

注

（1） M. L. Bulst-Thiele, S.101.

（2） ブルスト－ティーレが紹介している十八世紀にアグネスの歴史を書いたトムシュトルフは、アグネスを賢明な活動力のある女性として描いているという。これに対し、十九世紀のザーリス－マルシュリンスは、アグネスを弱々しく優柔不断で信心深い女性として描いている。 M. L. Bulst-Thiele, Vorwort.

第七章　近年のアグネス像の変化

はじめに

前章でアグネスについて書いたのが二十年ほど前であるが、[1] それ以後このアグネスについての評価は、これまでにないほどの大きな変化ないし進展を見てきた。二十年以前の一般的なアグネス像を幾つか塗り替える研究がなされてきた。しかもこの四十年ほどの女性史またはいわゆる女性解放論《フェミニスト》的視点からの歴史研究の流れの中で、王妃(皇帝妃)の制度や役割への関心も高まり、[2] 一般に王妃の役割についての見方も変わってきた。例えばK-U・イェシュケは、王妃はいろいろな例から見て妻としてのみならず、自ら(女)支配者としても示されたし、それに応じてすでに十世紀以来、王と王妃は、まるで一人の人物のように共に戴冠されたと見ている。[3] 彼はまた、特に十一世紀においてドイツの王妃は、それ以前にもまた以後にも決して見られないほどの大きな影響力を行使したと見られるようになったと述べている。[4] さらに彼は、個人的な才能や傾向が、支配者に予め向いていなくとも、十一世紀の王妃は、支配者の役割の中に入れられ、おそらくまた広くそのような者として尊敬されたこと、[5] 特にハインリヒ三世の公文書には、オットー朝時代よりも共同統治の考えを結婚と結びつける傾向が、強くなったことに注目している。[6]

さらにアグネス像の変化は、ハインリヒ三世時代への新たな見方とも結びついている。この王の支配は、以前は最後まで強力であったとされ、このため彼が突然亡くなったことが、国の災いとなったと見られていたが、近年は危機の発展が既に彼の晩年において、ますますはっきりと認識されるようになったのである。[7] このため最近では彼が亡くなったことが、むしろこの危機のさらなる激化を防ぎ、そこから出てくる災いを未然に防いだものとも考えられるようになった。[8] この点から見れば、アグネスの立場や彼女の性質がどうであれ、客観的にはハインリヒ三世の時よりも、王権にとって有利な状況が、準備されたことになるのである。

こうした一般論とともに、アグネス自身への評価も大きく変ってきた。以前は主にM・L・ブルストーティーレの研究を基礎にして、アグネスはどちらかと言えば、宗教面に強い関心をいだく、いわば脱俗的な性格の強い女性、政治の世界には無関心、ないし無力なままの弱い女性、助言者の影響を受けやすい意志の力の欠けた女性と見られてきた。[9] 同様に、彼女は、ハインリヒ三世の側で目立たず、摂政では失敗し、そのあと修道女的な生活に逃げ込んだ弱い不決断な女性であるか、[10] あるいはせいぜいハインリヒ三世の亡き後はその政治を単に続けるか、存続しているものをさらに存続させただけで、その後いくつかの重大な失敗をして、摂政政治を失敗させたと見られてきたのである。[11] 彼女が夫の政治を続けただけでも、[12] ある意味では功績とも言えるのであるが、いずれにしても彼女の摂政時代を特徴づけたのは、中央権力の減退であり、そのかなりの部分が、彼女の受動的な行動に責任があったとされたのである。[13]

しかし近年は特にT・シュトルーヴェの研究[14]をきっかけにして、さらにはM・ブラックーフェルトトルップの本格的なアグネス研究[15]によって、一般に彼女は一〇六一年までの最初の五年間自ら摂政政治を独立的に、全体として成功のうちに行ったという評価がされるようになった。[16] この評価の端緒を作ったシュトルーヴェは、アグネスのローマ行の時期設定との関連で得られた諸認識は、意志の弱い決断力のない摂政についての型にはまった見方に対し、アグネスが全く思慮深く精力的に行動することを心得ていた人物であることを明らかにしていると述べている。[17]いわば情勢に振り回された「弱い摂政」[18]というイメージから、積極的に力強く政治に係わり、自らの意志を押し通した強い婦人という、ある点では全く逆転した見方に変ってきたのである。

もっともこのアグネスへの積極的な評価への方向は、必ずしも以前に予想できなかったものではなかった。アグネスが、特にハインリヒ四世の成人後――即ちハインリヒ四世の親政開始、アグネスの摂政終了の一〇六五年後――に、もっぱらドイツ王権と法王庁との間の仲介に活躍し、息子のハインリヒ四世には勿論のこと、グレゴリウス七世やその他の当時の有力な人物に与えていたその影響力[19]や活発な行動力から考えて、アグネスを生れつき、あるいはその育ちからして、引っ込み思案で無気力な弱い女性と見ることは、やはり矛盾しているのである。この彼女の後半生の立場や行動から見て、前半の王妃時代、そして摂政時代の彼女をそんなに無力な存在と考えることには、どこか無理があるのである。前章ではこの矛盾を「摂政時代は自らの意志を十分に発揮しえない時代であった」と見、むしろ摂政を離れてから、その影響力を増したと見たのである。[20]そしてこの後半の活動期に注目して、アグネスはある意味ではその信念にそって華々しく活動したと見、隠遁的な信心深い女性に終わらず、十一世紀において活発に行動した人物の一人と考えたのである。それも叙任権闘争期にこれを左右するような働きをしたのであるから、アグネスは最も「不幸な」王妃[21]どころか、ある点では中世史の中で、最も幸運な活躍の場を与えられた女性と見たのである。[22]二十年前に出したこの見方は、今日ではさらに摂政期についても積極的に評価されることによって、一層強く主張されているると言えるのである。従って今日のアグネス評価を考える場合、この前半のローマ行までの摂政期を如何に見るかが中心となるのである。本章ではこの点について今日のアグネス評価の妥当性を若干考察していきたい。

注

（1）但し、現在から見れば三十年以上前になる。

（2）J. C. Parsons,（ed）Medieval Queenship.（1994）p.1.

（3）K-U. Jäschke, Notwendige Gefährtinnen. Königinnen der Salierzeit als Herrscherinnen und Ehefrauen im römisch-deutschen Reich des 11. und beginnenden 12. Jahrhunderts.（1991）S.11–12.

（4）*ibid.*, S.1.

（5）*ibid.*, S.99, 137.

（6）*ibid.*, S.103, ハインリヒ三世は、その公文書においてアグネスについて、「我らの寝所と国を共にする者」という表現をしばしば使っている。 D H III. 280. S.381. 参照。 次節、注、（13）、参照。

（7）E. Boshof, Das Reich in der Krise. Überlegungen zum Regierungsausgang Heinrichs III.（HZ. 228. 1979）
T. Struve, Zwei Briefe der Kaiserin Agnes.（HJ. 104/II. 1984）S.417.
もっともクノーナウなども、ハインリヒ三世の晩年の五年間は、失敗がふえ、統治力の弱体を示し、各地で反乱の動きがあり、既に動揺していたと見ていた。
G. Meyer von Knonau, Jahrbücher des deutschen Reiches unter Heinrich IV. und Heinrich V.（1894. 1964）Bd. I. S.5, 7.

（8）G. Thoma, Kaiserin Agnes.（Frauen des Mittelalters in Lebensbildern. K. Schnith（Hg）1997）S.133. クノーナウは、逆にハインリヒ三世の晩年の弱体化は、彼が亡くなったあとの都合の悪い将来を予測させるものであったと見ている。
G. Meyer von Knonau, Bd. I. S.5.

（9）M. Black-Veldtrup, Kaiserin Agnes.（1043–1077）.（1995）S.3–4.
K-U. Jäschke, S.125.
M. L. Bulst-Thiele, Kaiserin Agnes.（1933. 1972）S.22. ブルスト-ティーレも、しかし後述のように細かく見れば、アグネスを単純に無気力、無力な女性とばかりは見ていない。彼女は、アグネスの意志の強さを認めている。 *ibid.*, S.43.

（10）G. Thoma, S.151. クノーナウも、何度かアグネスを弱い女性と表現している。
G. Meyer von Knonau, Bd. I. S.282, 369.

(11)　G. Thoma, S.133.　M. Black-Veldtrup, S.128.　ハインリヒ三世が亡くなり、一般に真空状態が生じた、アグネスにイニシャチブや指導力が少ないことが、認識されればされるだけ、諸侯は自らに頼るようになったというR・シーファーの見方も、従来の見解と変らない。R. Schieffer, Erzbischöfe und Bischofskirche von Köln.（Die Salier und das Reich. II 1991）S.8.

(12)　ブルスト-ティーレは、アグネスはハインリヒ三世の政策を続け、ドイツを彼の意図において導くことに限定したのであり、伝統の保護、古いものの継続がその特徴であったとしている。M. L. Bulst-Thiele, S.43.

(13)　E. Boshof, Heinrich IV. Herrscher an einer Zeitenwende.（1979）S.35.

(14)　T. Struve, Die Romreise der Kaiserin Agnes.（HJ. 105/I. 1985）

(15)　前注、（9）、参照。

(16)　G. Thoma, S.151.

(17)　T. Struve, Romreise, S.29.

(18)　M. Black-Veldtrup, S.4.

(19)　G. Meyer von Knonau, Bd. III. S.94–95.

(20)　本書、第六章、二六六頁、参照。

(21)　A. Hauck, Kirchengeschichte Deutschlands.（1954）Bd. III. S.666.

(22)　本書、第六章、二六八頁、参照。

一　王妃時代のアグネス

アグネス評価で本来問題となるのは、既述のようにハインリヒ三世が亡くなって彼女が摂政として幼いハインリヒ四世を後見しなければならなくなった時期にあるのだが、彼女自身の性格、性質を考える場合、その前にやはり王妃時代の彼女も、少し見ておかねばならないのである。シュルツェなどは、この時期アグネスの王妃としての仕事は、主に王のための体面維持的な性質のもので、第一に妻であり母であったこと、多くの公文書において仲介人として名を挙げられているが、独自な政治的な活動へのきっかけをもたなかったと見ている。[1]この見方からすると、アグネスにとって政治的な活動の時期は、せいぜいハインリヒ三世が亡くなってからやってくることになるが、[2]以下の諸事情から見ても、必ずしもそうではなかったようである。実際、彼女の王妃時代について、いくつかの注目すべき事柄が見られるのである。例えば、彼女にハインリヒ三世から与えられた婚資は莫大なもので、これはオットー二世妃のテオファーノを除いては、他の王妃とは比較しえないほどのものであった。[3]即ちハインリヒ三世は、一〇四三年の結婚の年から一〇四六年の間に、彼女に寡婦財産の目的も含め、多くの所領を与えたのである。[4]この婚資とともに、アグネスには独立した宮廷生活の部分もあったし、少なくとも彼女自身の宮廷礼拝堂付司祭も与えられていた。[5]こうしたことは、彼女が王に全く従順に従っていた単なる付属物のような存在ではなかったことを暗示していよう。もっとも独自な政治的な役割を果したと見られるコンラート二世の妃ギゼラが、[6]コンラート二世と同い年であり、王妃になった時すでに三十四歳であったのに比べ、アグネスはハインリヒ三世とは十歳近い年齢差があり、結婚の時はまだ十四〜十八歳くらいであった。[7]このためアグネスは結婚初期のころは、確かに王の影に隠れて目立たなかったであろう。しかしブルストーティーレも見ているように、年とともにアグネスの宮廷における名声と影響力は、増していったと考えうるのである。[8]

それにこれはドイツ（帝国）でのみ見られた現象であるが、[9]既述のように王妃は、王と密接に結びつけられた「国の共同の担い手」（consors regni）とされていたのである。[10]当時の王と王妃を描いたある画像の銘文も、アグネスが地上の統治に、王と同じ関与をすべきことを示している。[11]これらの表現は、多分に形式的な面ももっているのであるが、[12]こうした資格をもってアグネスが、ハインリヒ三世の公文書に多く仲介者として記載されていることや、それもギゼラよりもしばしば単独で仲介者になっていることなどは、前記のシュルツェの見方と違い、「国の共同の担い手」としての彼女の重要な立場を示し、王と王妃夫妻の「一致、共同の行動そして強さ」の像を示すものとする見方も、[13]あながち否定できないのである。

さらにハインリヒ三世が、アグネスにバイエルンの大公権を与えたことも、その実際の権限内容が如何なるものであれ、[14]彼女がともかく法的所有者として大公権をもった最初の婦人であったことは、注目すべきことであろう。[15]ハインリヒ三世は、こうして形式的にしろ、アグネスにくり返し政治的な仕事を委ねたのである。[16]

各地を巡回する王の旅にも、アグネスは戦争と自身の妊娠の時以外は同伴していた。[17]こうして彼女は、王を助けることによって、かつてヴィーポがギゼラについて、「王に欠くべからざる同伴者」として描いていた王妃という者への諸要求に応じていたとも見られているのである。[18]その上、宗教面でも教会改革やクリュニー修道院との関係において、アグネスのハインリヒ三世への影響は、十分に考えうるのであり、[19]王妃の時代の彼女も、ギゼラほどの独立的な政治的行動や、著しく目立った政治的行動はなかったとしても、[20]生彩のない弱々しい存在でも、政治に全く無関係な存在でもなかったであろう。[21]まして、彼女は十二年以上もハインリヒ三世の側にいたが、ドイツにおいては異国人のままであり、ここでは一つの血族の支えも持っていなかったという見方[22]から感じられるほどの孤立した存在でもなかったと言えよう。

実際また彼女が、王の在世中、政治に全く無関心、無関係で、王にただ従順に従うだけの王妃でしかなかったのなら、王の没後すぐに――後述のようにヴィクトル二世の中間時代も考えねばならないが――、帝国教会を掌握し、司教や修道院長を周りに集め、息子のハインリヒ四世の名において、彼らの諸権利を確認したり、空席の司教や院長の任命、指輪と杖での叙任を行うことなどは、出来なかったであろう。[23] イェシュケも、彼女がすぐにこのように統治を引き受けたという印象は、王妃の時代に統治に同等の関与をしていたことを感じさせると述べている。[24] さらに後に見るように、彼女は、摂政となってハインリヒ三世の政策とは異った政策を行っているが、これが彼女自身の意志から出たものなら、なおさらこれは彼女が王の在世中も、政治に対して決して無関心ではなかったことを示していると言えよう。

確かにアグネスは、王が亡くなると、すぐにクリュニー修道院の院長ユーグに手紙を書き支持を求めた。[25] しかしこれは突然の事態になすすべもない無力な王妃の姿を示すというよりも、むしろ彼女が、情勢を冷静に判断しえた人物であることを示しているとも言えるのである。彼女はこの手紙で、夫のハインリヒ三世をクリュニー修道院の死者記念(供養)に入れてくれるように願うとともに、特に注目すべきことだが、息子のハインリヒ四世への支持と、クリュニーの周辺のブルグント地方でのありうる不穏に対し、援助を求めたのである。[26] 彼女はハインリヒ三世のための祈りと、ハインリヒ四世への助言をユーグに期待したばかりか、ブルグントで反乱の起ることを恐れていたのである。[27] この予想は十分根拠のあるもので、実際ブルグントの諸侯が、ハインリヒ四世に臣従し、王として承認したのは、ずっと後の一〇六五年六月のことであった。[28] 彼女がこの予想を王の没後すぐになし得たこと、しかもこれをユーグへの極めて私的な手紙の中でなしたことは、彼女が王妃時代も、決して政治に無関心な存在ではなかったことを傍証しているのである。[29]

それにアグネスは、王が亡くなったことで、内心どんなに強い打撃を受けたとしても、息子のハインリヒ四世をユーグに委ねることによって、彼女の政治的な先見の明をも実証していたのである。[30] ハインリヒ三世に最も密接につながっていたユーグに頼りを求めたのは、政治的に賢明な行為であった。[31] ユーグは実際その後、ハインリヒ四世の一生を通じ、最も頼りになる支えの一人であることを実証したのである。ユーグは、ハインリヒの長い治世の中で、決定的な時に彼を助け、破門された時も、彼を見捨てなかったのである。[32] ハインリヒ自身も、晩年の一一〇六年にユーグに宛てて、大変重要な手紙を書いていたのである。[33]

このようなアグネスが、政治世界、いや俗世全体に無関心であったという見方は、主に彼女が信心深いという一面から来ていると言えよう。[34] 彼女のこのいわゆる敬虔さというものが、修道院生活への志向――つまり自ら修道女になる願い――を強くもっていたものとするなら、[35]「敬虔なアグネス」が、政治世界や俗世のことに少なくとも外面上は消極的ないし無関心な傾向をもっていたと見るのは、ごく自然なことであろう。しかし彼女の敬虔さというものが、同じ修道院志向でも、その生活への願いではなく、修道士による祈りを求めるような祈禱関係のものであったり、[36] あるいはその他の修道院以外の一般の教会に関係するものであったのなら、その敬虔さは、必ずしも政治世界や俗世に対し無関心で消極的受動的な態度をもたらすとは限らないのである。敬虔さや信心深さというものについては既に、「敬虔なハインリヒ三世」に関連して論じたように、[37] それは一般に思い込まれているものとは違って、意外とこの世の事柄への強い関心を同時にもっているものなのである。

特にキリスト教の場合、その信仰には天国志向という自己の来世の幸福を願う気持が強く、そこには普通以上に強い利己心が見られるのである。この自己の来世の幸福を求める利己心の強い者ほど、この世でも同じように自己の幸福を求める利己心は強いもので、この世の事柄にも人並以上に強い関心をもち、積極的に活動するものである。[38] このような一見極端な「信心と俗心の結合を示す」姿をホイジンガなどは、「両極に引きさかれた精神の緊張」とまるで矛盾した態度のように見ているが、[39] それは来世と現世の差こそあれ、自己の幸福を求めている点では変りなく、利己心の強さという点では共通するものなのである[40]。

この点から言えば、アグネスが信心深いと言っても、それゆえ直ちに彼女が弱い無気力な存在であったり、政治世界や俗世のことに無関心な存在にはならないのである。彼女の名前が、三十七ヶ所の修道院の過去帳に記載されているが、これらの証言は、その数の多さや多様性、そしてその地方的な広がりにおいて、自らの記念(供養)の確保におけるアグネスの異常な関心を示していると言われるように[41]、彼女は自己、ないし自己の家族の救いを求めて非常に活発に動いていたのである[42]。実際彼女は、サリー家の記念の中で特別な地位を占めているし[43]、彼女はまた夫のハインリヒ三世の記念の確保のために多くの処置を行い[44]、子のハインリヒ四世の魂の救いのためにも配慮したのである[45]。彼女がその生存を根本から揺がされるような状況の中で、その都度、当時の代表的な教会人のところで、慰めと支持を求めたことは、彼女の生活態度を特徴づけているが[46]、それはまさに自己の救い(現世であれ来世であれ)を求める強烈さを示しているのである[47]。彼女が一族の墓のあるシュパイアーではなく、わざわざローマのペテロ教会の中に自分だけの墓を強く願ったのも、同じ傾向を示していると言えよう[48]。こうした自意識ないし利己心の強さは、王妃時代のアグネスを考える時にも、十分考えておく必要があるのである。自意識といえば、彼女が後に悔悛者として出て来ても、決して君主的な威信の雰囲気を全く拭い去ることが出来なかったことや[49]、教会や修道院への寄進において示す君主的な気前のよさにもそれが窺えるのである[50]。

注

(1) H. K. Schulze, Hegemoniales Kaisertum. Ottonen und Salier.(1991) S.383. シュルツェの使っている repräsentativ という表現

を、ここでは王のための体面を保つ役割と解釈しておいた。

（2）*ibid.*, S.383.

（3）M. Black-Veldtrup, S.160.　なお、中世の高位貴族の結婚において、妻に与えられる財産には、二つの異なったものが区別される。一つは妻が夫によって確保される婚資(Dotalgüter)と、妻が結婚に際し持ってくる持参金(財産)(Heiratsgut)である。*ibid.*, S.159.

（4）H. Schwarzmaier, Von Speyer nach Rom. Wegstationen und Lebensspuren der Salier.（1992）S.79–81. シュヴァルツマイアーも、この規模は以前の王妃や以後の王妃よりも、ずっと大きいものであったと見ている。

（5）K-U. Jäschke, S.100.　なお、独自な宮廷礼拝堂付司祭については、ギゼラももっていた。*ibid.*, S.73–74.

（6）G. Thoma, S.129.　M. L. Bulst-Thiele, S.13.

（7）*ibid.*, S.130.　トーマは、アグネスの結婚時の年齢を最大限二十三歳と見ているが、これは少し高すぎるであろう。

（8）M. L. Bulst-Thiele, S.20.

（9）H. Keller, Zwischen regionaler Begrenzung und universalem Horizont 1024–1250. Deutschland im Imperium der Salier und Staufer 1024 bis 1250.（Propyläen Geschichte Deutschlands. Bd. II. 1986）S.105.　ケラーは、これゆえにアーデルハイトとテオファーノがオットー三世の摂政を、アグネスがハインリヒ四世の摂政を行いえたと見ている。

（10）H. Schwarzmaier, S.79.　本章、「はじめに」、注、（6）、参照。

（11）ゴスラールのバイブルに、アグネスは一〇五一年ごろ、ハインリヒ三世とともに、支配者として描かれている。K-U Jäschke, S.118–119, 121.

（12）イェシュケは、「国の共同の担い手」という表現のみで、実際の国や支配権への関与を結論づけてはならないと論じている。*ibid.*, S.140.

（13）G. Thoma, S.130.
MGH. Diplomata regum et imperatorum Germaniae. V. Heinrici III. Diplomata（1980）（以下 Diplomata はDと略し、関連する王の名を後置する）。
イェシュケは、前注とも関連するが、アグネスが公文書で比較的多く言及されていることや、「国の共同の担い手」としてしばしば登場していることにも拘らず、ハインリヒ三世時代の彼女の政治的な決定への参加は、殆ど著しいものではなかったとしている。それでもハインリヒ三世時代の公文書に、王の母のギゼラやアグネスが、単独で仲介者として出てくるので、この二人の強い影響力は明らかと見ている。

K-U. Jäschke, S.104, 139.

（14）ランペルトは、バイエルンは彼女自身によって管理されていたと伝えているが、ブルスト‐ティーレは、名目上のもので、ここでの活動の痕跡は確認されないとしている。トーマも、この時ハインリヒは、アグネスに政治的な役割を与えなかったと見ている。シュタインドルフは、ずっと実体のあるものと見て、当時のハインリヒ三世にとって、このバイエルン大公権がしっかりと威厳をもって無条件に信頼しうる中で管理されることが、不可欠であったからと見ている。

Lampert von Hersfeld, Annales.（Ausgewählte Quellen zur deutschen Geschichte des Mittelalters. —以下 AQ と略す—）Bd. XIII. 1973 S.72–73.

M. L. Bulst-Thiele, S.27, 52.

G. Thoma, S.129.

E. Steindorff, Jahrbücher des deutschen Reichs unter Heinrich III.（1881, 1969）Bd. II. S.348.

G. Meyer von Knonau, Bd. I. S.210.

（15）K-U. Jäschke, S.109, 122.

M. L. Bulst-Thiele, S.27.

（16）K-U. Jäschke, S.108.

（17）H. Schwarzmaier, S.13.

（18）G. Thoma, S.130.

Wipo, Gesta Chuonradi II. imperatoris.（AQ. Bd. XI. 1978）S.552–553.

（19）E. Steindorff, S.43. 参照。　前章、二二七頁、参照。

（20）G. Thoma, S.129.

K-U. Jäschke, S.104.　前注、（13）、参照。

(21) G. Thoma, S.130. 参照。　ブルスト-ティーレは、当時のアグネスについて、引っ込みがちな生活をしていたと評している。M. L. Bulst-Thiele, S.33.　前章では、その当時の一般的な見方として、アグネスを政治に殆ど無関係な存在と見ている。二二七～二二八頁、参照。

(22) H. K. Schulze, S.402.

(23) *ibid.*, S.402.　ブルスト-ティーレも、アグネスの仕事は以前の王と同様、出来るだけ毎年ドイツのあらゆる地域を訪問し判決を下し、平和を打ち立てることであったし、彼女の旅程は、如何に彼女がこの仕事を守っていたかを示していると述べている。M. L. Bulst-Thiele, S.53.

(24) K-U. Jäschke, S.121.

(25) 前章、二三〇頁。T. Struve, Zwei Briefe, S.415.

(26) *ibid.*, S.413.

(27) A. Kohnle, Abt Hugo von Cluny.（1993）S.76. T. Struve, Zwei Briefe, S.417.

(28) *ibid.*, S.417–418.

(29) *ibid.*, S.411.

(30) *ibid.*, S.417.

(31) *ibid.*, S.418.

(32) *ibid.*, S.419.

(33) 拙著、『西洋中世盛期の皇帝権と法王権』、（平成二十四年）、一九二頁。

(34) 前章、二二七頁、参照。

(35) 実際アグネスは、ローマに移ってから修道女とはなっていなくとも、少なくとも修道院の中に居たし、そのほかフルトゥアリアやモンテ・カシーノの修道院に比較的長く滞在した。クノーナウは、フルトゥアリアでは彼女は、しばらく修道女であったと見ている。

(36) T. Struve, Romreise, S.26–27.

G. Meyer von Knonau, Bd. I. S.320–321.

アグネスは、自らの魂の確実な救いを修道士の代願から期待していたし、各地の修道院と祈禱兄弟関係を結んだり、家族のための祈りを求めている。

(37) G. Thoma, S.139. M. Black-Veldtrup, S.235, 336.

前掲拙著、五十、五十六〜五十八、六十六〜六十八頁。

(38) アグネスはイタリアへ行く時、フルトゥアリア修道院への寄進を行ったが、これは単に敬虔な心情から行っただけではなく、寄進した財産の使用権を自身に留保した中で、自らのイタリアでの生活費の確保という、極めて現実的、利己的な目的をもっていた。彼女はイタリアにおいても、かなりの財産をもっていたのである。

T. Struve, Romreise, S.14, 16. 参照。

(39) ホイジンガ、『中世の秋』、（昭和四十二年、堀越孝一訳）三三六〜三三七頁。

ホイジンガが、ここで例として挙げているのは、アグネスではなく、ブルゴーニュ公国のフィリップ善良公である。

(40) ブラック-フェルトトルップも、ハインリヒ三世が、よりによって敬虔な王として通っているのに、この世における自らの誕生日をも大切にしていたと述べ、来世志向の者が、この世のことにもこだわっていることに、何か矛盾があるかのように見ている。

M. Black-Veldtrup, S.104.

(41) *ibid.*, S.265, 270. 過去帳への名前の記載は、アグネス自身によってではなく、子のハインリヒ四世が、母のアグネスへの供養のためになした場合もある。しかし過去帳などへのアグネスに関する記載の大半は、アグネス自身が祈禱兄弟関係を結んだところに由来すると見られている。

ibid., S.277, 281.

(42) アグネスが、貧者への保護、慈善に大きな価値をおいていたというのも、自己や家族の救いのためであった。彼女は例えば、マクデブルクの司教座参事会に、魂の救いのための寄進をした時、それにハインリヒ三世と自らの命日に、それぞれ三百人の貧者に食を与える義務を課した。
ibid., S.330.

(43) *ibid.*, S.270.

(44) *ibid.*, S.339.

(45) *ibid.*, S.341.

(46) T. Struve, Zwei Briefe, S.421.

(47) アグネス自身のイニシャチヴに基づくと見られる彼女自身のための祈りの証言が、各地に多く見られるが、それは王家の他の人々よりも、はるかに多いものであった。
G. Thoma, S.150.

(48) M. Black-Veldtrup, S.346.　実際またサリー家の王妃のなかで、唯一人アグネスの墓はローマにある。
G. Meyer von Knonau, Bd. III. S.93.

(49) T. Struve, Romreise, S.28–29.　なお、ここでもシュトルーヴェは、同時代の人々より感嘆されたアグネスの俗世から離れ修行する傾向にも拘らず、こんな雰囲気を彼女はもっていたと、それが矛盾した態度のように見ている。クノーナウは、アグネスの王冠への高い誇りを挙げ、彼女の心の中にある世俗的なものと宗教的なものは、外面的にのみ分けられるもので、密接に調和しているとしている。
G. Meyer von Knonau, Bd. I. S.283.

(50) T. Struve, Romreise, S.29.

二　摂政としてのアグネス

アグネスが、幼いハインリヒ四世の後見として摂政位についた時、[1] 彼女にとって最も気掛かりであったのは、ユーグ宛の手紙に見られたように、ハインリヒ四世の王位継承の確保であった。これがまた、彼女の摂政時代の最も重要な関心事であったし、[2] このためにまた精力的に努力したのである。

もっとも当時の血統権の考え、オットー朝以来のいわゆる帝国教会体制、さらにハインリヒ三世の在世中になされた諸侯のハインリヒ四世への忠誠の誓い、ハインリヒ四世の正式の王への選挙、戴冠、聖別の儀式の重要性などから見て、[3] アグネスの心配するような事態には直ちに至らなかったであろう。ハインリヒ三世がアグネスの統治能力を認めていたかどうか、またアグネスが王妃時代に活動的であったかどうかは別として、ハインリヒ三世は、息子への支持と保護を法王ヴィクトル二世に求めたのである。[4] これは後述の当時の女の摂政への一般的な感情などからすれば当然の処置であった。ともかくヴィクトルは、ハインリヒ三世の期待に応えて、ハインリヒ四世の即位と承認のために活発に行動した。[5] 彼は一種の副摂政のような立場に立ち、[6] ハインリヒ三世の最晩年の和解政策を続け、二人のフランドル伯の新王への忠誠誓約を実現するなど、[7] 新王への支配権の移行が困難なく行われたのも、彼の思慮と行動力のおかげであった。[8]

ランペルトがアグネスの摂政初期について、「なされるべきあらゆるものの最高の管理(統治)が、アグネスの手に留まった。彼女は非常に巧みに危険な国の状態を保全した」と讃美しているのも、[9] すべて彼女の功績とばかり言えず、ヴィクトルの力も大きかったと言えよう。[10] このヴィクトルの中間時代はごく短いとはいえ、[11] その意義もアグネスの摂政を考える場合、無視出来ないものである。それはハインリヒ三世の亡くなった時の衝撃を緩和し、アグネスの本格的な摂政政治への準備をなしえた時期とも言えるのである。[12]こうしてアグネスは、前記のランペルトの記述からも、またフルトルフの記述――アグネスはクーデターまでは「賢明に熱心に」統治した[13]――からも多少窺えるように、摂政の初めに王権の確保にある程度成功したばかりか、[14]その後も少くとも一〇六二年のクーデターごろまでは、摂政としての役割を余り批判されることもなく果しえたのである。[15]

既述のように最近はこの時期のアグネスの積極的な活動が注目されるようになったが、しかしそうは言っても彼女を取り巻く当時の一般的な状況が、全く有利であったと見られているわけではない。ニーダーアルタイヒの年代記の言葉遣い――「母は女として」――からも感じられるように、[16]女の劣性が当然視されている中で、そもそも女の統治に対しては、当時の雰囲気は批判的なものであった。シュルツェは、アグネスの摂政は、最初から不信でもって見られていたとし、アグネスが女であるという事実のみが、この男のみによって支配された世界の中での女摂政にとって重い負い目であったし、女の命令に従わねばならないことは、男の誇りを傷つけたと述べている。[17]既述の「国の共同の担い手」として王妃の立場は、あくまで王が存在してこそ意味があるのであり、一般に女の単独の統治に対する不信は、十一世紀にも存在していたし、[18]当時の年代記者ブレーメンのアダムによると、女と子供の統治によって、諸侯は制約されていると感じていたのである。[19]トーマも、当時のいろいろな史料の発言から見て明らかになることは、女にせいぜい政治的な能力が認められるのは、その女が男の有能さなり、男の知恵をもって統治した時であったと述べている。[20]『ハインリヒ四世伝』も、アグネスは「男の精神をもった女」であり、彼女は力強く帝国を促進したと見たのである。[21]『コンラート二世の事績』を書いたヴィーポにとっても、女というものが、自己の地位を貫徹させるのに役立つものは、王妃ギゼラの中にあるような男性的な性質でなければならなかった。[22]従って女が男のように統治しない場合は、その女の統治は批判されたのである。後のカイザースヴェルトのクーデターで、ボニゾーや『ハインリヒ四世伝』が、その原因として伝えているのは、そのような女の統治への批判であった。[23]

他方、この女の摂政への否定的な立場に対し、反対に中世の王妃への最も肯定的なイメージとしては、正統な王位継承者を生む母親としての役割から発展したものがあったという近年の見方も注目すべきであろう。[24] しかも女は王位継承から排除されていることが――ここに基本的に女の統治への不信が見られる――、子供の幸福のために、既に自然に献身している母親による私心のない権力の行使を保証したとされているのである。[25] 女は統治できないという考えが、却って母親による幼い王の後見や摂政をふさわしいものにしたことになるが、子を保護し、子の継承を守ろうとする王妃の母親としての本能が、一面では共感と尊敬に値したというのである。女への中世の見方は、その行動が母親としてのその役割から出ていると感じられた時は、いつも女の自然な劣性を越える能力が、認められていたと見られているのである。[26]

既述のランペルトやフルトルフ等の史料においても見られたように、アグネスの摂政政治が、当面は肯定的ないし中立的な反響を見出したこと[27]や、一〇五六年秋にロートリンゲンの諸侯が集まり、アグネスの摂政を支持することを決めたという伝えなども、[28] この母親としてのアグネスの立場をも考えると、一層理解しやすいようである。実際、当時のさまざまな年代記は、アグネスに関連して、「彼（王）の母が」、「母とともに」、「母が代理を」、「母の保護」と「母」という表現をしばしば使っているのは注目すべきことであろう。[29]

こうした背景の中で、時には「男の精神」をもって「熱心に」活動した女の摂政としてであれ、[30] 或いは母親の摂政としてであれ、アグネスは実際に、司教の任命などには、かなりの力を発揮しえたのである。[31] バンベルク司教の任命を皮切りに、[32] アグネスは、ヴィクトル二世が兼任していたアイヒシュテット司教の後任にグンデカルを任命し、[33] 次々と各地の司教を任命していった。[34] 摂政位から去ったあとも、彼女は一〇六五年に、アルトマンをパサウ司教にしえたのである。[35] 彼女はハインリヒ三世のように、宮廷礼拝堂出身の者を多く司教に任命し叙任することによって、この面での王権の立場を守りえたのである。[36] もっともこれは、前記の女の統治の問題とも関連することであるが、教会の

階層組織《ヒエラルヒー》の中には女の場はなく、女による指輪と杖の叙任には、強い批判の声があったことも事実である。(37)
司教任命ではないが、バンベルク司教グンテールとの争いにおいて彼女は強い立場をとりえ、(38)一〇六二年初めには両者の軍事的な対決にまで至り、(39)バンベルク側からは、彼女は「荒れ狂う復讐の女神」とも呼ばれたほどであった。(40)彼女はここで、自己の地位に固執する彼女特有の頑固さを示すとともに、(41)クーデター後もなお彼女が、影響力をもっていたことを示している。(42)

アグネスの摂政政治でよく問題にされるのは、南独三大公の任命の件である。以前はこれは王権に不利な結果を招いたもの、(43)またはやむを得ず行ったものとして、(44)そこにアグネスの誤った処置や弱さが指摘されていた。(45)この見方に対し、例えばバイエルンの大公位については、これをザクセンの伯オットー・フォン・ノルトハイムに与えたのは、一つはザクセンでの和解政策のためであり、(46)もう一つはハンガリーでの不穏な状況の中で、強力なオットーのような人物の助けを必要としていたためと、より積極的な必要性が主張されている。(47)実際またオットーは、はじめ全くサリー王家の意向において行動したのであり、(48)彼の任命は成功であったと見られるようになった。(49)ランペルトやニーダーアルタイヒの年代記などは、この任命を批判せず、むしろオットーの有能さを強調しているのである。(50)

シュヴァーベンの大公位授与についても、彼女は圧力に屈したというよりは、ルードルフがブルグント王家の傍系の出であることや、教会改革への彼の支持が、彼女に彼を支持させたとトーマなどは肯定的に見ている。(52)しかも彼女が、本来ハインリヒ三世によって当地の大公として予定されていたツェーリング家のベルトルトの要求を無視したことは、彼女が単に夫の政策を続けたのではなく、独自な決定をしたことを示すものと、むしろ積極的に評価されるようになった。(53)なお、この時無視されたベルトルトに対しては、彼女は後に一〇六一年にその償いとして、ケルンテンの大公位を与えたのである。(54)

もっともこの三人の大公の任命にしろ、幾人かの司教の任命にしろ、アグネスは結果的には、息子のハインリヒ四世にとって、将来最も厄介になる敵を作ってしまったのであり、(55)この点では彼女の処置は失敗であった。しかしこれは任命当初には予想しえなかったものであり、必ずしも彼女自身にのみ責任を帰しえないものであった。(56)

もう一つアグネスの活動として最近注目されるようになったのは、そのザクセン政策である。ブラック-フェルトトルップは、アグネスは息子のハインリヒ四世のために、これまでのハインリヒ三世による不必要に険しく、多くの点で問題のある政策を修正し、大半のザクセンの世俗諸侯や司教を殆ど同等に一様に国政への奉仕に入れ、政治の決定過程に参加させたと述べている。(57)

ハインリヒ三世が亡くなってまもなく起ったザクセンの反乱は、アグネスへの不満というより、ハインリヒ三世の不法への怒りから出て来たものであった。(58)この反乱が終熄したあとのアグネスの摂政時代、つまりハインリヒ四世の未成年時代には、ザクセンでは反乱もなく静穏であったことは、注目されるのである。(59)アグネスのザクセン諸侯への融和政策は、ハインリヒ三世そして成人後のハインリヒ四世のザクセン諸侯の所領への強い侵害の時代の間の短い緊張緩和の時期をもたらしたのである。(60)アグネスはこれまでの王権とザクセン諸侯との緊張をなくし、彼らによる支持を出来るだけ広い基礎の上に置こうとしたのであった。(61)

こうした中でハインリヒ三世の時代は、宮廷は一度しかハルツの東に行ったことがないのに、アグネスの摂政時代になると、東ザクセンが宮廷の滞在地として、強く顧慮されるようになった。(62)ハインリヒ三世時代に関係が冷えていたマグデブルクにも、アグネスは行き和解に努めたのである。(63)これに対しアグネスは、ブレーメン大司教アーダルベルトらには、彼らがハインリヒ三世時代に演じていた中心的な役割を認めず、特にアーダルベルトには、その所領拡大政策を支持しなかったのである。(64)

このザクセンに見るように、アグネスはハインリヒ三世が一部の司教や貴族に対し対決路線をとったのに対し、明らかに緊張を減らし、広い基礎の上に自らの政策への支持を置こうとしたのである。(65)ハインリヒ三世時代の緊張した状態は、特にアグネスの摂政の間、諸侯が王権からの顧慮と王権への参加を豊かに見出したことによって、解決されたとも見られるのである。[66]それはアグネスの支配権の弱さと言えば弱さなのであるが、彼女はこうして息子のハインリヒ四世のために、その親政にとって負担の少ない開始を可能にしたのである。[67]

アグネスはこのように、ハインリヒ三世に対し独自な異なった政策を打ち出すとともに、ハインリヒ三世時代の政策で、続けうるものは続けたのである。例えば彼の最晩年に出てきたロートリンゲンやフランドルへの和解政策は、続けたし、[68]何よりも司教叙任のやり方は同じであり、その権利はしっかりと守ったのである。

次節で見るようにクーデター直前には問題が出てきたものの、アグネスは最初の五年間、後見人としてハインリヒ四世の摂政を比較的平穏に行い、かのクーデターを越えて、支配権をザリー家に留めることに成功したのである。[69]しかもやがて出てくるザクセン戦争（反乱）や叙任権闘争、そして父（ハインリヒ四世）と子（同五世）の戦いの時代と比べてみると、アグネスの時代は、ほとんど幸福な時代であったとも見うるのである。[70]いろいろ問題はあるとはいえ、現実に国を統治したアグネスは、[71]その最初の五年間の摂政時代だけを見ても、中世の注目すべき重要な女性の一人に数えられるのである。[72]

注

（1）摂政という地位は、公文書の証言では、国法上存在しなかった。すべての公文書が、ハインリヒ四世の名前と称号、そして彼の治世年で書かれており、ハインリヒ四世は幼く未成年でも、はじめから完全な資格ある支配者として見なされていた。私法的に規定された後見職はあるにしても、ハインリヒ三世が、アグネスを任命したことについては何も知られていない。従って摂政位という表現も、厳密な法的な意味では適切ではないが、現実にアグネスはそのような立場にあったという意味で、これを使っておく。
K-U. Jäschke, S.121.　T. Struve, Zwei Briefe, S.422.
E. Boshof, Die Salier.（1987）S.167.
G. Thoma, S.130–131.
G. Meyer von Knonau, Bd. I. S.13.

（2）G. Thoma, S.132.

（3）前章、二三〇～二三一頁。
G. Meyer von Knonau, Bd. I. S.8–9.　アグネスの統治を最初に認めたのは司教たちであった、とブルスト‐ティーレは述べている。
M. L. Bulst-Thiele, S.44–45.

（4）E. Boshof, Heinrich. S.31–32.
G. Meyer von Knonau, Bd. I. S.11.

（5）G. Thoma, S.132.　H. Schwarzmaier, S.109.　ヴィクトルは、ハインリヒ四世のために、アーヘンでもう一度王の戴冠を行い、ドイツ中の王の巡回に同伴した。

（6）K-U. Jäschke, S.121.　G. Meyer von Knonau, Bd. I. S.21.　クノーナウは、アグネスとヴィクトルとの共同統治という表現を使っている。

（7）G. Meyer von Knonau, Bd. I. S.17.
H. Keller, S.83.
E. Boshof, Die Salier. S.166.　もっともこれは、そんなに積極的なものではなく、フランドルやロートリンゲンで摂政政府は、和を結ばざるを得なかったという面もあるのである。

（8）前章、二三二頁。　E. Boshof, Salier. S.166.
『アイヒシュテット司教事績』は、ヴィクトル二世が、「国の諸件を立派に片づけた」と、この歴史書の傾向からして当然であるが、賞讃している。

S. Weinfurter, Die Geschichte der Eichstätter Bischöfe des Anonymus Haserensis.（1987）S.66, 94.

（9）Lampert, S.58–59.　前章、二三〇頁、参照。

M. Black-Veldtrup, S.354.

（10）クノーナウは、ランペルトは、アグネスをほめたのに対し、ヴィクトルにはずっと冷たく表現していると見ている。ランペルトは、ヴィクトルが国の事柄を「ある程度」（mediocriter）片づけて、ローマへ行ったと記している。しかしクノーナウは、このランペルトのような発言は別として、ドイツの証言からは、ヴィクトルがイタリアへ出発するまでの手腕は、多かれ少なかれ讃美をもって強調されていると述べている。

G. Meyer von Knonau, Bd. I. S.33.　Lampert, S.60–61.

（11）ヴィクトルは一〇五七年の四旬節の初め、即ち二月半ばにイタリアへ行ったので、この期間は僅か四ヶ月くらいであった。

G. Meyer von Knonau, Bd. I. S.21, 24.

（12）クノーナウは、ヴィクトルが新政府への移行を比較的穏やかに秩序ある形に実現したと見ているが、他方やがてヴィクトルが亡くなったことは、アグネスをすぐに孤独にしたと述べている。

ibid., S.33, 267.　E. Boshof, Salier. S.168.

（13）Frutolf von Michelsberg, Chronica.（AQ. Bd. XV. 1972）S.72–73.

ランペルトの著とされるヘルスフェルトの年代記も、当時のアグネスについて、「最も聡明な王妃」と表現している。

Lampert, Libelli de institutione Hersveldensis ecclesiae.（MGH. SS. in usum scholarum. 1894）S.353.

（14）K-U. Jäschke, S.123.　G. Thoma, S.131–132.

ブルスト-ティーレも、摂政位は名目的にだけアグネスの手にあったのではないこと、彼女は各地を巡って、彼女の権威は至る所で認められたと述べているが、このような統治者の穏やかな交代の経過や、彼女への早期の承認において、ハインリヒ三世の没後まで残った影響が、間接的にあらわれていたと見ている。

M. L. Bulst-Thiele, S.34–35, 53–54.

（15）M. Black-Veldtrup, S.354.　アグネスへの批判と彼女の困難な状況は、ようやく一〇六一年から出てくる。この点でよく引用されるニーダーアルタイヒの年代記の記述——王は子供で、母は女としてあれやこれやの助言者の意見に容易に従った——

は、一〇六一年のことを指しているとトーマは見ている。
G. Thoma, S.136–137.
Annales Altahenses maiores.（MGH. SS. XX. 1891）S.810.
G. Meyer von Knonau, Bd. III. S.650–651.

(16) 前注、(15)、参照。　クノーナウは、この年代記をドイツでの同時代の最高の史料と評価している。　*ibid.*, S.650.

(17) H. K. Schulze, S.406.

(18) K-U. Jäschke, S.131.

(19) Adam von Bremen, Gesta Hammaburgensis ecclesiae pontificum.（AQ. Bd. XI. 1978）S.368–369.
トーマは、このアダムの言葉は、大司教アーダルベルトの意見を反映していると見ている。
G. Thoma, S.140.　アダムは同じ所で、「皇帝権にとって女と子供が、国の支配権を継ぐことによって大きな害となった」とも記している。
M. Black-Veldtrup, S.353.　H. Keller, S.401.
G. Meyer von Knonau, Bd. I. S.268.

(20) G. Thoma, S.140.

(21) *ibid.*, S.140.
Vita Heinrici IV. imperatoris.（AQ. Bd. XII. 1974）S.414–415.
この伝記は、同様に「男の賢明さをもって国を統治した多くの王妃」について語っている。　*ibid.*, S.416–417.

(22) K-U. Jäschke, S.53.
Wipo, S.552–553.

(23) M. Black-Veldtrup, S.353.
G. Meyer von Knonau, Bd. III. S.649.
クナーナウによると、ボニゾーはアグネスへの批判に関連して、「女の大胆さで」、「女の勝手さで」、「女の意向で」といった表現を使い、非常にするどく女の支配が、ふさわしくないものと見られていたことを強調している。『ハインリヒ四世伝』

は、かのクーデターに際し、その反乱の理由として、「女によって国が統治されているのはふさわしくない」ことが挙げられたと伝えている。

（24） J. C. Parsons, p.8.
Bonizo, Liber ad amicum.（Monumenta Gregoriana. 1865. 1964）S.642, 645, 647.
Vita Heinrici IV. S.416–417.

（25） *ibid.*, p.7.　「私心のない」権力行使といっても、自分の子供のためにしているのであるから、広い意味では私心は十分にあるのである。

（26） *ibid.*, p.6.　フランスでは、王妃の母親的権威の模範的な利己心のなさが、王妃に摂政への道を開いたという。

（27） G. Thoma, S.131.

（28） *ibid.*, S.131.　M. L. Bulst-Thiele, S.59.

（29） G. Meyer von Knonau, Bd. I. S.14, 204, 210.　Bd. III. S.647, 649.
クノーナウも、アグネスの王の母としての立場に注目している。　*ibid.*, Bd. I. S.231.
ランペルトは、かのクーデターのころに、「これまで息子を養育してきた皇帝妃」という表現を使い、母親としてのアグネスの立場を強調している。
Lampert, Annales. S.72–73.

（30） 前注、（21）、参照。

（31） M. L. Bulst-Thiele, S.45.
修道院長の任命としては、フルダの院長一人だけであった。　*ibid.*, S.48.

（32） G. Meyer von Knonau, Bd. I. S.22.

（33） *ibid.*, S.51.　K-U. Jäschke, S.102.
S. Weinfurter, S.102.　このグンデカルは、一〇五七年八月にアグネスによって叙任され、その後もアグネスとのつながりを維持したばかりか、ブルストーティーレは、彼は彼女によって息子のように愛されたと評している。
M. L. Bulst-Thiele, S.37.

(34) 例えば、ザルツブルク大司教にゲープハルトを、マインツ大司教にジークフリートを、さらにグィベルトゥスをイタリア方面官房長に、次いでラヴェンナ大司教に挙げたのも彼女の力であった。
ibid., S.46–48.　M. Black-Veldtrup, S.320.
G. Thoma, S.132.

(35) M. Black-Veldtrup, S.320.　このアルトマンは、アイヒシュテット司教となったグンデカルとともに、アグネスの宮廷礼拝堂付司祭であり、お互いに非常に近い関係にあった。
G. Thoma, S.132.

(36) *ibid.*, S.131–132.　E. Boshof, Salier, S.168.
M. L. Bulst-Thiele, S.46.

(37) H. Keller, S.123.　女による叙任に対して特に批判的であったのは、イタリアの厳格な教会人、とりわけフンベルトゥスであった。
G. Meyer von Knonau, Bd. I. S.275.　Bd. III. S.649.
G. Thoma, S.131.

(38) M. Black-Veldtrup, S.365.　G. Meyer von Knonau, Bd. I. S.270.
M. L. Bulst-Thiele, S.38, 40–42.

(39) G. Thoma, S.136, 139.

(40) M. Black-Veldtrup, S.41.　E. Boshof, Salier, S.173.
M. L. Bulst-Thiele, S.42–43.

(41) *ibid.*, S.43.　E. Boshof, Salier, S.173.
G. Thoma, S.136.

(42) M. Black-Veldtrup, S.242.

(43) A. Haverkamp, Aufbruch und Gestaltung. Deutschland 1056–1273.（1984）S.119.　ボスホーフも、これでもって中央政府が、大公権の直接管理を放棄したことで、王権の権力基礎が強く狭められたことは、由々しいことであったと述べている。

(44) E. Boshof, Salier, S.171.　G. Thoma, S.134.
M. L. Bulst-Thiele, S.58–59.
W. Hartmann, Der Investiturstreit.（1993）S.14.
K-U. Jäschke, S.125–126.

(45) *ibid.*, S.129.　イェシュケも、これらの処置等をアグネスの統治の失敗にとって、決定的なものであったと見ている。

(46) M. Black-Veldtrup, S.239.　G. Thoma, S.134.

(47) G. Thoma, S.135–136.　トーマは、バイエルンに独自な大公が置かれたことは、軍事政策的な理由から全く明らかで、ハンガリーの内紛に面して、南東での王権の強化が必要であったと見ている。この点での関連をブルスト-ティーレは、余り見ていないようである。
M. L. Bulst-Thiele, S.60–61.

(48) W. Hartmann, S.15.　H.-K. Schulze, S.404.　このオットーはまた、一〇六八年まで宮廷における有力な助言者の一人に属していた。
W. Hartmann, S.16.

(49) G. Thoma, S.136.

(50) トーマは、これらの年代記の記述は、アグネスの選択——ニーダ-アルタイヒの年代記は、「自主的に」という表現を使っている——が、誤りとして見られていなかったことを示すと見ている。
ibid., S.136.　Lampert, Annales, S.72–73.
Annales Altahenses maiores. S.811.
G. Meyer von Knonau, Bd. I. S.210.

(51) アグネスは、ルードルフが彼女の長女マティルデを誘拐したために、やむを得ず大公位を彼に与えたとも言われた。
G. Thoma, S.134–135.

(52) *ibid.*, S.135.　クノーナウは、この授与にはブルグントの不安定な状況も、関係しているとし、アグネスはマティルデをルードルフと結婚させて、彼をドイツ王への忠誠に義務づけさせようとしたと見ている。しかしルードルフを親戚関係に入れることにおいて、掛けられていたすべての計算は、マティルデが早く亡くなったため崩されたとクノーナウは述べている。
(53) G. Meyer von Knonau, Bd. I. S.49–50, 203.
G. Thoma, S.135.
(54) W. Hartmann, S.15. ベルトルトの前のケルンテン大公コンラートも、アグネスは一〇五七年に任命した。この人物はハインリヒ三世の昔からの敵であったが、彼女は彼を大公にして王権の味方とした。但しこのケルンテンにおいては、アグネスの任命したコンラートもベルトルトも、実際に大公としての力を発揮しえなかった。
G. Meyer von Knonau, Bd. I. S.19.
M. L. Bulst-Thiele, S.51, 57–58.
(55) H. K. Schulze, S.402–403.
(56) G. Thoma, S.136. クノーナウは、例えばオットーの任命について、アグネスの計算の完全な誤りと評している。
G. Meyer von Knonau, Bd. I. S.276.
(57) M. Black-Veldtrup, S.5, 202, 219, 362.
(58) *ibid.*, S.129. G. Thoma, S.134.
(59) M. Black-Veldtrup, S.202, 233.
G. Thoma, S.134.
M. L. Bulst-Thiele, S.55. この反乱は、しかし半ばはザクセン側の自滅でもって終った。
(60) M. Black-Veldtrup, S.235.
(61) *ibid.*, S.234.
(62) *ibid.*, S.203.
(63) *ibid.*, S.255, 257. アグネスは、ハインリヒ三世とマクデブルク教会の関係の冷却化のため、以前に彼女のものとして没収されていた当該教会の所領の一部を、ハインリヒ三世と自らの魂の救いのために、当地の司教座参事会に償いのために寄進した。
(64) *ibid.*, S.218. G. Thoma, S.133.

(65) G. Thoma, S.133.　ブルスト-ティーレは、アグネスがドイツのあらゆる地方を一様に訪問したと述べている。
(66) ibid., S.133.
(67) M. L. Bulst-Thiele, S.54.
　M. Black-Veldtrup, S.258.
(68) H. K. Schulze, S.402.　ブルスト-ティーレは、アグネスがロートリンゲンやフランドルで、譲歩によって味方を得ようとしたことは、彼女がなしえた最も賢明なことであったと評価している。
　M. L. Bulst-Thiele, S.51.
(69) M. Black-Veldtrup, S.5.
(70) H. K. Schulze, S.407.
(71) H. Schwarzmaier, S.82.　シュヴァルツマイアーは、アグネスは王または戴冠した王妃（皇帝妃）の全権をもって統治したと見ているが、『ハインリヒ四世伝』は、アグネスが「息子と共同で同じ権利でもって統治した」と表現している。クノーナウも、時にアグネスについて、「政府の指導者」という表現をして現実に統治していたと見ている。
　Vita Heinrici. S.414–415.
　G. Meyer von Knonau, Bd. I. S.203.
(72) G. Thoma, S.152.

三　アグネスと法王庁

アグネスの摂政時代の後半期で問題になるのは、法王庁との関係、特に一〇六一年秋からの二人の法王の対立するシスマへの係わりであった。ヴィクトル二世の没後、ドイツと法王庁の関係は、少なくとも外面的には大きく変わってきた。ハインリヒ三世とヴィクトル二世の時代にあったような密接な協力関係は[1]、両者の意図、本心はともかく、外面的には消えようとしていた。ヴィクトル二世が亡くなったことは、大きな転機をもたらした。皇帝に忠実な法王の時代は、突然終ったとも見られているのである。[2] もっとも「忠実な法王」とまで行かなくても、「協調的な法王」の時代まで終ったとは必ずしも言えないであろう。[3] ステファヌス九世の頃、ドイツの王権の弱体化は目立っていた。[4] アグネスはその統治活動をドイツに集中し、ブルグントとイタリアは、アグネスの個人的な活動範囲の外にあったし、ローマと法王庁は、遠くへ行ってしまった感があった。[5]

こうしてアグネスの摂政政府にとって、ヴィクトル二世没後の対法王庁関係が小さくなっていく時、アグネス自身の周辺も、強力な親戚の支えのない中で、彼女は信頼しうる僅かな人々とのみで統治をしようとした。[6] ニーダーアルタイヒの年代記によると、彼女は女の常としてあれやこれやの助言者の言いなりになり、その他の宮廷の有力者も、貪欲にとりつかれていた。[7] こんな助言者や有力者の中で特に一〇五八年以来決定的な役割を果たすようになったのが、アウクスブルク司教ハインリヒ(二世)であった。[8] このハインリヒは、もともとハインリヒ三世によって任命された宮廷礼拝堂付の教会人であったが、この数年アグネスの所で彼の助言が、ランペルトやベルトルトによると、最も重んじられたのである。[9] 彼はランペルトが、アグネスとの不道徳な関係の噂を伝えるほど、[10] 個人的に親密な関係から、他の諸侯にまさる優位な地位を得ていた。彼はアグネスの公的代理人の役割、いわば副摂政の役目を果していたとも見られるのである。[11] この彼の特権的な地位や高慢な我儘な態度が、やがて一部の諸侯の反発を招くことになった。[12] ブラック-フェルトトルップは、ハインリヒはこの大役に酔い、彼の拙い横柄なやり方が反発されたと評している。[13]

ランペルトをはじめ当時の記述からすると、このハインリヒは如何にも諸悪の根源のように見えてくるが、果して実際はどうであったのか。[14] 一方、たとえ実際に彼が諸悪の根源であっても、これに全面的な信頼を与えていたアグネスにも、責任があるのである。またアグネスが、このハインリヒを含め助言者の言いなりであったかどうかも、判断のむつかしい所である。既に見たように司教任命やさまざまな動きの中に、アグネスのかなり独自な、独立的な行動とも見うるものがあった。[16] 勿論、悪い結果をすべて助言者のせいにして、よいものばかりをアグネスの功績のように見るのも一面的であろう。前節で見た司教任命やザクセンとの融和政策等においても、やはり助言者の影響も考えねばならないのである。

問題のシスマの事情を考える場合、まずその直前の状況を見ておく必要があろう。ニコラウス二世の晩年の一〇六一年七月ごろにドイツの宮廷の指導者たちは、司教らと教会会議を開き、ニコラウス二世のこれまでのすべての教令を無効とし、さらに彼への非難を決議した。[17] この対立の原因については、未だに十分説得力のある解明はなされていないが、ニコラウス二世による戒律上のドイツ司教、特にケルン大司教アンノへの厳しい処置等にあったと見られている。[18] その背景ははっきりしていないが、このローマによるアンノへの譴責が、アグネスと法王庁との間の重大な不和のきっかけとなった。[19]

その後、法王使節がドイツへ派遣された時、アグネスに面会が出来ずに帰っている。これは両者の関係が最低点、どん底に至っていたことを示していた。[20] この事態にアグネスがどの程度係わっていたのか、前章では彼女はその後の行動から考えて、宮廷の指導者の意のままになっていたと見ていた。[21] しかし彼女は無関係とか責任がないと言うよりも、「宗教的で改革派に近いアグネスによって指導された摂政政府は、ローマ教会と対立に陥った」[22] というのがまずは妥当な表現であろう。この場合注意すべきことは、アグネスがローマと同様に改革派であっても、同じ改革派同士でも、対立または意見の相違がありうることを考えねばならないことである。

ハインリヒ三世の没後、特にヴィクトル二世の没後、ローマと十分な連絡をもちえなくなったドイツ宮廷にとってローマの改革派は、彼らが正常と見ていた改革派ではなかった可能性は十分にあるのである。ハインリヒ三世時代のような法王庁のあり方を基準とするなら、アグネスの時の法王庁は違っていた。[23] 教会に対しては司教叙任にも見られるように、アグネスはハインリヒ三世のやり方を維持していたのであり、[24]そのアグネスにとって当時の法王庁はたとえ同じ改革派と言っても、ふさわしいものと見ていたのかどうかは疑問なのである。従ってこのローマとの対立にアグネス自身が係わっていても、何ら不思議ではないのである。事実、シスマのきっかけとなるアレクサンダー二世の登場については、ニーダーアルタイヒの年代記も、彼がローマ人の一致した願いで選ばれていなかったことを認めているし、[25]彼の法王選挙の知らせが、王やアグネスに伝えられた時、これが彼らの意見や権威なしに行われたことに、彼らが非常に怒っていたというモンテ・カシーノの年代記の記述もあるのである。[26]

先に行われたアレクサンダー二世の選挙に対し、一〇六一年十月二十八日のバーゼル会議で、パルマの司教カダルスがホノリウス二世として法王に選ばれた。[27]この会議の経過については、ローマ人やロンバルディア人が、アグネスに支援を求め、彼女の協力の下で法王が選ばれたとか、[28]アグネスはアレクサンダーの承認を拒否し、独自な候補としてホノリウスを出した、[29]アグネスはホノリウス擁立に支持を与えたとさまざまな説明がなされている。[30]さらにアグネスによって呼びおこされたシスマ、[31]アグネスのはっきりとした意志に従った会議、[32]あるいは少なくともアグネスによってはホノリウスの擁立は阻止されなかった、[33]アグネスはホノリウスに最初味方していたと、[34]積極的であれ消極的であれアグネスの関与、責任は一応認められている。[35]いやアグネスと明示されずとも、事実上ドイツ政府は改革派、それもローマの改革派の敵となったのであり、[36]バーゼルの決定にドイツ政府は、少なからぬ責任をもっていたとされている。[37]

しかしこの決定は、一般にまたアグネスの気持とは違っていた。[38]根本において彼女の内心とは一致していなかった、[39]あるいはアグネスは思いがけなく、自身の非常に宗教的な本質に反する状況に陥ってしまった。[40]ハインリヒ三世のように常に教会改革を推進しようとしていたアグネスは、[41]ハインリヒ三世の政策を継続していると誤って思っている間に、ドイツ司教の多数のみならず、心の中で結ばれていると感じていた改革法王庁とも、対立に陥ったと見られているのである。[42]

本当にこのホノリウス擁立は、アグネスの意図ではなく、[43] 彼女の本質に反していたのか、また「誤って」いたのか、[44] さらにこの時点で彼女は、当時の法王庁と「心の中で結ばれていると感じていた」のか、問題であろう。上述のように改革の推進ないし改革派と言っても、必ずしもローマの法王庁を支持するとは限らないのである。[45] このホノリウスも、道徳的倫理的な教会改革を全く支持していると噂されていた人物であった。[46] ローマの改革法王庁に反対していた北伊の司教にも改革派はいたのである。[47]

バーゼル会議の出席者についても、ドイツ司教は圧倒的多数、殆どすべてが参加しなかったと見るのか、[48] 北伊とブルグントの司教と並んで、多くのドイツ司教が参加したと見るのか、[49] 見解は分れるが、仮に前者の見方が正しいとしても、それでは欠席したドイツ司教の大多数が、親ローマ的改革派であったのかと言えば、[50] 後のグレゴリウス七世時代のドイツ司教の動向を見ても、到底そうは言えないのである。[51]

一方またローマの事情を見ても、ステファヌス九世の没後、ローマの貴族が、法王ベネディクトゥス十世として立てたトスクルム家出身の枢機卿ヴェレトリのヨハネスは、改革派に近い人物で、決して単なる改革反対派ではなかった。[52] 同様にローマ貴族あるいはローマ人だからといって、すべて反改革派ではないことは、グレゴリウス六世の存在を見ても分かるのである。[53]

従ってアグネスが、ステファヌス九世やニコラウス二世をハインリヒ三世時代の改革法王庁を真に継ぐもの、と判断していたのかどうかは分からないのである。[54] まして当時のいわゆる改革法王庁に、「皇帝の覇権からの法王庁の解放」[55] への動きがあったのなら、なおさらそんなことはアグネスには思えなかったであろう。

シュルツェは、当時のドイツ宮廷では、ローマの動きへの洞察に欠けていたと見るが、[56] もし洞察に欠けていたのなら、ドイツ側はローマの動きに疑いをもたなかったであろう。このシュルツェ自身も、ローマの法王庁の動きに対し、アグネスがついに法王庁に対するドイツ王の諸権利の再獲得をめぐる戦いを始めた時、すでにそれは遅かったが、ニコラウス二世が亡くなったことが、戦いの勃発へのしるしであったと述べているように[57]、ハインリヒ三世時代のことを考えているアグネスは、ローマの改革法王庁に不信感をもっていたのである[58]。

またボスホーフは、ドイツ宮廷はローマ貴族と同盟し、その政策の不運な方向転換をなしたと見ているが[59]、本当に「不運」であったのかどうかは分からないのである。結果的に見れば、ローマの法王側が勝ったように見えるが、当時の状況は、ローマ側もいわゆる対立法王派に比べて、格別に有利であったわけではない[60]。ローマ側の不安定な状況を考えれば、アグネスはローマ教会に対し、出口のない状態に立っていたとも言えないのである[61][62]。コーンレが、クリュニー院長ユーグは、ホノリウスの敵であったため、一〇六〇年代のドイツ政府との比較的長い中断は、シスマがクリュニーとサリー家の密接で友好的な関係の継続に、障害となっていたことを示していると見ているが[63]、これもアグネスがホノリウスと意識的に結びついていたからこそ、出てきた事態とも言えるのである[64]。

アグネスが、ホノリウスを擁立後に積極的に支援しなかったのも、この擁立への彼女の消極的な抗議と解釈されてきたが[65]、彼女に支援の気持はあってもそれは無理であった。当時の摂政政府は、ローマ人やロンバルディア人の協力があったからこそ、ホノリウスの擁立は出来たが、それ以上に彼をローマに連れていくための軍事的な援助は不可能であった。もしそんな力がドイツにあったのなら、ローマの改革派も独自な動きは出来なかったであろうし、そもそもホノリウスを立てる必要もなかったのである。それにアグネスが、ホノリウスはローマに行くことに、自らの力で成功するだろうと見ていたと解釈されるなら[66]、支援しなかったのも、消極的な抗議でも反対でもなかったのである。

ベンツォによると、アグネスは後述のヴェール着用後しばらくして一〇六一年晩秋に、このベンツォ自身にローマに行き、ホノリウスの受け入れのための世論工作をするよう求めていたし[67]、一〇六三年にも彼女はベンツォへの手紙で、ホノリウスを引き続き支援するよう求め、この彼女の勧めでホノリウスは再びローマに行ったのである[68]。これらある。

の記述は事実かどうかは明らかではないが、ありうることであり、[69]彼女は一〇六三年にも、なおローマでの動きに影響を与えようとしていたと考えうるし、[70]ローマに対し彼女は、なおもハインリヒ三世時代的な意識をもっていたのである。

シスマ解決のための一〇六四年のマントヴァ会議の直前でも、ホノリウスとアレクサンダーのどちらが、正統の法王なのかは、はっきりしていなかった。[71]宮廷において後述のアーダルベルトは、このシスマの問題においても、アンノの対抗者として見なされていたらしく、ホノリウス派は、このアーダルベルトとハインリヒ四世に希望をおいていた。[72]なおもマントヴァ会議の結果に対し勝算があったからこそ、本来なら出席予定であったホノリウスは、この会議の前に自らに議長席を求めたのである。[73]

マントヴァ会議の時点でも、ドイツ宮廷の中にはアレクサンダーを支持するアンノ派と、そうでない人々がおり、ホノリウス擁立を決して誤ったものとは見ていなかった人々がいたのである。このころの事情から逆に明らかになることは、ドイツの宮廷にはもともと、ホノリウスを支持するアグネスを中心とした人々と、その反対派がいたことである。ここでもまた改革派、反改革派と単純には分けられないのである。いずれにしろ肝心のアンノ自身のシスマに対する立場は、確固たるものではなかったのである。[74]

マントヴァ会議でも、アレクサンダーに対するドイツ側の疑念が出されたのも、[75]右のドイツ側の複雑な事情を物語っているが、ボスホーフも、マントヴァ会議の結果を若い王の周辺は特に喜んでいたわけではなかったと述べ、何と言ってもドイツ宮廷は、自らの候補者であるホノリウスを見捨てねばならなかったのであるから、と見ているのである。[76]ドイツ側――と言うより、より正確にはドイツ内のアンノ派――が、公式にアレクサンダーを認め、ホノリウスへの支援をやめるのは、このマントヴァ会議であった。

それでも当のアンノがその権力を失い、アーダルベルトが出てくる原因となったのは、さしあたりこの会議の結果に対する宮廷での対抗者の反発であったとも見うるし、[77] この会議後もドイツでは、アーダルベルト派には、なおホノリウス支持者がいたのである。[78]

おそらくこうしたドイツ宮廷内の複雑な動きの中で、アグネスもそう簡単にアレクサンダーへの支持に変わることは、いずれにしても不可能であり、諸情勢を考える中で、アグネス自身にも段々とホノリウス支持への問題が、意識されるようになったと見るべきであろう。そのアグネスがアレクサンダーの方へ行くのは、今日明らかになったように、漸くマントヴァ会議後の一〇六五年になってからであった。

注

(1) G. Meyer von Knonau, Bd. I. S.7.
(2) H. K. Schulze, S.404.
(3) G. Meyer von Knonau, Bd. I. S.92. 参照。
(4) H. K. Schulze, S.404.　ケラーは、ハインリヒ三世が亡くなってまもなくドイツにおいて、一〇四六年に築かれたような皇帝権と法王権の共同性は崩壊し、摂政政府はローマの改革派に必要な保護を与えなかったと見ている。
H. Keller, S.124.
(5) H. K. Schulze, S.404.
(6) H. Keller, S.164.
(7) Annales Altahenses maiores, S.810.
A. Haverkamp, S.118.
G. Meyer von Knonau, Bd. I. S.269–270.

（8）E. Boshof, Salier, S.172.
G. Meyer von Knonau, Bd. I. S.84.

（9）Lampert, S.72–73.　Berthold, Annales.（MGH. SS. V. 1963）S.270.　ベルトルトは、ハインリヒはアグネスの所で「助言の最高の地位をもった」と伝えている。
Annales Altahenses maiores, S.810.
G. Thoma, S.132.

（10）Lampert, S.72–73.

（11）M. Black-Veldtrup, S.357.

（12）ニーダーアルタイヒの年代記は、このハインリヒが「宮廷を支配していた」と見、ランペルトは、彼の「高慢な政治のやり方」、ベルトルトは、彼の「我儘さ」を非難し、彼が多くの人々から嫌われていたことを伝えている。
Annales Altahenses maiores, S.810.
Lampert, S.92–93.　Berthold, S.270.

（13）M. Black-Veldtrup, S.357.

（14）ハインリヒの傲慢な独断専行的な態度は、彼自身の教区内においても見られ、必ずしも国政段階で彼に敵対する人々の一面的な見方ではなかったのかもしれない。
Neue Deutsche Biographie（以下 NDB と略す）Bd. VIII.（1969）S.337.　しかしクノーナウが述べているように、このハインリヒについての何らかの確実な判断には、実際信じうる記述が欠けているのである。
G. Meyer von Knonau, Bd. I. S.355.

（15）NDB, S.337.

（16）これはバンベルク司教グンテールとの激しい対立や、家人のオトラントへの対応にも見られる。
G. Meyer von Knonau, Bd. I. S.270–272.

（17）前章、二四〇頁。
J. F. Böhmer, Regesta Imperii, III. 2. Heinrich IV. 1056（1050）–1106.（Neubearbeitet. v. T. Struve. 1984）（以下 R. I. と略す）S.88–89.

この宮廷の指導者をクノーナウは、「より狭いグループのアグネスの顧問たち」としている。
G. Meyer von Knonau, Bd. I. S.181.　史料によっては、ニコラウスを罷免、破門したとも伝えている。
E. Boshof, Salier, S.183.

(18) *ibid.*, S.182–183.　G. Thoma, S.137.
すでに少し前にアグネスが、マインツの新しい大司教のためにパリウムを法王庁に求めた時、この要求は拒否された。
G. Meyer von Knonau, Bd. I. S.180.

(19) R. Schieffer, S.10.

(20) E. Boshof, Salier, S.183.　R. I. S.89.

(21) 前章、二四〇頁。

(22) H. Keller, S.107.

(23) 状況は変化していたが、しかしステファヌス九世自身は、ドイツ王との決裂を欲していなかった。
W. Hartmann, S.16.

(24) K-U. Jäschke, S.127.

(25) Annales Altahenses maiores, S.810.　なお、この年代記については、後のいわゆる叙任権闘争の敵意に満ちた論争に、余り影響されずに冷静な見方をしていると評価されている。
Wattenbach・Holtzmann, Deutschlands Geschichtsguellen im Mittelalter.（1967）S.547–548.

(26) G. Meyer von Knonau, Bd. I. S.224. Anm. 55.
Leo von Montecassino, Chronica monasterii Casinensis.（MGH. SS. VII. 1968）S.711.

(27) R. I. S.92.　Benzo von Alba, Ad Heinricum IV imperatorem libri VII.（MGH. SS. XI. 1963）S.612, 672.

(28) G. Thoma, S.138.

(29) H. K. Schulze, S.405.

(30) T. Struve, Zwei Briefe, S.419.
R. Schieffer, S.10.

シュトルーヴェの「アグネスによって個人的な誤りと感じられていたホノリウス選挙への関与」という見方も、「誤り」であったかどうかは別として、アグネス個人の責任を見ている。
T. Struve, Romreise, S.21.

(31) H. K. Schulze, S.406.

(32) G. Meyer von Knonau, Bd. I. S.224.　クノーナウは、ドイツ側はローマ人やロンバルディア人の願いに応じる前に熟慮したことは明らかとしている。　*ibid.*, S.224.

(33) K-U. Jäschke, S.127.

(34) W. Goez, S.477–478.

(35) ベンツォは、ホノリウスが「王の手により叙任された」と摂政のアグネスの決定的な役割を明示している。また彼女が、ホノリウスがローマで受け入れられるための宣伝工作に、ベンツォを派遣したという彼自身の証言も、今日事実であろうと見られている。
Benzo, S.610–612.　R. I. S.96.
F. Herberhold, Die Angriffe des Cadalus von Parma（Gegenpapst Honorius II）auf Rom in den Jahren 1062 und 1063.（Studi Gregoriani. II. 1947）S.480–482.

(36) G. Thoma, S.138.

(37) E. Boshof, Heinrich, S.42.
E. Boshof, Salier, S.184.
ニーダーアルタイヒの年代記も、「王の同意」でホノリウスが選ばれたと述べ、ランペルトも、「王と幾人かの諸侯の選挙」という表現をしている。ベルトルトは、ハインリヒ四世が、バーゼルの会議にすべての人々の意見で、シモニア的手段で法王を選んだとしている。
Annales Altahenses maiores, S.810.
Lampert, S.76–77.
Berthold, S.271.

（38） E. Boshof, Heinrich, S.42.
（39） E. Boshof, Salier, S.184.
（40） T. Struve, Zwei Briefe, S.416.
（41） G. Thoma, S.138.
（42） T. Struve, Zwei Briefe, S.419.
（43） G. Thoma, S.138.
（44） ボニゾーは、アグネスはいろいろな奸計に欺かれて、女の勝手気儘さでもって、不信心な行いに同意を与えたと非難している。
Bonizo, S.645.
（45） ボスホーフも、バーゼル会議の決定が、教会改革的プログラムに反対するものと理解されえない点は認めている。
E. Boshof, Salier, S.184.
（46） W. Goez, Kirchenreform und Investiturstreit 910–1122.（2000）S.108.
（47） W. Goez, Gestalten des Hochmittelalters.（1983）S.138.
（48） E. Boshof, Salier, S.184.　R. I. S.93.
クノーナウは、誰がこのバーゼル会議に参加したかは、僅かにしか確認されえないとし、ドイツ側ではアウクスブルク司教ハインリヒの出席のみ確認され、他のドイツ教会の主な代表者は、ケルンのアンノをはじめ参加していないと見ている。
G. Meyer von Knonau, Bd. I. S.224–225.
（49） H. K. Schulze, S.405.　シュルツェは、マインツ大司教ジークフリートが、王に忠実なドイツの司教派を率いたと述べている。
（50） 前注、（42）のシュトルーヴェの文言では、「ドイツ司教の多数」がローマに好意的な改革派と見ているようである。ボスホーフは、この決定はドイツ司教の一部によって賛成されなかったと見ている。
E. Boshof, Heinrich, S.42.
アレクサンダーを支持したアンノ自身も、その支持理由にはホノリウスを支持する司教(諸侯)グループとの対立のため、という政治的な計算があったようで、どこまで純粋に改革的な心情からの支持であったかは疑問なのである。実際アンノは、後の一〇六八年にホノリウスと会っている。

G. Jenal, Erzbischof Anno II. von Köln（1056–1075）und sein politisches Wirken.（1974）S.324–325.

(51) 本書、第一章、十一〜十二頁。

(52) E. Boshof, Heinrich, S.35.　この人物は事実、ステファヌス九世からも、次の法王候補者と考えられていた。

W. Hartmann, S.17.

(53) グレゴリウス六世の登場は、ペトルス・ダミアニによって改革への期待をもって、はっきりと歓迎されたのである。

W. Goez, Kirchenreform, S.90.

(54) 前注（25）、参照。　K-U. Jäschke, S.127. 参照。

(55) H. K. Schulze, S.404.

(56) *ibid.*, S.404.

T. Struve, Zwei Briefe, S.422. 参照。

(57) H. K. Schulze, S.405.

(58) G. Meyer von Knonau, Bd. I. S.268–269.

(59) E. Boshof, Heinrich, S.42.

(60) G. Meyer von Knonau, Bd. I. S.261.

双方ともに軍事力に頼っている中、むしろホノリウス側が、有利なこともしばしばあった。アレクサンダーの方は、トスカナ大公のゴットフリート、さらにはノルマン人の軍事力に強く頼っており、支持基盤は決して堅固なものではなかった。

W. Goez, Kirchenreform, S.108.

F. Herberhold, S.484, 490, 499.

(61) K-U. Jäschke, S.127.

(62) マントヴァ会議後の一〇六八年の時点ですら、宮廷は、少なくともアンノは、ホノリウスとの激しい対立を欲していなかったことは明らかとイェナールは見ている。

(63) G. Jenal, S.325.

(64) A. Kohnle, S.92.
一〇六四年一月の時点でも、アグネスが宮廷にいたことが、アレクサンダーにとって援助になったのかどうかは、はっきりしないとイェナールは見ている。
G. Jenal, S.245.

(65) 前章、二四一頁。

(66) H. K. Schulze, S.405.

(67) Benzo, S.610, 612.　R. I. S.96.
前注、(35)、参照。

(68) M. Black-Veldtrup, S.32.　Benzo, S.619.

(69) ヘルバーホルトは、一〇六三年のアグネスの要請を虚構としているが、確実な根拠はなく、ブラック-フェルトトルップは、はっきりしないとしている。
F. Herberhold, S.495.
M. Black-Veldtrup, S.32.

(70) M. Black-Veldtrup, S.32.

(71) 前章、二五〇～二五一頁、参照。

(72) G. Jenal, S.245.

(73) *ibid.*, S.264.

(74) 前注、(50)、参照。　G. Jenal, S.273–274.
イェナールは、ペトルス・ダミアニのアンノ宛の手紙は、アンノがまだ確実にアレクサンダー側にいないことを示唆している可能性があると見ている。　*ibid.*, S.244.

(75) *ibid.*, S.271.

(76) E. Boshof, Salier, S.186.

(77)　E. Boshof, Heinrich, S.45.
(77)　G. Jenal, S.409.
(78)　*ibid.*, S.309.

四　アグネスのヴェール着用とクーデター

アグネスの摂政後半期で次に問題となるのは、ヴェール着用のことである。彼女は王妃の衣服を脱いで、頭に修道女用のヴェールをかぶるようになった(1)。これは一〇六一年十一月に、シュパイアーのハインリヒ三世の墓の前でなされたとも言われるが(2)、かのバーゼル会議から数週間後のことであった。この突然の行為の動機は知られていないが(3)、一般にはバーゼル会議でのホノリウス擁立決定への、アグネスの不満や後悔とされてきた(4)。これには一つは、彼女自身の行為への罪意識からの悔悛という面と(5)、ドイツ政府の彼女の意に反した決定への不満という面が考えられている(6)が、いずれにしろ、バーゼルの決定を誰に責任があれ誤りや失敗であったと見る前提に立っているのである。こうした見方は、前節で見たように、アンノを中心とする人々の立場か、それともそのような見方が出てきても、ずっと後に出てくるものであり、ヴェール着用と結びつけるには、時期的に見ても早過ぎるのである。ましてやはじめからアグネスが不満であったとは、彼女のその後の行動から見て考えられないものである(7)。

このヴェール着用は、その動機とともに、その結果についても、見方の分かれる所である。しばしば言われるように、彼女はこれでもって摂政の地位を捨てたり、修道女になったりしたというのではない(8)。確かに彼女は政治への積極的な関与をやめ、もっぱらその生活を信仰に向けたとも見られるが(9)、修道院に入らず、また正式に統治を放棄したわけでもなかったのである。[10] むしろこのヴェール着用の本旨は、「外面的に聖別された婦人、貞潔の誓い――再婚放棄――をした婦人」[11] と見るべきものであろう。事実アグネスには以前から再婚を求める人々もあり、これを断っていたが[12]、これでもって彼女は再婚の可能性をはっきりと公的に否定したのである。あるいはこのヴェール着用は、アウクスブルク司教ハインリヒとのあらぬ噂を否定し、自らの潔白を明示するとともに[13]、当のハインリヒに対しても、そのような疑いを晴らして、より自由に行動できるようにしたのかもしれないのである。

いずれにしてもヴェール着用が、信仰や禁欲生活への義務を意味していても、摂政としてなお活動する余地は、残されていたのである。[14] 実際アグネスは、その後も政治の世界でも影響力を失ってはいなかった。[15] アグネスのことを考える場合、信仰生活に専念しようとする傾向とともに、摂政として置かれた自身の立場、義務への責任感から来る政治的傾向の両面が、あることを常に見る必要があるのである。状況により信仰面がより強く見えることがあっても、しばしば誤解されるようにその面のみが、彼女のすべてではないのである。

もっともアグネスはヴェール着用後も、摂政に留まったものの、以前以上に政治を顧問に任せ[16]、特に前節で見たアウクスブルク司教ハインリヒにさらに重要な地位を与えていった。[17] こうしたことが一部の人々において、いよいよ摂政政治への不満や批判をつのらせていったのである。[18] 摂政政府への批判は以前から多少はあっても、本格的な批判は次に見る一〇六二年四月のカイザースヴェルトのクーデター直前になって出てきたのである。[19]

一部の人々によるこの摂政政府への批判には、厳密に区別すれば二つの側面が見られる。一つはアグネス自身へのものであり、もう一つは顧問のハインリヒに対するものであった。前者についてはトーマも見るように、ヴェール着用後は、第二節で見た「男の精神をもった女」のようなことは、もはや主張できなかったのであり、女の統治がここではじめて問題にされたと言いうる一面もあったのである。[20] しかし他方、ブラック-フェルトトルップが、女の統治ということが原則的に問題にされず、ヴェールをかぶり統治行為が目に見えて控え目になったことが、問題となったと論じているように、[21]アグネスが統治していることよりも、むしろ統治から身を引こうとしていることが、問題にされたのである。従って、アグネスに本来、目標努力や貫徹能力とりわけ権力への意志が欠けていたとか、重要な政治的行動への能力がないように思われたことよりも、[22]以前のような統治をしなくなった所に、批判が出てきたとも言えるのである。

もう一つの面の批判については、カイザースヴェルトのクーデターの指導者であったケルン大司教アンノらの動機は、はっきり分からないが、[23]その最も直接的なきっかけは、かの顧問のハインリヒの指導的地位への不満と見られているのである。[24]ランペルトが、諸侯らは「一人の男への愛のために最も重んじられるべき彼らの影響が、全く排除されているのを怒った。彼らはこの不名誉な状態に耐えられなかった」と書いているように、[25]クーデターを行った諸侯の主な批判は、国政から彼らを排除した顧問のハインリヒの際限のない影響にあった。[26]もっともこの諸侯というのは、前節で見たように諸侯全体ではなく、アンノを中心とした諸侯グループであり、[27]ランペルトも、その人々の立場を示しているのである。イェナールは、アンノのこのクーデターでの本来の意図は、彼の独裁的支配要求にあったと推測しているが、[28]より広く言って諸侯間の権力闘争と言える面があったのである。[29]かのホノリウスを支持していたのは、前節で見たように、このクーデター以前に宮廷で影響力をもっていた諸侯グループであった。この限りでホノリウスは宮廷におけるアンノの対立派の候補者であったのである。[30]

ランペルトは、諸侯はこのクーデターで、「子供を母から奪い、国の政治を自分たちに移す」よう努力したと述べているので、[31]この事件では子供の王を母の干渉から引き離すことが目的のように見えるが、[32]諸侯間の権力争いの中、本来の目的は、王を顧問のハインリヒから離すことであり、[33]厳密に言えばこのクーデターは、アグネスよりも顧問のハインリヒに、第一に向けられたものであった。[34]実際アグネスはこのクーデター後しばらくして、宮廷との関係を再びもってくるのである。[35]

従ってこのクーデターは、顧問のハインリヒさらにはその支持派からの権力奪取ではあっても、アグネスから権力なり、摂政の地位を奪うものでは本来なかったのである。[36] 従来このクーデターは、アグネスの完全な権力喪失とされ、彼女はすぐにローマに行ったと見られていた。[37] しかし彼女はなおドイツに留まっていたのであり、ブラックーフエルトトルップは、この事件によっても、彼女の摂政の地位は、攻撃されないままであったと見ている。[38]

実際アグネスは、ドイツに留まることによって、たとえその場合一時宮廷から離れて生活していても、国の支配権を未成年の息子、そしてそれとともにサリー家に保持するために心を配ったのである。[39] トーマも、アグネスはサリー家の指導者として、その存在によって息子の地位の危険性を防ぎ、クーデター後もなお慎重に活発に行動したと見ている。[40] 彼女がドイツにいたのは、未成年の王の地位へのありうる危険を予防するためであった。[41]

シュトルーヴェは、結局アグネスをドイツに留めさせたのは、政治的な動機、息子の王位継承への配慮であったと見ている。[42] 彼はさらに後述のランペルトの記述から、アグネスがかなり以前から懐いていた願い——修道生活への願い——を信頼する人々の忠告に従って、息子の刀礼式までドイツに留まることによって、国家理性の要求に従わせたと、[43] 上記のアグネスの二つの面や傾向に注意している。その一つの面が、ハインリヒ三世の政策を続けること、その遺産を守ること、それを息子に伝えることであったが、[44] 当時はこれがもう一つの宗教的な傾向よりも、重要であったのである。

アグネスがどんな気持、考えであろうと、彼女は息子が未成年である限り、サリー家の指導者と見なされていたし、[45] 彼女がその身分を早まって去ることは、王家の解体を結果として持つのであり、彼女が未亡人の座を持っている限り、彼女は息子に父の家を保持することが出来たのである。[46]

もっともアグネスにとって、ただ摂政の位に無為に留まってさえいればいいというのではなかった。彼女は宮廷で、ケルン大司教アンノとブレーメン大司教アーダルベルトの対立する利害の間で、息子のハインリヒの立場を守ろうと努力した[47]。特に一〇六四年七月から翌年の五月まで、宮廷に長期にわたって滞在したのも、ハインリヒ四世をその未成年の最後の段階で、右のアンノやアーダルベルト、その他の有力者の手玉に取られないようにするためであった[48]。旧来のアグネス観の中にあったクノーナウも、この長期の宮廷での滞在における活動を非常に注目すべきものと見ているが[49]、アグネスは、支配権が息子に摩擦なく円滑に伝えられるように努力したのである[50]。

息子に支配権を確保しなければならなかったアグネスは[51]、こうしてイタリアへ行く前に、いわば彼女の家を整えたのである[52]。ブラックーフェルトトルップは、息子の負担のない統治への関心、これはこれまで不当にないがしろにされてきたアグネスの政治的先見の明を示すものとし[53]、上述の彼女のもう一つの面を明らかにしている。トーマも、彼女はこの点から見ても、決して消極的、無力な存在ではなかったし、ハインリヒ四世の独立した統治（親政）の始まりをもって、今や息子に支配権を手に入れさせるという彼女の課題は達成されたと見ている[54]。ハインリヒが、刀礼式で成人になってはじめて、アグネスは息子の王権への危険なしに、信仰生活への以前からのもう一つの願いに、一応従うことが出来るようになったのである[55]。

この息子の王位継承を確保するという、どちらかと言えば守勢的消極的な態度ばかりか、アグネスはクーデター後、宮廷から一時離れたものの、やがてまた国政に深く、時には積極的に係わっていたのである[56]。彼女はこの摂政後半期の一〇六二年四月から一〇六五年五月の間に何週間、何ヶ月も宮廷に滞在しているし[57]、クーデターの年の十一月、十二月には早くも既に、宮廷は彼女の滞在するレーゲンスブルクに行っていたのである[58]。

ブラックーフェルトトルップは、一〇六一年末のヴェール着用から一〇六五年五月末ごろにイタリアへ行くまでのアグネスの活発な寄進政策に注目し、彼女がこの時期においても、当時宮廷で決定的な力をもつアンノやアーダルベルトも、決して無視しえない真面目にとるべき政治勢力であったことを示していると述べ[59]、さらに彼女が仲介人等の資格で出てくる公文書の大部分が、その受取人から見ると、アンノやアーダルベルトではなく、彼女のイニシャチヴから来ることを明らかにしている。[60] 彼女はなお司教の任命にも係わっていたし、[61] バンベルク司教グンテールとの激しい争いさえしていたのである。[62] それに何と言っても、この摂政期の終了となるハインリヒの刀礼式に列席したこと自体が、[63] アグネスの国政への関心、関与の深さを雄弁に物語っているのである。

このようにクーデター後も、アグネスは活躍しえたとはいえ、この事件が彼女にとって、「ひどい侮辱」、「彼女個人の外的な名誉への侵害」[64] であったことも確かであろう。シュトルーヴェは、アグネスの予想もしなかったこの陰謀は、彼女の心の奥深くに打撃を与え、当面彼女は適切な政治的な対応が出来なかったと述べ、彼女の世俗生活から退く意図をこの事件は強めたと評している。[65] 実際アグネスは、この事件に対抗の試みをなすこともなく甘んじ、一時は自らの所領に引っこんだようである。[66] しかしランペルトの伝える所によれば、彼女は私領に戻り政治世界とも縁を切り、この世の生活も放棄し、修道院に入ろうとしていたが、友人たちの説得で、やっとこの衝動は押さえられたのであり、[67] 結局摂政としての地位に留まり、私領に戻ったのも一時的なものであった。従って彼女のハインリヒ四世や政治世界への影響力は、一時的に中断しただけであった。[68] むしろここでも注目すべきことは、シュトルーヴェが、彼女の私領への逃避が当時の観察者らによって非難されたと述べていることや、[69] 右の友人らの説得に見られるように、彼女が摂政位を捨てることが、望ましいものとされていなかったことである。

なおこの事件のアグネスへの衝撃で、もう一つ注目すべきことは、彼女のこの事件への受け止め方である。この事件直後に出されたとされる彼女のフルトゥアリア修道院宛の手紙[70]から、一般にこの事件によって、彼女はかのシスマへの罪、責任を一層痛切に感じたと見られている。[71] しかしこれは、彼女がすぐにローマに行ったことと結びつけて解釈されてきたのであり、この前提が今日崩れている以上、別の解釈が必要であろう。シスマとの関連づけは、既述のようにいずれにしても早過ぎるのである。むしろこのクーデターで失脚した顧問のハインリヒのことこそ、彼女にとって責任を感じるものであり、「良心」[72] を苦しめるものであったと言うべきであろう。シスマのことなら手紙の中で明言できたであろうが、このハインリヒ優遇の問題は、必ずしも不道徳な関係の問題ではなくても、微妙な内心の問題として彼女にとって、そうはっきりと言える性質のものではなかったと言えよう。

ところでここまで見てきたアグネス評価についての最近の変化の重要な一因は、これまでも少しふれたように、彼女がかのクーデター後、いつドイツを去ってイタリアへ行ったかの時期の問題とも深く関連していたのである。従来一般に彼女はクーデター後の一〇六二年四月はじめにドイツを離れ、イタリアに庇護を求めたと考えられていたが、[73]シュトルーヴェは、ローマへの旅の直前まで彼女はドイツに留まっていたとし、そのローマ行を一〇六五年のおそらく夏と見ている。[74]彼は、ペトルス・ダミアニのアグネス宛の手紙の中で言及されている月蝕の記述に注目して、彼女が息子の刀礼式まで、ドイツにいたことを証明したのである。[75]従ってアグネスは、クーデターで息子を奪われた衝撃の後、ドイツをまるで逃げるように去り、その後あらゆる私的な意志を捨てて、法王庁のために努力したという見方は、もはや問題にならないのである。[76]

注

（1）G. Meyer von Knonau, Bd. I. S.230.
（2）T. Struve, Zwei Briefe, S.416.
（3）G. Meyer von Knonau, Bd. I. S.231.
（4）前章、二四二頁。
（5）K-U. Jäschke, S.130.　G. Thoma, S.138.
（6）G. Thoma, S.137.　もっともトーマは、前注（5）の立場と、この立場との違いを十分に意識して区別していないようである。

(7) シュトルーヴェは、アグネスのホノリウス擁立への徐々にのみ意識されるようになった責任という表現をしているが、この「徐々に」という時間は、ヴェール着用時点よりも、もっと長い時間と見るべきであろう。
T. Struve, Zwei Briefe, S.416.

(8) M. Black-Veldtrup, S.366, 368.
クノーナウも、アグネスは摂政期間の終る前にヴェールを着用したとか、国をなお統治しているものの、世俗の着物を脇へやったという表現をして、ヴェール着用後も摂政位にあったことを示している。
G. Meyer von Knonau, Bd. I. S.230, 282.
ボニゾーは、「修道女」という表現を使っているが、これについてはブラック-フェルトトルップらは誤りと見ている。
Bonizo, S.647.　M. Black-Veldtrup, S.58.
G. Thoma, S.138.

(9) M. Black-Veldtrup, S.368.
G. Thoma, S.138.
この「もっぱら」という表現や、トーマの、アグネスは自発的に退き、全く神への奉仕に身を捧げたという時の「全く」という表現は、ニーダーアルタイヒの年代記によっているが、厳密に取れば、彼女は政治から全く離れた印象を与えてしまうであろう。
Annales Altahenses maiores, S.811.

(10) K-U. Jäschke, S.130.　R. I. S.95.
E. Boshof, Salier, S.184.　ボスホーフも、これは摂政の機能の放棄を意味していないと見ている。

(11) M. Black-Veldtrup, S.368.　クノーナウも、ヴェールは「純潔のしるし」と見ている。トーマも、これは未亡人の聖別と理解されうるとし、この神に捧げた未亡人の身分は、結婚しない誓いに基づいていると見ている。
G. Meyer von Knonau, Bd. I. S.230.
G. Thoma, S.138.

(12) G. Meyer von Knonau, Bd. I. S.282.

(13) *ibid.*, S.282. Anm. 87. 参照。

(14) E. Boshof, Salier, S.184.

G. Thoma, S.151.

(15) E. Boshof, Salier, S.184.　トーマは、アグネスが引き続き政治世界に係わっていた例として、彼女がバンベルク司教グンテールとの対決をその後も続けた所に見ている。

G. Thoma, S.139.　R. I. S.104. 参照。

本章、二八七頁。

(16) E. Boshof, Salier, S.184.

(17) G. Thoma, S.139.

(18) R. I. S.97.

(19) M. Black-Veldtrup, S.354, 360.　R. I. S.97.

(20) G. Thoma, S.140.

E. Boshof, Salier, S.174.

G. Meyer von Knonau, Bd. I. S.231. 参照。

(21) M. Black-Veldtrup, S.354, 356–357, 360.

(22) H. K. Schulze, S.406.

(23) M. Black-Veldtrup, S.351.

なお、カイザースヴェルトの事件についての唯一の詳しい記述は、ランペルトのもので、この事件の経過は、彼の伝えるようなものであったと考えられ、細かな点においてその記述は、信用しうると見られている。というのも、この事件の起った年の夏に、宮廷はヘルスフェルトに滞在していたからである。

H. Schwarzmeier, S.110.　R. I. S.104.

(24) G. Thoma, S.139.

クノーナウは、アグネスの顧問団の人的構成に対しても、同様に不信が支配していたと述べている。G. Meyer von Knonau, Bd. I. S.269.

(25) Lampert, S.72–73.

(26) G. Thoma, S.140.

アグネスは、ハインリヒのみに頼り、他の司教に相談させなかったし、ハインリヒと並んで幾人かの家人に好意を与えたため、諸侯の一部は無視されたと感じていた。アグネスは、ハインリヒや家人に何度も所領を与えたり確認したりしている。

K-U. Jäschke, S.130.

W. Hartmann, S.15.

G. Meyer von Knonau, Bd. I. S.151, 214, 266.

D HIV. 51, 69, 71, 72, 74, 75. 参照。

(27) クノーナウは、「アンノとその仲間」という表現を使っている。

G. Meyer von Knonau, Bd. I. S.284.

(28) G. Jenal, S.197–198, 276.

アンノは、しばらくこの独裁者的立場を主張しえたが、まもなく対抗者が出てきた。*ibid.*, S.277.

(29) クノーナウは、この事件当時より少し後に、嫉妬や利己心がこの大胆な計画の原因であったという批判のあったことを挙げている。

G. Meyer von Knonau, Bd. I. S.284.

(30) G. Jenal, S.273.

(31) Lampert, S.74–75.

(32) H. Schwarzmaier, S.111.

(33) G. Thoma, S.140.

(34) M. Black-Veldtrup, S.360, 362.

(35) 後注、(58)、参照。

(36) ブラック-フェルトトルップは、この事件へのアグネスの反応へのランペルトの記述から、ランペルトはこの事件を彼女からの権力奪取と見ていないと判断している。
M. Black-Veldtrup, S.365.

(37) G. Thoma, S.141.　クノーナウは、息子を奪われたアグネスは、これによってこれまでの彼女の公式の地位のすべてを奪われたと見ているし、イェシュケも、アグネスは一〇六二年以来、摂政位から追い出されたと見ている。
G. Meyer von Knonau, Bd. I. S.280.
K-U. Jäschke, S.101.

(38) M. Black-Veldtrup, S.365.

(39) T. Struve, Romreise, S.28.

(40) G. Thoma, S.141.

(41) T. Struve, Romreise, S.11.

(42) *ibid.*, S.11.

(43) *ibid.*, S.28.　しかもアグネスは、アンノに対しても公文書で、しばしば共に仲介人として協力するなど、クーデターの時にもったであろう彼への個人的な反感を抑えていた。
D HIV. 120, 121, 130, 131, 132. 等にもその例が見られる。

(44) H. K. Schulze, S.406.

(45) T. Struve, Romreise, S.11.

(46) *ibid.*, S.11.

(47) G. Thoma, S.142.

(48) M. Black-Veldtrup, S.36.

(49) クノーナウの場合は、アグネスはローマから宮廷に帰ったものとし、またアグネスをペトルス・ダミアニを指導者とするような隠遁的な傾向の人物と見ている。
G. Meyer von Knonau, Bd. I. S.388.

(50) M. Black-Veldtrup, S.4.
T. Struve, Romreise, S.28–29.
(51) G. Thoma, S.139.
(52) M. Black-Veldtrup, S.267.
(53) *ibid.*, S.268.
(54) G. Toma, S.143.
(55) T. Struve, Romreise, S.11.
もっともその後の活動から見ても、アグネスにとって純然たる信仰生活が、目標であったのかどうかは疑問であろう。
(56) R. I. S.104. 参照。
(57) M. Black-Veldtrup, S.241.
(58) *ibid.*, S.365.　アグネスの主な滞在地は、レーゲンスブルクであったと見られている。　*ibid.*, S.294.
(59) *ibid.*, S.267.
(60) *ibid.*, S.243–244.　D HIV. 118, 119, 130, 131, 132, 133, 134, 138. 参照。
(61) M. Black-Veldtrup, S.366.
(62) 前注、(15)、参照。本章、二八七頁、参照。
(63) R. I. S.159.
(64) G. Meyer von Knonau, Bd. I. S.280, 282.　シュヴァルツマイアーも、多くの史料は、カイザースヴェルトで最高級の暴力行為が行われたことを認識させると述べている。
H. Schwarzmaier, S.111.
(65) T. Struve, Zwei Briefe, S.416, 419.
(66) *ibid.*, S.419.　ニーダーアルタイヒの年代記は、アグネスは悲しんでカイザースヴェルトから離れ、自分の所領のみをもって、他の政治の仕事をすべて捨てたと述べている。
Annales Altahenses maiores, S.811.

史料の中にはこのクーデターは、アグネスを無力にしたと伝えるものもある。
M. Black-Veldtrup, S.349.

（67） Lampert, S.74–75.　G. Meyer von Knonau, Bd. I. S.280.

（68） G. Thoma, S.141.　M. Black-Veldtrup, S.350.

（69） T. Struve, Zwei Briefe, S.419.

（70） *ibid.*, S.424.　R. I. S.105.

（71） 前章、二四九頁。

（72） 前章、二四九頁。

（73） T. Struve, Romreise, S.1.
G. Meyer von Knonau, Bd. I. S.320.
ボスホーフも、アグネスは私的な生活に戻り、一〇六二年から一〇六三年の冬のうちにローマに行ったと見ている。
E. Boshof, Heinrich, S.43.

（74） T. Struve, Romreise, S.10.
ランペルトも一〇七二年の記事の所で、アグネスはイタリアに既に六年以上滞在していると書いている。
Lampert, S.160–161.

（75） T. Struve, Romreise, S.6–7.
このシュトルーヴェの新説は、トーマやブラック-フェルトトルップらによっても、説得力ある証明と評価されている。
G. Thoma, S.141.　M. Black-Veldtrup, S.37.　W. Hartmann, S.72.
なお既にずっと以前にフロートがアグネスは一〇六五年までドイツに居たと主張していたが、クノーナウはこれを誤りとしていた。
G. Meyer von Knonau, Bd. I. S.321. Anm. 32.
H. Floto, Kaiser Heinrich der Vierte und sein Zeitalter. Bd. I.（1855, 2005）S.203.

（76） T. Struve, Romreise, S.28.

おわりに

アグネスの第三の大きな人生の区切りは、一〇六五年五月末ないし六月はじめのイタリアへの出発で始まった。[1] 彼女は同年の十月末か十一月はじめにローマに到着し、以来その生活の中心をローマにおいた。[2] ローマでの生活は、彼女に宗教的な生活理想の実現を可能にしたが、[3] そこでも彼女は全くこの世から退きはせず、ドイツと法王庁の仲介のために、なお活発に活動したのである。この仲介活動において、彼女が意識的に選んだのは、この世での生活形態であって、修道院での隔離された生活ではなかった。[4] 彼女はアレクサンダーやグレゴリウス七世の助言者として活動した。[5] イェシュケは、彼女はこれらの法王によって政治的な道具として利用されたと見ているが、[6] こうした仲介やその他の面でも、彼女の政治的威信が、如何に大きかったかが見られるのであり、[7] 彼女は単なる道具といった消極的な存在ではなかったのである。

実際アグネスが、その後も活発に活動し、しかも影響力をもっていたことは、そのたびたびのドイツへの旅によっても証明される。[8] 彼女がドイツ内の政治にもなお大きな力をもっていたことは、王とシュヴァーベン大公ルードルフとの対立も、彼女の仲介によってのみ、解決されたことにも見られるのである。[9] グレゴリウスも、アグネスやトスカナ辺境女伯の中に、彼の最も親しく活動する助け手を見ていた。[10]

アグネスのドイツと法王庁の間の仲介活動で考えねばならないのは彼女の立場である。彼女は皇帝権と法王権の両権の間の和解、協調のために倦まず尽力したように、[11] 教会改革において殆ど最後まで両権の和解を考えた方向を代表していたのであり、[12] 既述のホノリウス擁立も、本来この立場から考えられたものと見るべきものなのである。両権協調へのこの努力は、結局実らなかったものの、ハインリヒ四世もグレゴリウスも、アグネスの仲介に信頼をおいていたのである。[13]

アグネスの協力者も、アイヒシュテット司教グンデカルにしろコモ司教ライナルトにしろ、同じ両権の協調を支持する立場にあった。[14] 同じ立場にクリュニー院長ユーグも立っており、彼はグレゴリウス側にいたものの、[15] アグネスとともに両権の仲介に努めるグループに属していた。[16] クリュニーは、ヒルザウと違ってハインリヒ四世とは決して完全に関係を断たなかった。[17] ユーグが考えていた両権の協調の姿は、ハインリヒ三世の晩年を特徴づけていたようなものであった。[18] これと同じ考えをもつアグネスが、活躍しうる余地があったのは、このような協力者の存在を見ても理解できるのである。この時代について、対決の視点のみでなく、和解や協調に努力する点に注目すると、この時期においても、アグネスの存在理由や活動理由がはっきりしてくるのである。クノーナウも、ドイツ王との対決の中で、グレゴリウスにとってアグネスを通して、必要な場合には王への影響力を獲得する可能性がいつでもあったという事情は、グレゴリウスによっても、常に懐かれていた諸計算の非常に重要な促進であり続けたと述べ、アグネスが亡くなったことは、グレゴリウスの計画から支えを取るものであったと見ていたのである。[19]

アグネスは、グレゴリウスから常に活動を求められる存在であったが、それだけまた彼女には、そのような活動への意欲、傾向、能力があったと言えるのである。彼女には修道女的な隠遁生活への傾向が、そのすべてではなかったのである。そもそも両権の協調への努力一つ見ても、この世の事柄への強い関心が感じられるのである。

宗教的生活に没頭しうる可能性のあったこの時期でも、アグネスはこの世の活動を積極的に行っていたのであるから、摂政期後半期においても、そうした活動があるのはまた当然であった。しかし従来の見方では、ともすればアグネスの宗教的な傾向のみが、強調されがちであった。しかもその宗教的傾向には何となく清らかな、俗に言う聖人的イメージが先行し、彼女は政治やその他の俗事とは全く相容れない人物であるかのように思われているのである。[20] これがホノリウス擁立やヴェール着用についての解釈に、今でも影響を与えていると言えるのである。これはアグネスの摂政期後半期での政治的な活動を明らかにしたブラック=フェルトトルップにも見られるところである。[21] イェナールが、アンノについて、彼は精神的禁欲的な傾向と政治的実際的能力を自らの中に一つにしていたと、[22] 何か矛盾した二つの性質が混在しているかのように見ているのも同様の立場なのである。信心深さが、俗世的行動と矛盾するかのように見るのは、第一節で見たように、そのキリスト教信仰というものに、自己ないしせいぜい家族のあの世での救いを求める極めて利己的な一面があることが見過ごされているのである。アグネスもアンノも、現世での「我」は捨てても、来世で救われたい「我」は捨てていないのである。この世での一見清らかな無我献身に見える行動は、来世での「我」の幸福のためであった。こうした信仰の本質は、利己心であり利己主義なのである。

このような信仰心の強い者ほど、既述のように結局は、現世の事柄に対しても、利己心は強いもので、「敬虔な」アグネスも同様なのである。彼女の利己心の強さといえば、第一節で見た諸例の他、息子の王位継承への細心の努力は勿論のこと、一部の諸侯の声を無視してのアウクスブルク司教ハインリヒへの過度な傾斜や、バンベルク司教との激しい対立、マインツ大司教に自らの考えからジークフリートを任命するなど、[23] さまざまな面に現れていたのである。かのクーデターの直後に、自らの摂政としての立場も離れて、この世から逃れようとした衝動にも、苦しい状況にあったとはいえ、ある種の身勝手な利己心が見えるのである。

こうしたさまざまな利己心には、自意識の強さ、あるいは時に信念の強さが見られるのだが、いずれにしても政治上世俗上の活発な行動と信心深い生活態度は、決して相矛盾するものではなく、両者は利己心なり自意識の強さという共通の根から出ているのである。アグネスに見た二つの傾向も、決してどちらか一方のみが、彼女の本質というものではなかったのである。

アグネスの行動や立場を考える場合、叙任権闘争といった表現にも見られる皇帝権と法王権の対決の視点のみでは不十分であるばかりか、改革派と反改革派といった、単純な分け方にも問題があるのである。改革派＝善、反改革派

＝悪といった善悪二元論が、未だに余り疑問もなくそれとなく前提とされていることも問題だが、同じ改革派といっても、いろいろな立場があったのである。ローマのいわゆる改革法王庁は改革派で、これに反対する者は、すべて反改革派とするのは、余りにも単純なのである。あるいは改革派なら、必ず改革法王庁を支持するはずという見方が、未だにアグネス論を呪縛しているようである。この点では新しい見方を出したブラック＝フェルトトルップも、変わりはないのである。[24]アグネス評価は、近年大きく変わったとはいえ、「信心深さ」や「敬虔」というものへの奇妙な思い入れとともに、まだまだ検討すべきさまざまな暗黙の、あるいは無意識の諸前提に、未だに囚われていると言えるのである。

注

（1）T. Struve, Romreise, S.10–12.
（2）*ibid.*, S.18–19.　M. Black-Veldtrup, S.58.
（3）G. Thoma, S.144.　Lampert, S.160–161.　ランペルトは、アグネスの苦行的な生活を伝えている。
（4）G. Thoma, S.144–145.
G. Meyer von Knonau, Bd. II. S.160.
（5）M. Black-Veldtrup, S.59.
（6）K-U. Jäschke, S.135.
（7）G. Thoma, S.149.
（8）T. Struve, Romreise, S.27.　アグネスは、一〇六六年、一〇七二年、一〇七四年とドイツへ行っている。
（9）E. Boshof, Salier, S.190.

この場合、ルードルフ自身もアグネスに仲介を求めたのであり、彼自身も彼女の力を知っていた。
Lampert, S.162–163.
G. Meyer von Knonau, Bd. II. S.161–162.
同様にオットー・フォン・ノルトハイムも、彼女に一〇七二年に支持と仲介を求めていた。
E. Boshof, Salier, S.198.

(10) *ibid.*, S.213.

(11) S. Weinfurter, S.21.
M. Black-Veldtrup, S.341.

(12) S. Weinfurter, S.15.

(13) G. Thoma, S.148.

(14) S. Weinfurter, S.15.
W. Goez, Rainald von Como.（Historische Forschungen für W. Schlesinger, 1974）S.488, 491.

(15) A. Kohnle, S.114.

(16) M. Black-Veldtrup, S.312.

(17) A. Kohnle, S.92.

(18) *ibid.*, S.114.

(19) G. Meyer von Knonau, Bd. III. S.94.

(20) ごく一般的な書物だが、レジーヌ・ペルヌーの『中世を生きぬく女性たち』（福本秀子訳、昭和六十三年）に描かれたアグネス像にもこれが見られる。

(21) M. Black-Veldtrup, S.375.
この著者は、アグネスの晩年の法王庁への活動をかのシスマへの悔悛行として理解している。 *ibid.*, S.380.

(22) G. Jenal, S.414.

(23) G. Meyer von Knonau, Bd. I. S.174.

（24）　M. Black-Veldtrup, S.375.

あとがき

本書は、第一章が、昭和六十一年の「文化学年報」第三十五輯に、第二章が、同六十二年の「文化学年報」第三十六輯、同年の「人文学」第百四十四号に、第三章が、同六十三年の「人文学」第百四十五号に、第四章が、平成二十三年、二十四年の「文化学年報」第六十輯、六十一輯に、第五章が、平成二十五年の「文化学年報」第六十二輯に、第六章が、昭和五十四年の「文化史学」第三十五号、同五十五年の「文化学年報」第二十九輯に、第七章が、平成十一年、十二年の「文化史学」第五十五号、五十六号に、それぞれほぼ同名の題名の下に発表した拙文を、全体の調整のための語句の訂正や一部の削除を除き、そのまま一冊にまとめたものである。このため各章ごとに独立したものとなっており、「はじめに」の文章のみの第五章を除き、それぞれの章に「はじめに」と「おわりに」の文章をつけている。

十一篇の拙文のうち、六篇が二十五年以上も前のものであり、筆者自身の見方の変化や、その後の欧米での研究の進展から見て、修正すべき点はあるが、当時の筆者の見方として、若干の修正を除き、あえてそのままにしておいた。特に本書の主題であるヴォルムス会議からカノッサ事件に至る経緯については、以前の拙文と最近のものとの間に、例えばアウクスブルクの会議の開催日時の問題や、皇帝戴冠への見方などの個々の点で、いくつかの矛盾や変化が見られるが、大きな流れについては、筆者の見方は根本的には変わっていないので、修正する必要はないと思っている。

第四章のフリート論をめぐる問題については、その後のフリート論へのドイツでの反響に関して、筆者の見方も交え、第四章の「付記」として少し補足し、第五章のマティルデについては、ここでは一〇八五年以降の彼女の状況を扱っていないので、この後半生への展望を踏まえて、マティルデの人物像について、第三節の末尾に「追補」として補足しておいた。

なお、「皇帝」、「帝国」、「法王」、「叙任権闘争」などの用語の扱いや、人名、地名の表示については、筆者の前著（『西洋中世盛期の皇帝権と法王権』）を踏襲するため、前著の「あとがき」を参照して頂ければと思う。また脚注の扱いについては、各章ごとに独立したものとするため、章ごとに多少の異同がある。本書全体では、これまで使用していた *op. cit.*（前掲書）の記号は、不明瞭になる場合を除き省略した。なおまた各章で引用しているG・マイアー・フォン・クノーナウの名前は、便宜上クノーナウと表示している。

最後に末筆ながら本書の出版に際し、現下の厳しい出版事情にも拘らず、前著に引き続き、枉げて出版への御承諾を頂いた関西学院大学出版会には、この場を借りて重ね〲心より深甚の感謝を申し上げます。

また出版作業において、数々の大変なお世話を頂いた協和印刷株式会社にも、心より厚く御礼申し上げます。

平成二十五年五月二十二日

欧文引用雑誌等の略号

AQ	Ausgewählte Quellen zur deutschen Geschichte des Mittelalters
DA	Deutsches Archiv für Erforschung des Mittelalters
HJ	Historisches Jahrbuch
HZ	Historische Zeitschrift
LM	Lexikon des Mittelalters
MGH	Monumenta Germaniae Historica
MGH. Epp. sel.	Epistolae selectae
MGH. SS	Scriptores
NA	Neues Archiv der Gesellschaft für ältere deutsche Geschichtskunde
PL	Patrologiae cursus completus. Series Latina
SG	Studi Gregoriani

文　献（欧文のみ掲載）

G. Althoff, Heinrich IV.（2006）

G. Althoff, Kein Gang nach Canossa?（Damals, 41 Jahrgang, 5, 2009）

H.-X. Arquillière, Grégoire VII á Canossa, a-t-il réintégré Henri IV dans sa fonction royale?（Canossa als Wende.）

F. Baethgen, Zur Tribur-Frage.（DA. 4. 1940–41）

S. Bagge, Kings, politics, and the right order of the world in German historiography c.950–1150.（2002）

G. Barraclough, Medieval Papacy.（1968）

M. Becher, Die Auseinandersetzung Heinrichs IV. mit den Sachsen. Freiheitskampf oder Adelsrevolte?（Vom Umbruch zur Erneuerung?）

H. Beumann, Tribur, Rom und Canossa.（Investiturstreit und Reichsverfassung.）

H. Beumann, Der deutsche König als „Romanorum rex“.（1981）

M. Black-Veldtrup, Kaiserin Agnes.（1043–1077）.（1995）

U.-R. Blumenthal, Der lnvestiturstreit.（1982）

U.-R. Blumenthal, Gregor VII. Papst Zwischen Canossa und Kirchenreform.（2001）

J. F. Böhmer, Regesta Imperii, III. 2.　Heinrich IV. 1056（1050）–1106.（Neubearbeitet. v. T. Struve. 1984）

E. Boshof, Heinrich IV. Herrscher an einer Zeitenwende.（1979）

E. Boshof, Das Reich in der Krise. Überlegungen zum Regierungsausgang Heinrichs III.（HZ. 228. 1979）

E. Boshof, Die Salier.（1987）

G. B. Borino, La lettera di Enrico IV alla madre Agnese imperatrice（1074）.（SG. IV. 1959–1961）

G. B. Borino, L'archidiaconato di Ildebrando.（SG. III. 1948.）

A. Brackmann, Heinrich IV. und der Fürstentag zu Tribur.（Historische Vierteljahrschrift XV. 1912）

A. Brackmann, Heinrich IV. als Politiker beim Ausbruch des Investiturstreites. (Canossa als Wende.)

A. Brackmann, Tribur. (Canossa als Wende.)

Z. N. Brooke, Germany under Henry IV and Henry V. (The Cambridge Medieval History. Vol. V. 1926, 1968)

R. Buchner, Deutsche Geschichte im europäischen Rahmen. (1975)

M. L. Bulst-Thiele, Kaiserin Agnes. (1933, 1972)

H. Büttner, Die Bischofsstädte von Basel bis Mainz in der Zeit des Investiturstreites. (Investiturstreit und Reichsverfassung.)

N. F. Cantor, Medieval History. (1963, 1969)

H. E. J. Cowdrey, Pope Gregory VII 1073–1085. (1998)

C. Erdmann, Die Briefe Heinrichs IV. (1937)

C. Erdmann, Zum Fürstentag von Tribur. (Canossa als Wende.)

C. Erdmann, Tribur und Rom. Zur Vorgeschichte der Canossafahrt. (Canossa als Wende.)

L. Fenske, Adelsopposition und kirchliche Reformbewegung im östlichen Sachsen. (1977)

A. Fliche, La Réforme Grégorienne. (1924–37, 1978)

J. Fleckenstein, Heinrich IV. und der deutsche Episcopat in den Anfängen des Investiturstreites. (Adel und Kirche.)

J. Fleckenstein, Grundlagen und Beginn der deutschen Geschichte. (1980)

J. Fried, Der Schleier der Erinnerung. (2004)

J. Fried, Der Pakt von Canossa. Schritte zur Wirklichkeit durch Erinnerungs-analyse. (Die Faszination der Papstgeschichte. hg. v. W. Hartmann und K. Herbers. 2008)

J. Fried, Canossa, Entlarvung einer Legende. Eine Streitschrift. (2012)

H. Fuhrmann, Deutsche Geschichte im hohen Mittelalter. (1978)

H. Fuhrmann, Gregor VII., »Gregorianische Reform« und Investiturstreit. (Das Papsttum I. hg. v. M. Greschat. 1985)

V. Fumagalli, Matilde di Canossa. Potenza e solitudine di una donna del Medioevo. (1996)

V. Fumagalli, Mathilde von Canossa. (1998).

W. Giese, Der Stamm der Sachsen und das Reich in ottonischer und salischer Zeit. (1979)

E. Goez, Beatrix von Canossa und Tuszien. Eine Untersuchung zur Geschichte des 11. Jahrhunderts. (1995)

E. Goez, Mathilde von Canossa. —Herrschaft Zwischen Tradition und Neubeginn. (Vom Umbruch zur Erneuerung?)

E. Goez, Mathilde von Canossa. (2012)

W. Goez, Reformpapsttum, Adel und monastische Erneuerung in der Toscana. (Investitursteit und Reichsverfassung.)

W. Goez, Rainald von Como. (Historische Forschungen für W. Schlesinger, 1974)

W. Goez, Gestalten des Hochmittelalters. Personengeschichtliche Essays im allgemeinhistorischen Kontext. (1983)

W. Goez, „Mathilda Dei gratia si quid est“. Die Urkunden-Unterfertigung der Burgherrin von Canossa. （DA. 47. 1991）
W. Goez, Kirchenreform und Investiturstreit 910–1122. （2000）
P. Gollinelli, Mathilde und der Gang nach Canossa. lm Herzen des Mittelalters. （1998）
P. Gollinelli, Matilde e i Canossa nel cuore del Medioevo. （1991）
J. Haller, Das Papsttum. ldee und Wirklichkeit. （1965）
J. Haller, Der Weg nach Canossa. （Canossa als Wende.）
K. Hampe, Deutsche Kaisergeschichte in der Zeit der Salier und Staufer. （1908, 1968）
K. Hampe, Herrschergestalten des deutschen Mittelalters. （1958, 1978.）
W. Hartmann, Der lnvestiturstreit. （1993）
A. Hauck, Kirchengeschichte Deutschlands. Bd. III. （1954）
A Haverkamp, Aufbruch und Gestaltung. Deutschland 1056–1273. （1984）
F. Herberhold, Die Angriffe des Cadalus von Parma （Gegenpapst Honorius II） auf Rom in den Jahren 1062 und 1063. （SG. II. 1947）
E. Hlawitschka, Zwischen Tribur und Canossa. （HJ. 94. 1974）
O. Holder-Egger, Fragment eines Manifestes aus der Zeit Heinrichs IV. （NA. 31. 1906）
R. Hüls, Kardinäle, Klerus und Kirchen Roms 1049–1130. （1977）
K.-U. Jäschke, Notwendige Gefährtinnen. Königinnen der Salierzeit als Herrscherinnen und Ehefrauen im römisch-deutschen Reich des 11. und beginnenden 12. Jahrhunderts. （1991）
G. Jenal, Erzbischof Anno II. von Köln （1056–1075） und sein politisches Wirken. （1974）
K. Jordan, Investiturstreit und frühe Stauferzeit. （Gebhardt, Handbuch der deutschen Geschichte. Bd. I. 1973）
H. Keller, Zwischen regionaler Begrenzung und universalem Horizont 1024–1250. Deutschland im lmperium der Salier und Staufer 1024 bis 1250. （Propyläen Geschichte Deutschlands. Bd. II. 1986）
F. Kempf, Die gregorianische Reform. （1046–1124）. （Handbuch der Kirchengeschichte. Bd. III/1. 1973）
F. Kern, Gottesgnadentum und Widerstandsrecht im früheren Mittelalter. （1954, 1973）
O. Köhler, Die Ottonische Reichskirche. （Adel und Kirche.）
A. Kohnle, Abt Hugo von Cluny. （1993）
H.-G. Krause, Das Papstwahldekret von 1059 und seine Rolle im lnvestiturstreit. （SG. VII. 1960）
J. Laudage, Die Salier. Das erste deutsche Königshaus. （2006）
F. Lerner, Kardinal Hugo Candidus. （1931）
U. Lewald, Köln im lnvestiturstreit. （Investiturstreit und Reichsverfassung.）
G. Meyer von Knonau, Jahrbücher des deutschen Reiches unter Heinrich IV. und Heinrich V. （1894, 1964）
W. Mohr, Geschichte des Herzogtums Lothringen. Teil II. （1976）
R. Morghen, Gregorio VII e la Riforma della Chiesa nel secolo XI. （1974）
M. Müllerburg, Risse im Schleier der Erinnerug. （Zeitschrift für Geschichtswissenschaft. 58, 2010）
A. Nitschke, Die Ziele Heinrichs IV. （Wissenschaft Wirtschaft und Technik.）

A. Overmann, Gräfin Mathilde von Tuscien. (1895, 1965)
M. Pape, „Canossa" －eine Obsession? Mythos und Realität. (Zeitschrift für Geschichtswissenschaft. 54. 2006.)
W. Paravicini, Die Wahrheit der Historiker. (HZ. Beiheft 53, 2010)
J. C. Parsons, (ed), Medieval Queenship. (1994)
S. Patzold, Gregors Hirn. Zu neueren Perspektiven der Forschung zur Salierzeit. (Geschichte für heute. 2, 2011)
B. Pferschy-Maleczek, Mathilde von Tuszien. (Frauen des Mittelalters in Lebensbildern. hg. v. K. Schnith. 1997)
I. S. Robinson, Henry IV of Germany. 1056–1106. (1999)
E. Sackur, Die Cluniacenser. (1894, 1971.)
S. Salloch, Hermann von Metz. (1931)
D. Schäfer, Hat Heinrich IV. seine Gregor gegebene Promissio vom Oktober 1076 gefälscht? (HZ. 96. 1906)
R. Schieffer, Erzbischöfe und Bischofskirche von Köln. (Die Salier und das Reich. II.)
R. Schieffer, Gerold Meyer von Knonaus Bild von Heinrich. (Heinrich IV. Vorträge und Forschungen.)
R. Schieffer, Papst Gregor VII. Kirchenreform und Investiturstreit. (2010)
T. Schieffer, Das Zeitalter der Salier. (Rassow, Deutsche Geschichte im Überblick, 1973)
B. Schimmelpfennig, Das Papsttum. (1984)
W. Schlesinger, Die Wahl Rudolfs von Schwaben zum Gegenkönig 1077 in Forchheim. (Investiturstreit und Reichsverfassung.)
F.-J. Schmale, Die Anfänge des Reformpapsttums unter den deutschen und lothringisch-tuszischen Päpsten. (Das Papsttum. I. hg. v. M. Greschat. 1985)
T. Schmidt, Alexander II. und die römische Reformgruppe seiner Zeit. (Päpste und Papsttum. Bd. II. 1977)
C. Schneider, Prophetisches Sacerdotium und heilsgeschichtliches Regnum im Dialog 1073–1077. (1972)
F. Schneider, Canossa, (Zeitschrift für Kirchengeschichte. Bd.45. 1926)
B. Schneidmüller, Canossa—Das Ereignis. (Canossa 1077 Erschütterung der Welt.)
H. K. Schulze, Hegemoniales Kaisertum. Ottonen und Salier. (1991)
H. Schwarzmaier, Von Speyer nach Rom. Wegstationen und Lebensspuren der Salier. (1992)
W. Steinböck, Erzbischof Gebhard von Salzburg. (1972)
E. Steindorff, Jahrbücher des Deutschen Reichs unter Heinrich III. (1874, 1969)
W. von den Steinen, Canossa. Heinrich IV. und die Kirche. (1969)
W. von den Steinen, Der Kosmos des Mittelalters. (1967)
T. Struve, Zwei Briefe der Kaiserin Agnes. (HJ. 104/II. 1984)
T. Struve, Die Romreise der Kaiserin Agnes. (HJ. 105/I. 1985)
T. Struve, Mathilde von Tuszien-Canossa und Heinrich IV. Der Wandel ihrer Beziehungen vor dem Hintergrund des Investiturstreites. (HJ. 115, 1995)
T. Struve, Salierzeit im Wandel. Zur Geschichte Heinrichs IV. und des Investiturstreites. (2006)

T. Struve, Heinrich IV.–Herrscher im Konflikt.（Vom Umbruch zur Erneuerung?）
G. Tellenbach, Zwischen Worms und Canossa.（Canossa als Wende.）
G. Tellenbach, Church State and Christian Society.（tr. by. R. E. Bennett. 1970）
G. Tellenbach, Die westliche Kirche vom 10. bis zum frühen 12. Jahrhundert.（1988）
G. Thoma, Kaiserin Agnes.（Frauen des Mittelalters in Lebensbildern. K. Schnith.（Hg）1997）
H. Thomas, Erzbischof Siegfried I. von Mainz und die Tradition seiner Kirche.（DA. 26. 1970）
H. Thomas, Zur Kritik an der Ehe Heinrichs III. mit Agnes von Poitou.（Festschrift Für Helmut Beumann. 1977）
W. Ullmann, A History of Political Thought : The Middle Ages.（1965）
W. Ullmann, A Short History of the Papacy in the Middle Ages.（1972）
J. Vogel, Gregor VII. und Heinrich IV. nach Canossa.（1983）
R. Wahl, Der Gang nach Canossa.（1979）
Wattenbach・Holtzmann, Deutschlands Geschichtsguellen im Mittelalter. Bd. II.（1940, 1967）
S. Weinfurter, Die Geschichte der Eichstätter Bischöfe des Anonymus Haserensis.（1987）
S. Weinfurter, Das Jahrhundert der Salier.（2004）
S. Weinfurter, Canossa.　Die Entzauberung der Welt.（2006）
S. Weinfurter, Das Reich im Mittelalter.（2008）
A. Wendehorst, Bischof Adalbero von Würzburg（1045–1090）Zwischen Papst und Kaiser.（SG. VI. 1959–61.）
J. P. Whitney, The Reform of the Church.（The Cambridge Medieval History. vol. V. 1968）
J. Wollasch, Die Wahl des Papstes Nikolaus II.（Adel und Kirche.）
W. F. Zedinek, Altmanns Lebenslauf.（Der Heilige Altmann Bischof von Passau. hg. v. Abtei Göttweig. 1965）
H. Zimmermann, Das Mittelalter. Von den Anfängen bis zum Ende des Investiturstreites.（1975）
H. Zimmermann, Der Canossagang von 1077. Wirkungen und Wirklichkeit.（1975）
H. Zimmermann, Gabt is eine Matildische Epoche.（Annali Canossani. I. 1981）
H. Zimmermann, Heinrich IV.（Kaisergestalten des Mittelalters. hg. v. H. Beumann. 1984）

引用文献関連論文集・便覧・辞典類

Adel und kirche.（hg. v. J. Fleckenstein und K. Schmid. 1968）
Cambridge Medieval History. Vol. V.（1926, 1968）
Canossa als Wende.（hg. v. H. Kämpf. 1969）
Canossa 1077. Erschütterung der Welt. Geschichte, Kunst und Kultur am Aufgang der Romanik.（hg. v. C. Stiegemann und M. Wemhoff. 2006）Bd. I. Essays.
Bd. II. Katalog.

Dictionary of the Middle Ages. Vol. I. III. VII. (1983) (1986)
Handbuch der europäischen Geschichte. (hg. v. T. Schieder. 1979)
Handbuch der Kirchengeschichte. Bd. III / I. (1973)
Heiliges Römisches Reich Deutscher Nation 962 bis 1806. Von Otto dem Grossen bis zum Ausgang des Mittelalters. (hg. v. M. Puhle und C.-P. Hasse. 2006) Essays, Katalog.
Heinrich IV. Vorträge und Forschungen LXIX. (hg. v. G. Althoff und Konstanzer Arbeitskreis für mittelalterliche Geschichte, 2009)
Investiturstreit und Reichsverfassung hg. v. J. Fleckenstein. (1973)
Lebensbilder aus dem Mittelalter. Die Zeit der Ottonen, Salier und Staufer. (1998)
Neue Deutsche Biographie Bd. VIII. (1969)
Der Neue Georges. Ausführliches Handwörterbuch Lateinisch- Deutsch. (1913, 2013)
The Oxford Dictionary of the Christian Church. (1974)
The Oxford Dictionary of Popes. (1986)
Die Salier, das Reich und der Niederrhein. (hg. v. T. Struve, 2008)
Salisches Kaisertum und neues Europa. Die Zeit Heinrichs IV. und Heinrichs V. (hg. v. B. Schneidmüller und S. Weinfurter, 2007)
Die Salier und das Reich. I～III. (hg. v. S. Weinfurter. 1991)
Trier im Mittelalter, (hg, v. H. H. Anton, A. Haverkamp. 1996)
Vom Umbruch zur Erneuerung? Das 11. und beginnende 12. Jahrhundert－ Positionen der Erforschung. Historischer Begleitband zur Ausstellung Canossa 1077. (hg. v. J. Jarnut und M. Wemhoff. 2006)
Wissenschaft Wirtschaft und Technik. (hg. v. K-H. Manegold. 1969)
E. Habel / F. Gröbel, Mittellateinisches Glossar. (1989)
Die Briefe Heinrichs IV. (hg. v. C. Erdmann. 1937)

史　料

Adam von Bremen, Gesta Hammaburgensis ecclesiae pontificum. (AQ. Bd. XI. 1978)
Annales Altahenses maiores. (MGH. SS. XX. 1891)
Arnulf von Mailand, Liber gestorum recentium. (hg. v. C. Zey. 1994)
Benzo von Alba, Ad Heinricum IV imperatorem libri VII. (MGH. SS. XI. 1963)
Bertholdi et Bernoldi Chronica. (hg. und übersetzt v. I. S. Robinson. AQ. Bd. XIV. 2002.)
Bonithonis Liber ad amicum (Monumenta Gregoriana. ed. P. Jaffé. 1865, 1964)
Die Briefe Heinrichs IV. übersetzt von F.-J. Schmale. (AQ. Bd. XII. Quellen zur Geschichte Kaiser Heinrichs IV. 1974.)
Brunonis Saxonicum Bellum. (AQ. Bd. XII. 1974)
MGH, Diplomata regum et imperatorum Germaniae. V. Heinrici III. Diplomata. (1980)
Donizonis Vita Mathildis. (MGH. SS. XII)
Epistolae collectae. (Monumenta Gregoriana.)
The Epistolae vagantes of Pope Gregory VII. (ed. & tr. H. E. J. Cowdrey, 1972)
Frutolf von Michelsberg, Chronica. (AQ. Bd. XV. 1972)

Grcgorii VII epistolae collectae. (Monumenta Gregoriana.)
Hugonis Flaviniacensis Chronicon. (MG. SS. VIII. S.458.)
P. Jaffé, Regesta Pontificum Romanorum. (1885, 1956)
Lampert von Hersfeld, Lamperti monachi Hersfeldensis Annales. (AQ. Bd. XIII. 1973.)
Lampert, Libelli de institutione Herveldensis ecclesiae. (MGH. SS. in usum scholarum. 1894)
Leo von Montecassino, Chronica monasterii Casinensis. (MGH. SS. VII. 1968)
Landulfus Senior, Historia Mediolanensis. (L. A. Muratori, Raccolta degli storici italiani. t. IV. 1942)
Otto von Freising, Chronica sive Historia de duabus civitatibus. (übersetzt v. A. Schmidt. AQ. Bd. XVI. 1974)
The Papal Reform of the Eleventh Century. (tr. & an. by I. S. Robinson. 2004)
Paulus Bernriendensis, Vita Gregorii VII papae. (Pontificum Romanorum Vitae.)
Pontificnm Romanorum Vitae. (ed. J. M. Watterich. t. I. 1862, 1966)
Quellen zum Investiturstreit. Teil. I. (übersetzt v. F. J. Schmale. AQ. Bd. XIIa. 1978)
Das Register Gregors VII. (hg. v. E. Caspar. MGH, Epp. sel., 1920)
The Register of Pope Gregory VII 1073–1085. An English Translation. (tr. by. H. E. J. Cowdrey. 2002)
MGH, Die Urkunden und Briefe der Markgräfin Mathilde von Tuszien. (hg. v. E. Goez.-W. Goez. 1998)
Vita Heinrici IV. imperatoris. (AQ. Bd. XII. 1974)
Wipo, Gesta Chuonradi II. imperatoris. (AQ. Bd. XI. 1978)

【著者略歴】

井上　雅夫（いのうえ　まさお）

同志社大学文学部文化史学科教授

同志社大学経済学部卒
同志社大学大学院文学研究科文化史学専攻修了

専攻：西洋中世史

著書：『日本人の忘れもの』（日本教文社　2000年）
　　　『西洋中世盛期の皇帝権と法王権』（関西学院大学出版会　2012年）
　　　ほか

カノッサへの道
歴史とロマン

2013年9月20日　初版第1刷発行

著　者　井上雅夫

発行者　田中きく代
発行所　関西学院大学出版会
所在地　〒662-0891
　　　　兵庫県西宮市上ケ原一番町1-155
電　話　0798-53-7002

印　刷　協和印刷株式会社

Printed in Japan by Kwansei Gakuin University Press
ISBN 978-4-86283-143-9